LES

OEUVRES

DE

MYLORD COMTE DE

SHAFTSBURY.

TOME PREMIER.

LES

OEUVRES

DE

MYLORD COMTE DE

SHAFTSBURY.

CONTENANT

Ses Caracteristicks, ſes Lettres, & autres Ouvrages.

Traduits de l'Anglois en François

ſur la derniere édition.

TOME PREMIER.

A GENEVE.

MDCCLXIX.

PREFACE.

L'Auteur dont nous publions aujourd'hui les ouvrages, passe sans contredit pour un des Ecrivains les plus purs & les plus élégans que l'Angleterre ait produits. Sa Philosophie est douce & modérée, également éloignée du rigorisme des Stoïciens, & de la mollesse des Epicuriens outrés: elle est telle qu'il la faut dans la société civile pour faire le bonheur des hommes. Aussi est-elle généralement goûtée dans sa patrie. Il l'a développée dans ses écrits telle qu'elle étoit dans son ame, avec une ingénuité qu'on ne sauroit trop admirer, & proposer à l'imitation des Philosophes. Nous allons commencer par faire connoître sa personne d'après le peu de Mémoires qui nous restent de sa vie.

Antoine Ashley Cooper Comte de Shaftsbury étoit d'une illustre famille d'Angleterre. Il étoit fils d'Antoine Comte de Shaftsbury, & de Lady Dorothée Mannors, fille de Jean Comte de Rutland, & petit fils d'Antoine premier Comte de Shaftsbury, Grand-Chancelier d'Angleterre. Il nâquit à Londres le 26 Fevrier 1670-1, & ce fut sous les yeux de son ayeul qu'il reçut sa premiere éducation & les élémens des Sciences. Une femme qui parloit coulamment le Grec & le Latin fut son premier maître. Il est à croire que Mistriss Birch (1) forma encore son éleve à cette douceur & à cette candeur de caractere qui dans la suite lui firent tant d'amis. A onze ans il lisoit & entendoit sans peine ces deux langues savantes. Une femme avoit pu lui apprendre des systêmes de mots: il lui falloit d'autres Maîtres pour le former dans l'art de penser. D'une école particuliere il passa dans celle de Winchester en 1683, où il apprit à connoître le prix & les inconveniens de l'esprit de liberté par les insultes qu'il y reçut: c'étoit le tribut qu'on y rendoit à la mémoire du Chancelier son ayeul dont le petit-fils ne pouvoit manquer d'être odieux aux zelateurs du pouvoir despotique. Le célebre Docteur Harris fortifia l'ame du jeune Ashley, & en le roidissant contre la haine des mauvais patriotes, il lui apprit à préférer la vertu & la liberté à tout le reste. Les douceurs de l'étude le dédommageoient des petits desagrémens qu'il essuyoit: ainsi il se disposoit à servir sa patrie, au risque de faire des ingrats, & de succomber sous les traits de ses ennemis.

(1) Elle étoit fille d'un Maître d'école de la Province d'Oxford.

En 1686, il quitta le séjour de Winchester, & avec le consentement du Comte, son pere, il partit pour aller voyager dans les pays étrangers. Il n'avoit que seize ans. On lui donna pour Mentor Mr. Daniel Denonne, homme également recommandable par les qualités de l'esprit & les vertus du cœur. Il montra partout une maturité de raison au dessus de son âge. En Italie, il donna des preuves d'un goût exquis pour les chefs-d'œuvres de l'art, & ce goût étoit dans lui plutôt un instinct naturel, que le fruit de l'étude. Il sembloit que son ame tendre & presque sans expérience étoit faite pour sentir le vrai & le beau dans tous les genres. En France il se distingua par son urbanité, par la pureté avec laquelle il parloit la langue Françoise, & en particulier par l'adresse & l'aisance avec laquelle il faisoit ses exercices. Il profita tellement de ses voyages qui ne durerent que trois ans, qu'à son retour en Angleterre on voulut le députer au Parlement de la part d'une des Communautés de Londres. Mylord Ashley se crut fort au dessous de l'idée qu'on avoit de lui; il refusa modestement cette députation, dans le dessein de s'en rendre plus digne en acquérant tous les jours de nouvelles connoissances sur les vrais intérêts de son pays, & la maniere dont il convenoit qu'un patriote se comportât dans les circonstances critiques où il se trouvoit. Il unit à la fois l'étude de la Politique, celle de la Philosophie, & les Belles-Lettres. Il jettoit, dans le silence, les fondemens de la haute réputation qui devoit l'en tirer.

En 1694 mourut le célebre Chevalier Jean Trenchard, un des plus ardens Défenseurs de la Liberté, Député au Parlement de la part de la Province de Pool. Ce fut-là le moment où Mylord Ashley fut obligé de quitter l'ombre du Cabinet pour paroître au grand jour. Il fut élu d'une voix unanime, par toute la Province, pour remplacer Mr. Trenchard, & ne tarda pas à se montrer digne de ce choix, au sujet de l'*acte touchant les Procès pour cause de Haute-Trahison.* Il fit un Discours éloquent pour appuyer ce Bill, qui ne contribua pas peu à le faire passer. Son zele pour la Liberté éclata dans toutes les occasions, avec une honnêteté qui n'eût peut-être jamais d'exemple. Quoiqu'opposé à la Cour, on ne l'entendit jamais déclamer contre aucun de ses partisans, & dans tout ce qu'il fit pour son pays, il ne s'embarrassa jamais de parti. Il n'avoit en vue que le bien: il l'adoptoit de quelque part qu'il vint, & quoi qu'il en pût arriver. Il s'en expliqua plus d'une fois en public & en particulier. Depuis son entrée dans le Parlement, il fit de sa patrie son Dieu ou son Idole, s'il est permis de s'exprimer ainsi. Il lui consacra toutes ses pensées & toutes ses démarches. Les Assemblées étoient alors longues, fréquentes & fort agitées: c'étoit un temps de crise. Mylord Ashley s'y trouvoit réguliérement. Cette fatigue jointe au travail pénible du cabinet, & au chagrin de voir l'État déchiré par des factions, les propositions les plus utiles contredites, & la liberté dans le plus grand danger, altera sa santé en moins de quatre ans, au point qu'il fut obligé de renoncer au précieux avantage de servir son pays. Après la dissolution du Parlement en 1698, le poids des affaires accablant son corps, malgré la force de son esprit, il alla chercher dans les pays étrangers une heureuse diversion à des occupations aussi laborieuses que desagréables. Il vint en Hollande où il passa près d'un an sous un nom & un caractere empruntés. Il étoit assez jeune pour prendre la qualité modeste d'étudiant en médecine. MM. Bayle & le Clerc étoient les Savans les plus célebres de ce temps-là. Quoique d'une trempe d'esprit fort différente, & même antagonistes sur plusieurs points, ils s'estimoient l'un l'autre, & méritoient l'estime du Public. Mylord Ashley vit Bayle à Rotterdam où la haine & l'envie ne lui avoient point encore ôté sa chaire de Professeur: il vit le Ministre le Clerc à Amsterdam; mais il sut bientôt distinguer le Philosophe du Théologien.

Dès que notre savant voyageur eut passé la mer, on publia à Londres ses *Recherches sur la Vertu & le Mérite*, non telles que nous les avons aujourd'hui, mais telles qu'il les avoit ébauchées presqu'au sortir de l'enfance. Il eut honte de voir ce fruit informe paroître au grand jour: il s'en plaignit à ses amis. Heureusement il prévint en partie la publication de cette édition imparfaite: il n'en transpira qu'un petit nombre d'exemplaires, il acheta le reste, & dès ce moment il se mit à travailler de nouveau ce Traité de Morale, & à le mettre dans l'état où il le publia lui-même dans la suite. Avant que d'en faire une courte analyse, nous continuerons la notice Historique de la vie de notre Auteur.

Vers la fin de 1699 le Lord Ashley revint en Angleterre où il trouva le Comte son pere près de terminer sa carriere: il reçut son dernier soupir. Devenu Comte de Shaftsbury, Pair de la Grande-Bretagne, & possesseur de biens considérables, il se vit forcé de se prêter à un genre d'affaires moins analogues à son goût que l'étude de la Philosophie....

Il se soucioit assez peu de rentrer dans la carriere des affaires politiques : il négligea même de se trouver dans la Chambre Haute, à la premiere séance qu'il y eut, après qu'il fut devenu Pair. Mais en Fevrier 1700-1, le Lord Somers, son ami, l'invita d'y venir à cause de la grande affaire qui étoit alors sur le tapis ; c'étoit le Traité de partage. Le Comte se rendit à Londres & fit bien voir qu'il n'étoit réellement d'aucun autre parti que de celui du bien & du plus grand bien de sa patrie. Le Roi Guillaume travailloit en ce temps-là à la grande Alliance ; le Comte de Shaftsbury qui approuvoit ce glorieux projet, l'appuya si fortement & avec un tel ascendant sur les esprits, qu'il eut tout l'honneur de la réussite au jugement du Roi même qui, pour l'en récompenser, lui offrit la place de Secrétaire d'Etat. Sa santé lui servit de prétexte pour refuser une offre si honorable. Les faveurs des Rois sont des chaînes, & il vouloit être libre. Cependant le Monarque continua à prendre ſes avis, & le célebre Diſcours du 31 Décembre 1701, le dernier qu'il ait fait, fut attribué au Comte de Shaftsbury.

La maniere dont il s'étoit comporté dans l'affaire de la grande Alliance n'avoit point effacé, dans l'eſprit des Courtiſans, l'impreſſion qu'y avoit fait ſon attachement conſtant à la liberté. A l'avénement de la Reine Anne, on le dépouilla de la Vice-Amirauté de Dorſet: c'étoit la ſeule choſe qu'il tînt de la Cour: il l'avoit héritée de ſes ancêtres; il ne la regretta point. Rendu à lui-même il ne voulut plus avoir aucune ſorte de part aux affaires publiques, & pour ſe faire oublier, il quitta de nouveau l'Angleterre en 1703. Il y continua ſa vie tranquille & privée, & publia ſucceſſivement les ouvrages dont nous donnons la Traduction. On voit par ſes Lettres à Robert Molesworth, depuis Lord Vicomte du même nom, que ſes amis voulurent le faire rentrer dans la carriere des affaires politiques; & peut-être que, ſans l'affoibliſſement extrême de ſa ſanté, il ſe ſeroit laiſſé aller à leurs ſollicitations.

Cependant il épouſa en 1709. Jeanne Ewer, fille cadette de Mr. Thomas Ewer, & ſa parente, dont il eut un ſeul fils, nommé Antoine : c'eſt le Comte de Shaftsbury d'aujourd'hui.

En 1711, ſes amis lui conſeillerent d'aller reſpirer un air plus chaud que celui de l'Angleterre. Les Médecins eſpéroient auſſi beaucoup de ce changement de climat pour le rétabliſſement de ſa ſanté qui déclinoit tous les jours. Mais on peut dire que l'énergie de ſon ame avoit uſé les reſſorts de la machine. Elle tendoit à ſa diſſolution dans un âge où chez les hommes vulgaires elle eſt au point de ſa plus grande force. Pour ne rien négliger de ce qui pouvoit, au jugement de ſes amis, contribuer à lui rendre un peu de vie, il partit pour l'Italie, paſſa par la France, & arriva avec beaucoup de peine à Naples qu'il choiſit pour ſa réſidence à cauſe de la ſalubrité du climat. Sa réputation l'y avoit précédé. Il y fut fort accueilli, & y jouit de tous les agrémens que ſon état pouvoit lui permettre. Dans les premiers mois de ſon ſéjour dans cette ville, ſa ſanté parut ſe fortifier un peu : c'étoit comme le dernier effort de la nature. Depuis cette époque ſes forces diminuerent ſenſiblement chaque jour. Il ne vecut que deux ans à Naples où il mourut le 4 Fevrier 1712-3, âgé de 42 ans, moins quelques jours. Vers les dernieres années de ſa vie, il parut extrêmement affecté de ſon état valétudinaire, & peut-être que cela ne contribua pas peu à abréger ſes jours. Il n'avoit point de goût pour le mariage, &, comme il le diſoit lui-même, il ſe ſentoit auſſi peu propre à faire l'amour qu'à courtiſer les Princes. On jugea pourtant que le célibat le livroit trop à lui-même, & qu'il auroit plus de diſtractions dans l'état de mariage; c'eſt pourquoi les perſonnes qui prennoient intérêt à ſa ſanté lui conſeillerent de ſe marier, ce qu'il fit plus pour leur plaire, que par tout autre motif (2). Il n'eut que deux paſſions, celle de la Liberté, & celle de l'étude. Ses Ouvrages portent l'empreinte de l'un & de l'autre.

Le premier qui parut, ce fut, comme je l'ai dit, celui qui porte pour titre *Recherches ſur le Mérite & la Vertu.* Il avoit ébauché cet Ouvrage dans ſa jeuneſſe, & cette ébauche d'un jeune-homme étoit aſſez eſtimée pour qu'on en tirât des copies. Toland en poſſédoit une: il choiſit le temps du voyage de Mylord Shaftsbury en Hollande, pour la faire imprimer. Celui-ci en conçut beaucoup de chagrin, quoique Toland fût ſon ami.

(2) Voyez ſes Lettres au Vicomte Molesworth.

Pour réparér le mal, il acheta les exemplaires qui restoient chez le Libraire & tous ceux qu'il put découvrir, & se disposa à donner la derniere main à ce Traité. Il le publia en effet dans la suite sous une meilleure forme & tel qu'il nous est resté. Mr. Diderot, ce Philosophe si avantageusement connu dans la République des Lettres, nous en a donné une excellente Traduction Françoise sous le titre de *Philosophie morale réduite à ses principes, ou Essai de Mr. de S*** sur le Mérite & la Vertu*: il y a joint de très-bonnes Notes qui ne sont point inférieures au Texte. C'est cette traduction que nous avons suivie littéralement, à l'exception d'un petit nombre de changemens légers que le savant Traducteur avoit sans doute jugé nécessaires, & que nous avons cru devoir rétablir conformément à l'original Anglois. Nous avons aussi laissé subsister presque toutes les Notes de Mr. Diderot: elles sont trop bonnes pour en priver le Public.

Le but des Recherches sur la Vertu & le Mérite, est de montrer que la Vertu est presque indivisiblement attachée à la connoissance de Dieu, & que le bonheur temporel de l'homme est inséparable de la Vertu. Point de Vertu sans croire en

Dieu; point de bonheur ſans Vertu. Ce ſont les deux aſſertions que l'illuſtre Philoſophe Anglois ſe propoſe de prouver. Des Athées qui ſe piquent de probité, & des gens ſans probité qui vantent leur bonheur, voilà ſes adverſaires. Si la corruption des mœurs eſt plus funeſte à la Religion que tous les ſophiſmes de l'incrédulité, & s'il eſt eſſentiel au bonheur de la Société que tous ſes membres ſoient vertueux; apprendre aux hommes que la Vertu ſeule eſt capable de faire leur félicité préſente, c'eſt rendre à l'une & à l'autre un ſervice important.

Il n'eſt queſtion dans tout cet Ecrit que de la Vertu Morale, de cette Vertu que les Docteurs du Chriſtianiſme ne ſauroient refuſer de reconnoître dans quelques Philoſophes païens: Vertu que le culte qu'ils profeſſoient, ſoit de cœur, ſoit en apparence, tendoit à détruire de fond en comble, bien loin d'en être inſéparable; Vertu que la Providence n'a pas laiſſée ſans récompenſe, puiſque, comme Mylord Shaftsbury le prouve, l'Integrité morale fait notre bonheur dans ce monde. Mais qu'eſt-ce que l'Intégrité.

L'homme eſt integre ou vertueux, lorſque, ſans aucun motif bas & ſervile, tel que l'eſpoir d'une récompenſe ou la crainte te d'un châtiment, il contraint toutes ses passions à conspirer au bien général de son espece: effort héroïque & qui toutefois n'est jamais contraire à ses intérêts particuliers. *Honestum id intelligimus, quod tale est ut, detractâ omni utilitate, sine ullis præmiis, fructibusve per se ipsum possit jure laudari. Quod, quale sit, non tam definitione quâ sum usus intelligi potest, quanquam aliquantum potest, quàm communi omnium judicio & optimi cujusque studiis atque factis, qui permulta ob eam unam causam faciunt, quia decet, quia rectum, quia honestum est, etsi nullum consecuturum emolumentum vident* (3).

Après avoir déterminé en quoi consiste la Vertu Morale, notre Philosophe prouve avec une précision vraiment Géométrique que de tous les Systêmes concernant la Divinité, le Théisme est le seul qui lui soit favorable. Je dis le *Théisme* & non pas le *Déisme*; & Mylord Shaftsbury a soin de prévenir la confusion qu'on pourroit faire des termes de *Déiste* & de *Théiste*. Le Déiste, dit-il, est celui qui croit en Dieu & qui nie toute Révélation: le Théiste, au contraire, est

(3) Cicero de Oratore.

celui qui eſt prêt d'admettre la Révélation & qui admet déja l'exiſtence d'un Dieu. Mais en Anglois le mot de *Théiſte* ſignifie indiſtinctement *Déiſte* & *Théiſte* : confuſion odieuſe contre laquelle ſe récrie notre illuſtre Anglois, qui ne peut ſupporter qu'on proſtitue à une troupe d'impiés le nom de *Théiſtes*, le plus auguſte de tous les noms. Il s'eſt efforcé d'effacer les idées injurieuſes qui y ſont attachées dans ſa Langue, en marquant avec toute l'exactitude poſſible l'oppoſition du Théiſme à l'Athéiſme, & ſes liaiſons étroites avec le Chriſtianiſme. En effet, quoiqu'il ſoit vrai de dire que tout Théiſte n'eſt pas encore Chrétien, il n'eſt pas moins vrai d'aſſurer que pour devenir Chrétien il faut commencer par être Théiſte. Le fondement de toute Religion, c'eſt le Théiſme (4).

On voit par cet expoſé que les Recherches ſur la Vertu & le Mérite forment un Traité de Morale complet en ſon genre, & fondé ſur les ſeuls principes de la Raiſon. Mylord Shaftsbury y établit de la maniere la plus forte l'immuable différence qu'il y a entre le bien & le mal moral, la néceſſité de connoître Dieu pour être

(4) Voyez la Préface qui eſt à la tête des *Principes de Philoſophie Morale*.

réellement vertueux, & la néceſſité de pratiquer la Vertu morale pour être vraiment heureux dans ce monde. Il eſt vrai que ce Philoſophe, ami de la plus grande pureté, exige une vertu qui ne ſoit ſouillée par aucun motif d'intérêt perſonnel; & comme il y a un grand nombre d'ames mercenaires qui ne font le bien que par eſpoir d'une récompenſe & ne s'abſtiennent du mal que par la crainte de la peine qui le ſuit, il n'eſt pas fort étonnant que cet Ecrit trouvât des adverſaires ſurtout parmi les Théologiens. Mais leurs critiques ſont oubliées, & je n'ai pas deſſein de les tirer de l'obſcurité.

La *Lettre ſur l'Enthouſiaſme*, qui ne parut à Londres qu'au mois d'Août de l'année 1708, avoit été compoſée un ou deux ans auparavant. Voici l'occaſion qui la fit naître. Il y avoit alors en Angleterre de prétendus Prophetes François qui y excitoient beaucoup de bruit par leur Fanatiſme extravagant. On cherchoit les moyens d'arrêter le cours de cette folie, & quelques hommes atrabilaires en propoſoient d'aſſez violens. Notre Philoſophe qui avoit examiné & approfondi la matiere avec un eſprit plus tranquille, & qui d'ailleurs étoit ennemi de toute eſpece de perſécution, entreprit de faire voir au Ministere qu'un pareil remede seroit pire que le mal. Il fit donc sa Lettre sur l'Enthousiasme qu'il adressa & envoya au Lord Somers, pour lors Président du Conseil. Elle fut généralement goûtée & approuvée tant du Lord Somers que des autres membres du Conseil à qui il la montra. Cependant elle fut imprimée sans nom d'Auteur & sans celui du Lord à qui elle s'adressoit, comme si l'on devoit se cacher pour dire & approuver le bien. Notre ardent défenseur des droits de l'humanité expose dans cette Lettre la malheureuse pente que les hommes ont pour l'Enthousiasme, & combien ils méritent par-là plus de pitié que de haine: il y plaide hautement la cause de la Tolérance, mais d'une maniere aussi modérée que raisonnable. Il s'éleve avec force contre l'esprit persécuteur, qui est de toutes les especes d'Enthousiasme, la pire qu'il puisse y avoir: pourquoi persécuter les incrédules, s'il ne dépend pas de nous de croire ou de ne pas croire? Il y fait voir que les Théologiens, emportés par un zele aveugle, font plus de tort que de bien, à la Religion dont ils soutiennent les intérêts d'une maniere aussi ridicule que mal adroite, qu'ils fondent la Vertu sur des principes moins nobles, plus faux & plus dangereux, qu'Epicure, Démocrite, Ariſtippe, & qu'aucun des Athées de l'Antiquité, qu'ils ont détruit toute moralité, tout fondement de l'honnête, & défiguré toute la Doctrine de notre Sauveur, ſous prétexte de relever le prix de la Révélation (5); qu'en Philoſophie, ils abandonnent tout ce qu'il y a de fondamental, tout principe ſocial, & les meilleurs argumens pour établir l'exiſtence de Dieu. Mylord Shaftsbury prouve lui-même cette exiſtence par l'idée innée d'une Divinité. Le ſtyle de cette Lettre eſt vif, enjoué & poli, & l'on ſent que c'eſt un homme du monde qui écrit à un Courtiſan.

Cet Ecrit étoit de nature à exciter des Critiques: il fut vivement attaqué par trois Brochures intitulées, la premiere, *Remarques ſur une Lettre à un Lord ſur l'Enthouſiaſme, écrites non par un Railleur, mais par un homme de bonne humeur; la ſeconde, la Foire de Barthélémi*, ou *Recherches ſur l'Eſprit, où l'on a fait l'attention requiſe à la Lettre ſur l'Enthouſiaſme à Mylord *****, par Mr. Watton;* & la troiſieme, *Réflexions ſur une Lettre ſur l'Enthouſiaſme à My-*

(5) Voyez les Lettres à un Jeune homme à l'Univerſité.

*lord *****, en forme de Lettre à un Lord.* Ces Critiques fort inférieures à la Lettre de Mylord Shaftsbury tant pour le ſtyle que pour le raiſonnement, tomberent d'elles-mêmes dans l'oubli. Leibnitz, a fait auſſi quelques Remarques en François ſur cette même Lettre: on peut les voir dans le Tome II. du Recueil de diverſes Pieces ſur la Philoſophie, la Religion Naturelle, l'Hiſtoire, les Mathématiques, &c. publié par Mr. Des Maizeaux à Amſterdam 1720.

Au Commencement de 1709 parurent *Les Moraliſtes, Rapſodie Philoſophique, contenant le récit de quelques converſations ſur des ſujets de Phyſique & de Morale.* Ce ſont des Dialogues à l'imitation de ceux des Anciens. On peut les comparer à ceux de Platon, & ils en ſoutiennent avantageuſement le parallele. Il ſont diviſés en trois parties. Dans la premiere, qui ſert d'introduction aux deux autres, Philoclés qui eſt ſuppoſé avoir donné dans tous les excès du Pyrrhoniſme le plus décidé, raconte à Palemon comment il a été converti par Théoclés, ſon ami, & commence à lui rendre compte de ſa converſion. Ce Théoclés eſt un Enthouſiaſte raiſonnable & modéré, épris de la Beauté en général, mais ſurtout de la beauté de l'univers, & des traits de Divinité qui y éclatent de toutes parts. Dans la ſeconde Partie Philoclés propoſe ſes difficultés ſur la Nature Divine, l'origine du mal, & l'ordre merveilleux que ſon ami croit appercevoir dans le Monde Phyſique & Moral. Ces objections ſont pouſſées avec beaucoup de force, & il ſeroit difficile de les préſenter ſous un jour plus ſéducteur. Un raiſonnement concis, une éloquence mâle, un ſtyle énergique leur donnent tout le poids qu'elles peuvent avoir. Théoclés les écoute avec attention, & interrompant quelquefois ſon adverſaire, il prépare les réponſes victorieuſes que contient la troiſieme Partie. C'eſt-là qu'il établit le principe général de la Religion & de la Vertu, l'exiſtence d'un ſeul Dieu qui gouverne l'univers, & qui eſt l'unique cauſe de l'harmonie des différentes pieces de ce grand Tout. Voilà ſous quel point de vue il faut enviſager cette Rapſodie Philoſophique.

Mylord Shaftsbury publia, dans la même année, ſon *Eſſai ſur la Raillerie & l'Enjouement*, où il fait voir les grands avantages de cette raillerie fine & décente qui eſt la pierre de touche des objets même les plus graves & les plus reſpectables. Son principe général est qu'une chose réellement bonne n'est point susceptible de ridicule, & que tout ce qui n'est pas à l'épreuve du ridicule n'a qu'une bonté fausse & apparente. Tous ses traits semblent dirigés contre l'imposture & les imposteurs qui se couvrent d'un air grave & imposant. Le vrai moyen de faire tomber ce masque, c'est de faire usage de la Raillerie, & l'on sent combien cet usage doit être avantageux à la cause de la Vérité & de la Vertu. Cet Essai est lui-même un emploi de la raillerie en faveur de la bonne cause.

Il y a partout, & en Angleterre plus qu'ailleurs des esprits pénétrans & hardis qui parlent & qui écrivent avec beaucoup de liberté contre les opinions le plus généralement établies. Ils passent pour des sceptiques, & ils s'honorent de ce nom quand il leur est donné par les suppôts de l'erreur, & les prêtres du mensonge. Comme ils attaquent tout le monde, on les attaque aussi de tous côtés, en chaire, en conversation, & dans la plupart des Livres qu'on écrit sur des points de Théologie ou de Métaphysique. C'est à eux aussi que Mylord Shaftsbury en veut dans cet ouvrage; mais notre Auteur fait voir en passant: que ces Messieurs ne sont pas si Pyrrhoniens qu'on le croit ; & que s'ils font profession d'un scepticisme parfait, ce n'est apparemment qu'un tour dont ils se sont avisés pour mieux disposer les esprits à les entendre revoquer en doute les doctrines respectées qu'ils croient effectivement contraires aux véritables intérêts du genre humain.

A dire la vérité, on ne doit pas attendre un grand succès de la Méthode qu'on a prise jusqu'ici pour les desabuser. On déclame en général contre la liberté qu'ils se donnent de douter de la vérité de telle ou telle doctrine. Au lieu de répondre tranquillement à leurs objections, on les blâme d'oser les publier, on les persécute par toutes sortes de voies injustes. Tout cela n'est bon qu'à les confirmer dans leur Pyrrhonisme, & à leur persuader que leurs adversaires ne voient pas mieux qu'eux la vérité de ces doctrines particulieres, & que, s'ils font semblant de les croire, ce n'est peut-être que pour s'accommoder au temps, & ne pas choquer le plus grand nombre qui, pour l'ordinaire, est d'autant plus zelé pour certaines opinions, qu'il les comprend moins. Ils pourront toujours leur dire „ Messieurs, de quoi vous fa-
„ chez-vous ? Est-ce de ce que nous avons
„ la vue courte ? Si vous êtes plus clair-

„ voyans, ſi vous avez plus de pénétra-
„ tion que nous, faites-nous part de vos
„ lumieres. Nous doutons de la ſolidité
„ d'un tel Dogme, & il vous paroît à
„ vous fondé ſur des raiſons inconteſta-
„ bles. Que ne les propoſez-vous donc
„ nettement ces raiſons évidentes, ſans
„ vous mettre en colere contre ceux qui
„ n'ont pas eu le bonheur de les décou-
„ vrir?"

Notre Philoſophe ſentant mieux que perſonne la juſtice de ces plaintes, bien loin d'effaroucher les ſceptiques modernes en cenſurant gravement leur conduite, emploie la premiere Partie de ſon Ouvrage à juſtifier la liberté qu'ils prennent d'examiner toute ſorte d'opinions, de douter des principes les plus généralement reçus, & de les mettre à l'épreuve du ridicule, par l'uſage de la raillerie. Après leur avoir permis de rire de tout, il prend la liberté de ſe rire d'eux à ſon tour, & il le fait d'une maniere ſi honnête, ſi polie & ſi ſenſée, qu'ils ne ſauroient le trouver mauvais.

Dans la ſeconde Partie, il attaque leurs principes favoris ſur le Chapitre de la Vertu & de la Sociabilité. Il paroît que c'eſt-là l'objet principal de cet Eſſai. Il ſuppoſe que ces Pyrrhoniens nient avec Hobbes tout ſentiment généreux, & toute affection naturelle. Notre Auteur fait voir que ces ſentimens ſe trouvent dans le cœur de tous les hommes, qu'ils ont tous un inſtinct moral qui agit néceſſairement en pluſieurs occaſions, & dont Hobbes n'a pu lui-même ſe dépouiller. C'eſt un charme doux & puiſſant qui ſoumet toutes les ames.

On continue le même ſujet dans la troiſieme Partie. Après avoir prouvé qu'il n'y a rien que de chimérique dans l'idée que Hobbes & ſes Sectateurs ſe ſont faite de l'Etat de pure Nature, il entreprend de montrer ce que c'eſt que cet Etat, & quels en ſont les véritables fondemens. Il bâtit ſur ce principe que s'il y a quelque choſe de naturel à un Etre quelconque, c'eſt ce qui tend à ſa conſervation en contribuant à le maintenir en bon état. Principe évident d'où il tire contre Hobbes, Epicure, & ceux qui défendent aujourd'hui leur doctrine, des concluſions qui tendent uniquement à relever le prix naturel de la Vertu, & à faire voir que ce n'eſt pas par des vues d'un intérêt particulier qu'elle doit être aimée & pratiquée.

Dans la derniere Partie, Mylord Shaftsbury fait de nouveaux efforts pour convaincre ces Meſſieurs de la beauté de la Vertu. Il les force, pour-ainſi-dire, à renoncer à leurs lumieres naturelles & acquiſes, ou à reconnoître que, ſelon leurs propres idées, rien n'eſt plus charmant qu'une conduite ſage & bien réglée.

Il parut à la Haye en 1710 une Traduction Françoiſe de l'Eſſai ſur la Raillerie & l'Enjouement: nous en avons fait uſage en la corrigeant lorſqu'elle nous a paru défectueuſe.

Le *Soliloque*, ou *Avis à un Auteur* parut en 1710. On pourroit regarder cet Ouvrage comme une ſuite ou une confirmation des Recherches ſur la Vertu & le Mérite; il contient l'eſprit & le précis de ſa Philoſophie. Les trois Pieces ſavoir la Lettre ſur l'Enthouſiaſme, les Moraliſtes, & l'Eſſai ſur la Raillerie, qui attaquent les folies, les vices & le faux goût des hommes, ſont comme une préparation à la Philoſophie de notre illuſtre Anglois: elles épurent l'ame, elles la dégagent des entraves de la ſuperſtition, & la diſpoſent ainſi aux inſtructions de la Sageſſe. Le Traité touchant la Vertu & le Mérite nous apprend en quoi conſiſte réellement ce que nous appellons un caractere Vertueux, & comment nous pouvons retracer en nous ce caractere auguſte. C'eſt ici que l'Auteur développe ſon Syſtême de Morale, d'après les ſentimens des meilleurs Philoſophes de l'Antiquité. Le ſoliloque a pour but d'examiner les principes

philoſophiques & moraux établis dans le Traité précédent, de les éclaircir, de s'en rendre compte à ſoi-même, & d'y conformer ſon intérieur, après avoir reconnu & démêlé les diſpoſitions de ſon cœur & de ſon eſprit, l'économie de ſes paſſions, de ſes penſées & de ſes ſentimens, connoiſſance abſolument néceſſaire pour ſe conduire ſuivant les regles de la vraie Sageſſe. Ainſi la belle ame du Comte de Shaftsbury ſe montre & ſe développe dans ſes Ecrits. Les *Mélanges* ſont une eſpece de Critique & d'Apologie de tous les Ouvrages de notre Auteur, mais ſurtout de ſon Traité de Morale, c'eſt-à-dire de ſes Recherches ſur la Vertu & le Mérite. Il y fait voir le plan & le but de ſes différens Traités, leur mutuelle correſpondance, & leur union en un ſeul ſyſtême. Voici en deux mots l'abrégé de ſa Philoſophie Civile, Sociale & Théiſtique, car il n'en admettoit point d'autre. „ Il y a une Providen-
„ ce qui gouverne l'univers, & cette Pro-
„ vidence a fait l'Homme un animal po-
„ litique & ſociable, tellement qu'il ne
„ peut trouver ſon bonheur que dans
„ l'exercice des Vertus Sociales."

Ce fut à Naples que le Comte fit ſon *eſquiſſe du Jugement d'Hercule* & la *Lettre* qui l'accompagne. Ces deux morceaux contiennent de grandes vues pour la perfection de l'art de la Peinture. On prétend aussi qu'il y ébaucha un Traité sur la Peinture & la Sculpture.

Ses *Lettres à un Jeune homme à l'Université* furent publiées à Londres en 1716, c'est-à-dire plus de cinq ans après sa mort. Elles traitent de différentes matieres philosophiques & théologiques des plus importantes; il les écrivit dans ses momens de loisir, pendant le cours des années 1707--1710, à Mr. Michel Ainsworth qui se disposoit au Ministere Evangélique, & qui fut depuis Ministre de Corn-Hampton dans le Comté de Hamp.

Quant aux *Lettres au Lord Molesworth* que Toland fit imprimer en 1721, elles servent à mettre la probité & l'intégrité du Comte dans le plus beau jour, & à ce titre elles méritoient d'être montrées au Public, & nous sommes persuadés qu'on les lira avec plaisir, ainsi que les deux Lettres, l'une au Comte d'Oxford & l'autre à Mylord Godolphin, qui terminent cette collection complette des Oeuvres de notre Auteur.

TABLE
DU
TOME PREMIER.

LETTRE
SUR
L'ENTHOUSIASME.

DU TOME PREMIER.

ESSAI SUR LA RAILLERIE.

PARTIE I.

PARTIE II.

PARTIE IV.

DU TOME PREMIER.

LES

MORALISTES,

RAPSODIE PHILOSOPHIQUE.

PARTIE I.

PARTIE II.

*** 3

PARTIE III.

Fin de la Table du Tome Premier.

LETTRE

LETTRE
SUR
L'ENTHOUSIASME,
IMPRIMÉE

POUR LA PREMIERE FOIS

EN L'ANNÉE M DCC VIII.

—— Ridentem dicere verum
Quid vetat?

HORAT. *Sat.* I.

LETTRE
SUR
L'ENTHOUSIASME.

SECTION I.

MYLORD,

A-PRÉSENT que vous êtes de retour à... vous pouvez jetter les yeux ſur cette Lettre, avant que de vous engager de nouveau dans le labyrinthe des affaires d'Etat. Elle ne contient que des réflexions frivoles, de pur amuſement & ſans aucun rapport direct ou indirect aux diſcuſſions importantes du Gouvernement ; ſi pourtant ces matieres vous plaiſent, liſez le tout à votre loiſir.

L'uſage conſtant des Poëtes, dès leur début, eſt d'invoquer quelque Muſe ; & cette ancienne pratique a tellement prévalu qu'on s'y conforme encore de nos jours. Je m'imagine cependant qu'un pareil uſage, que l'on voit comme bien d'autres ſans y faire attention, doit vous avoir un peu frappé ; car vous avez une autre regle que la loi de la mode, ou l'opinion générale, pour juger des choſes. Vous avez certainement obſervé que nos Poëtes ſont dans un furieux embarras, quand ils ſont obligés de jouer ce rôle, & vous avez ſans doute été ſurpris que ce ton d'enthouſiaſme, qui va ſi bien aux Anciens fût ſi ſot & ſi ridicule dans la bouche d'un Moderne. Au reſte je ne doute pas que vous n'ayez bientôt réſolu ce problême; cet uſage abſurde n'a fait que vous rappeller une réflexion que vous avez eu lieu de faire ſouvent, ſavoir que la vérité eſt ce qu'il y a de plus puiſſant au monde, puiſque la fiction même eſt à ſes ordres, & qu'elle ne peut plaire qu'autant qu'elle lui reſſemble. Il faut abſolument une apparence de réalité pour rendre agréable la peinture de toute paſſion quelconque; & pour être en état d'émouvoir les autres, il faut être d'abord ému ſoi-même, ou paroître tel par des raiſons vraiſemblables. Or comment un Moderne, qui n'a jamais adoré Appollon ni les Muſes, nous perſuadera-t-il de partager ſon zele, & de prendre une belle paſſion pour une Religion ſurannée? Quant aux Anciens, il eſt inconteſtable que leur Religion & leurs Arts étoient une dépendance néceſſaire du culte des Muſes. Ainſi quoi de plus naturel qu'un Ecrivain & principalement un Poëte s'adreſſât alors avec toute la ferveur convenable à ces Déeſſes de l'eſprit & des ſciences? On pouvoit feindre probablement des tranſports extatiques, quoique réellement on n'en reſſentît aucun, & quand même ces accès n'euſſent été qu'une pure affectation, ils pouvoient paroître naturels, & plaire néceſſairement.

Mais peut-être, Mylord, y avoit-il d'ailleurs quelque Myſtere dans ces invocations. Les hommes, comme vous le ſavez, réuſſiſſent merveilleuſement à ſe tromper eux-mêmes, lorſqu'ils le veulent bien, & le moindre motif d'une paſſion ſuffit non ſeulement pour la bien feindre, mais même pour en prendre les plus violens tranſports. C'eſt ainſi qu'une petite affectation de galanterie, nourrie par des Nouvelles ou des Romans, pourra rendre un jeune homme de quinze ans, ou un grave perſonnage qui en a cinquante, aſſez ſot pour devenir amoureux tout de bon. Un homme doux & tranquille, qui ſera un peu piqué, deviendra furieux s'il entretient ſon reſſentiment. Un bon Chrétien même, qui s'imagine ne croire jamais aſſez, peut étendre tellement ſa Foi, qu'elle embraſſe non ſeulement les miracles de l'Ecriture & de la Tradition, mais encore les Contes bleus que débitent les vieilles. Je pourrois vous citer un Prélat illuſtre, ſavant & très-bon Chrétien (*) que vous avez connu, & qui donnoit bonnement dans tous les Contes des Fées. Cette anecdote fait aſſez ſentir, à ce qu'il me ſemble, juſqu'à quel point la Foi d'un ancien Poëte pouvoit s'élever à l'aide de ſon imagination.

Mais nous autres Chrétiens, qui en avons tant nous-mêmes, nous n'accorderons rien aux pauvres Polythéiſtes. On ne conviendra pas qu'ils alloient juſqu'à croire leur Religion; elle eſt, dit-on, trop abſurde pour avoir fait d'autres proſélytes que le vulgaire. Cependant ſi un vénérable Evêque a porté la crédulité juſqu'à adopter des Fairies, l'exemple de ce grand volontaire dans la Foi forme ici un bon préjugé: pourquoi un Poëte payen n'auroit-il pas cru aux Muſes ſuivant le ſyſtême de ſa Religion? Vous n'ignorez pas que ces bonnes filles étoient autant de Déeſſes dans le ſymbole

(*) Edouard Fowler, Evêque de Glocester.

du Paganiſme, & qu'elles figuroient aſſez bien dans la Théogonie. Elles avoient leurs temples & leur culte de même que toutes les autres Divinités. Rejetter les neuf Sœurs, ou Appollon, c'étoit la même choſe que nier l'exiſtence de Jupiter, qu'on ne pouvoit revoquer en doute ſans mériter le nom d'Athée au jugement des plus ſages Païens. Quel avantage n'avoit donc pas un Poëte orthodoxe, & à qui le préjugé de l'éducation, & l'inclination du cœur perſuadoient qu'il avoit un commerce intime avec les Dieux qui l'inſpiroient. Il eſt bien ſûr qu'il ne regardoit pas la révélation comme un problême, puiſqu'elle ſervoit ſi bien ſon art. Au contraire, il ne manquoit pas de faire tous ſes efforts pour exciter ſa Foi, puiſqu'il pouvoit par ce moyen communiquer avec les Puiſſances céleſtes.

On peut juger de l'efficace de cette perſuaſion pour élever un génie par l'effet que la préſence d'un ſimple mortel fait ſur les hommes. Nos beaux-eſprits modernes ſont plus ou moins excités par l'opinion qu'ils ont de ceux qu'ils encenſent, & par l'idée qu'ils ſe forment des perſonnages à qui ils s'adreſſent. Un ſimple Comédien vous dira combien une brillante aſſemblée eſt capable de l'animer à ſe ſurpaſſer. Et vous, Mylord, qui êtes le plus illuſtre Acteur de cette ſcene mortelle, lorſque vous travaillez pour la liberté & le genre humain, l'idée où vous êtes que le public, vos amis, & les gens bien-intentionnés ont les yeux ſur vous, n'influe-t-elle pas un peu ſur votre génie? Cette raiſon ſublime, cette force d'éloquence que vous déployez en public, ne l'emportent-elles pas un peu ſur celle que vous montrez dans le tête-à-tête, dans vos loiſirs, & dans la ſociété d'un ami? L'humanité ne ſauroit atteindre ſi haut.

Pour moi, Mylord, j'avoue ingénuement que j'ai tellement beſoin de la ſociété pour élever mes penſées, que quand je ſuis ſeul, je me trouve réduit à y ſuppléer par le reſſort de l'imagination; & au défaut d'une Muſe, je me figure un grand homme d'un génie plus qu'ordinaire, dont la préſence ſuppoſée m'inſpire des ſentimens plus vifs que ceux que je reſſens à l'ordinaire. Voilà pourquoi j'ai voulu m'adreſſer à vous-même, quoique ſans mettre mon nom, de ſorte que ne me connoiſſant pas, vous pouvez ne lire que ce qu'il vous plaira; je me reſerve toutefois le privilege d'imaginer librement que vous lirez tout, & de vous traiter avec la franchiſe & la liberté d'un ami.

SECTION II.

Si l'art d'expoſer les foibleſſes ou les vices des hommes garantiſſoit les vertus contraires, que ce ſiecle ſeroit parfait! Fût-il jamais une époque dans notre Nation, où le ridicule & la folie aient été mieux obſervés, ou plus ſpirituellement perſifflés? Ce ſymptôme favorable donne au moins lieu d'eſpérer que l'âge préſent ne dégénere pas, puiſque de quelque nature que ſoient nos maux, nous en ſentons ſi bien les remedes. Lorſque les individus ſouffrent qu'on leur expoſe leurs défauts, c'eſt un ſigne qu'ils songent à s'en corriger. Il arrive rarement que le public soit aussi bien intentionné; car dès que la jalousie du Gouvernement, ou les vices des Grands, ou toute autre cause, ont assez de crédit pour réprimer la liberté des censeurs, ils détruisent les avantages qui en peuvent résulter. La critique des mœurs ne sauroit être libre & impartiale lorsque des usages particuliers, ou une opinion nationale, sont non seulement affranchis de la satire, mais encore flattés avec art. Ce n'est que chez un peuple libre, comme le nôtre que l'imposture & le mensonge n'ont point de privilege, & que le crédit de la Cour, le pouvoir de la Noblesse, & le caractere du Clergé, sont impuissans pour les protéger, & pour les soustraire à l'examen de la raison, sous quelque forme qu'ils se travestissent. Je conviens que cette liberté semblera peut-être aller trop loin: on dira que nous en abusons. Voilà le langage que tiendront tous ceux que la censure touchera, & dont on discutera les sentimens avec impartialité. Mais qui sera le juge de ce que la censure peut examiner librement, ou de ce qu'elle doit souffrir impunément? Qui décidera des circonstances où la liberté peut agir sans scrupule, ou se taire? De quelle maniere prévien-dra-t-on cet inconvénient que par la liberté même, dont on accuse la hardiesse? Si les hommes sont vicieux, étourdis ou méchans, le Magistrat peut les réprimer: mais s'ils raisonnent mal, c'est la raison qui doit leur apprendre l'art de bien penser. La justesse des principes & de la diction, le beau moral, la bonne éducation, & la politesse en tout genrè, ne peuvent venir que de l'expérience du meilleur. Qu'on en faſſe librement la recherche, & on trouvera bientôt le vrai point de toutes choſes. Ce que le goût général a mis en crédit, tombera de ſoi-même, ſi la Nature le condamne: la ſatire ne peut plaire longtems à moins qu'elle ne l'avoue, & ſi le ridicule eſt déplacé, il ſe perdra dans l'oubli.

J'ai été plus d'une fois ſurpris de voir des hommes de ſens s'allarmer vivement de la crainte du ridicule ſur certains ſujets, comme s'ils ſe fuſſent défiés de leur jugement: car le ridicule peut-il démentir la raiſon? Tout homme, qui a un peu de ſens commun, ſouffrira-t'il un ridicule déplacé? Il n'y a certainement rien de plus abſurde que ce préjugé même. Il eſt vrai que le vulgaire peut ſourire à une groſſiere plaiſanterie, à de plattes ſaillies: mais il faut un eſprit plus délicat & plus ſolide pour prendre auprès des hommes qui raiſonnent. Pourquoi donc tant de poltronnerie à cet égard? D'où vient la crainte puerile que nous avons du ridicule? Ce ſont des objets trop ſérieux, dites vous: cela peut être: mais voyons d'abord s'ils ſont réellement tels ou non; car ſous le point de vue qu'on les enviſage, il pourroit ſe faire qu'ils fuſſent très-graves & très-importans dans notre imagination, & très-ridicules en eux-mêmes. La *gravité* eſt l'eſſence de l'impoſture: elle nous expoſe non ſeulement à des mépriſes ſur d'autres objets, mais de plus, elle eſt diſpoſée à ſe méprendre continuellement elle-même. Qu'il eſt difficile, même dans le commerce ordinaire, pour un homme qui ſe pique de gravité, de ſortir de ce caractere! On ne ſauroit être jamais trop grave, ſi l'on eſt réellement aſſuré que l'on eſt ce que l'on ſuppoſe; & nous ne pouvons jamais trop reſpecter un objet, ſi nous ſommes convaincus qu'il eſt auſſi grave que nous le concevons. Le grand point eſt de diſcerner toujours la vraie gravité de la fauſſe, ce qui ne peut ſe faire qu'en portant conſtamment le compas avec nous, & en l'appliquant non ſeulement aux choſes qui nous environnent, mais encore à nous-mêmes; car ſi malheureuſement nous jugeons mal de nous-mêmes, nous courons riſque de ne pas mieux juger de tout le reſte. Or quelle regle de jugement plus ſure que l'examen du caractere réel des objets, pour reconnoître ceux qui ſont véritablement ſérieux d'avec ceux qui ſont ridicules? & comment peut-on faire uſage de cette regle, ſi ce n'eſt en appliquant le ridicule à tous les objets, pour voir ſi tel objet en eſt ſuſceptible ou non? Mais ſi l'on craint de s'en ſervir à l'égard de certaines matieres, comment échapper à l'impoſture des formalités, puiſque nous commençons par être nous-mêmes *formaliſtes*, & que le même préjugé peut nous ſéduire en tout autre cas?

Nous ne ſommes pas toujours diſpoſés à juger ſainement des choſes. Examinons d'abord notre caractere, & la ſituation de notre ame, après quoi nous déciderons des autres objets. Mais que l'on ne prétende pas être bon juge dans ce genre, lorſqu'on a préalablement renoncé au droit de juger, & lorſque, ſur une préſomption que les objets que l'on devroit diſcuter ſont graves, on prouve que l'on eſt ſoi-même ridicule en admirant ſtupidement ce qu'il y a de plus ridicule, du moins quant à la connoiſſance que nous en avons ; puiſque n'ayant jamais éprouvé la nature des choſes, nous ne ſommes ſûrs de rien.

. . . . *Ridiculum acri*
Fortius & melius magnas plerumque ſecat res.

Ce mot d'Horace eſt ſi vrai, & les plus graves perſonnages de ce ſiécle le ſentent tellement qu'ils aiment mieux qu'on fronde leurs impoſtures avec toute l'amertume de la ſatire, que de les tourner en ridicule. Ils ſavent fort bien que les opinions les plus abſurdes, ainſi que les modes, ſe ſoutiennent par un grave appareil, & que des principes ridicules imaginés peut-être dans un accès de mauvaiſe humeur, & enfantés par la miſantropie, n'ont rien à craindre que la plaiſanterie. L'enthouſiaſme eſt le fruit de la mélancolie. Que ce ſoit Amour ou Religion, car ils ont tous deux leurs enthouſiaſtes, rien ne peut arrêter le progrès du mal que l'éloignement de la mélancolie ; l'ame ſe trouve alors libre, & en état de ſe prêter aux raiſons qui combattent le ridicule.

Voilà pourquoi certaines Nations ont eu la ſageſſe de permettre aux gens d'être fous à leur gré, & de ne jamais punir ſérieuſement ce qui ne méritoit que des ſifflets ; après tout cet innocent remede en étoit le meilleur préſervatif. Les hommes ont, pour ainſi dire, certaines humeurs qui doivent néceſſairement tranſpirer ; l'eſprit, comme le corps, eſt naturellement ſujet à des commotions qui l'ébranlent : de même qu'il y a dans le ſang un étrange ferment qui ſe décharge dans pluſieurs occaſions d'une maniere extraordinaire, il ſe trouve auſſi en quelque ſorte dans la raiſon des particules hétérogenes que la fermentation doit faire évacuer. Si les Médecins vouloient à toute force, chaſſer ces fermens du corps, & attaquer immédiatement les humeurs qui ſe découvrent dans ces éruptions, peut-être qu'au lieu de guérir ils exciteroient une maladie dangereuſe, & changeroient un petit accès en fievre putride. Ceux-là ne ſont pas moins maladroits qui combattent bruſquement les déſordres de l'eſprit dans le corps politique, & qui ſous prétexte de guérir un accès de ſuperſtition & de ſouſtraire les ames à la contagion de l'enthouſiaſme, troubleroient toute la nature, & tourneroient en gangrene une légere tumeur.

Nous liſons (*) que Pan, lorſqu'il accompagnoit Bacchus dans ſon expédition des Indes, trouva moyen de jetter la terreur dans le camp ennemi par le ſecours d'une petite poignée de monde, dont il eut l'art de faire retentir les cris dans un vallon rempli de cavernes & de rochers. Le mugiſſement des antres & l'aſpect affreux de ce déſert épouvanterent tellement les Indiens qu'ils s'imaginerent entendre des voix, & ſûrement des fantômes plus qu'humains, tandis que l'incertitude de ce qu'ils craignoient, augmentoit leur conſternation, & redoubloit leurs frayeurs par des illuſions ſecretes qu'on ne peut décrire; & voilà ce que l'on a appellé une *terreur panique*. Cette avanture caractériſe aſſez bien la nature de cette paſſion, qui ne va jamais ſans un mélange

(*) Dans Polyaenus.

d'enthouſiaſme, & que les horreurs de la ſuperſtition accompagnent preſque toujours.

On peut légitimement traiter toute paſſion de *panique*, lorſqu'elle s'excite dans une multitude, & qu'elle ſe propage par la vue, ou, pour ainſi dire, par un contact de ſympathie. C'eſt ainſi qu'on peut appeller *panique* la fureur du peuple, lorſque ſa rage ſe porte à l'excès comme nous l'avons vu quelquefois, & ſurtout quand la Religion y entre. Dans cet état, tout, juſqu'à ſon aſpect, eſt contagieux. La fureur paſſe ſucceſſivement ſur tous les viſages, & on gagne le mal auſſitôt qu'on l'apperçoit. Les hommes modérés, qui ont vu d'un œil plus tranquille la multitude agitée par cette paſſion, avouent que l'aſpect de l'homme a, dans cette circonſtance, quelque choſe de plus effrayant, que dans tous les autres cas où il eſt le plus paſſionné; tant les hommes raſſemblés ont de reſſort & d'énergie dans les mauvaiſes comme dans les bonnes paſſions; toute affection de l'ame eſt d'autant plus forte quelle eſt plus commune & plus générale.

Ainſi, Mylord, il y a pluſieurs ſentimens *paniques*, outre celui de la crainte. La Religion, par exemple, eſt dans ce cas lorſque l'enthouſiaſme s'empare des eſprits, comme il arrive preſque toujours dans les triſtes événemens fâcheux; alors les ames, ſont conſternées: il s'y éleve naturellement des ſombres vapeurs. On a occaſion de l'obſerver dans les calamités publiques, dans les convulſions qu'éprouve la Nature, comme les tempêtes, les tremblemens de terre, ou autres phénomenes extraordinaires. La terreur panique s'excite néceſſairement en pareilles circonſtances, & le Magiſtrat doit la tolérer. S'il avoit recours à des remedes ſérieux, s'il prétendoit guérir les malades par le fer ou le feu, le déſordre augmenteroit infailliblement, & prendroit de nouvelles racines. Interdire aux hommes des terreurs naturelles, & vouloir les contenir par d'autres terreurs, c'eſt une pernicieuſe méthode. Le Magiſtrat, pour peu qu'il ſoit adroit, s'y prendra plus doucement: au lieu d'avoir recours à des cauſtiques & à des amputations, il emploiera les remedes les plus balſamiques; il entrera, par une tendre ſympathie, dans la paſſion du peuple, & la prendra, pour ainſi dire, ſur lui: quand il l'aura une fois calmée & ſatisfaite, qu'il s'applique à y faire diverſion par des topiques agréables.

Telle fut la politique des Anciens, & c'eſt pourquoi un célebre Auteur de notre Nation (*) déclare poſitivement qu'un peuple a beſoin d'une direction publique en matiere de Religion; refuſer au Magiſtrat un certain culte, ou renverſer l'Egliſe nationale, c'eſt un préjugé auſſi fanatique que celui qui allume les flambeaux de la perſécution; car pourquoi n'auroit-on pas des promenades publiques, auſſi bien que des jardins particuliers, des bibliotheques publiques comme des éducations particulieres & des précepteurs? Mais preſcrire des limites à l'imagination, régler les jugemens des hommes, leur ſimbole ou leurs craintes, contenir par des moyens violens la paſſion naturelle de l'enthouſiaſme, ou entreprendre de la réduire

(*) Harrington.

à une ſeule eſpece, & de la reſtraindre par des modifications, c'eſt une auſſi grande abſurdité, que celle dont Terence parle au ſujet de l'amour.

. . . . *Nihilo plus agas*
Quam ſi des operam ut cum ratione inſanias.

Vous n'ignorez pas, Mylord, que les Anciens toléroient non ſeulement les viſionnaires & les enthouſiaſtes, mais que d'un autre côté ils laiſſoient un libre cours à la Philoſophie, comme pour balancer la Superſtition. Tandis que quelques Sectes, tels que les Diſciples de Pythagore, & les derniers Platoniciens, ſe réuniſſoient avec les Superſtitieux & les Fanatiques du tems, on ſouffroit que les Epicuriens, les Académiciens & d'autres ſe liguaſſent pour fronder les ſottiſes régnantes. Par ce ſyſtême tout avoit ſon contrepoids; la raiſon avoit beau jeu, & le ſavoir étoit en honneur. Rien de plus étonnant que l'harmonie qui réſulta de ces contrariétés: on traitoit avec douceur la ſuperſtition & le fanatiſme; le barbare préjugé, étant ſans pouvoir, il n'excita jamais de guerres ni de perſécutions; jamais il ne ravagea l'univers, & ne l'inonda de ſang humain. Mais un nouveau genre de Politique qui s'étend juſqu'à l'autre monde, & qui s'occupe plus du bonheur à venir des hommes que de leur félicité préſente, nous a fait franchir les bornes de l'humanité, & nous a enſeigné l'art de nous déchirer pieuſement par le motif d'une charité ſurnaturelle. Ce ſyſtême a créé une antipathie entre les hommes, qu'aucun intérêt temporel n'auroit jamais pu produire ; de forte que nous sommes en quelque sorte prédestinés à nous haïr éternellement. Je ne vois d'autre remede contre ce mal qu'une uniformité d'opinion : projet qu'il seroit bien à desirer qu'on exécutât. Le *salut des ames* est la passion héroïque des cœurs élevés ; il est devenu, pour ainsi dire, le principal devoir du Magistrat, & l'objet du Gouvernement même.

Si le Magistrat vouloit ainsi interposer son autorité dans d'autres sciences, je craindrois bien que nous n'eussions une aussi mauvaise Logique, une aussi mauvaise Géométrie, & en général une aussi mauvaise Philosophie que la Thélogie l'est souvent chez les peuples, où le symbole des Orthodoxes est fixé par la Loi. C'est une terrible entreprise pour un Gouvernement que celle de limiter l'esprit, & de lui donner des entraves : si par ses soins nous restons seulement sages & honnêtes, il y a toute apparence que nous n'aurons pas moins d'adresse dans nos affaires spirituelles que dans les temporelles ; & si l'on peut s'en fier à nous, nous aurons assez d'esprit pour nous sauver, à moins que quelque préjugé ne vienne se jetter à la traverse. Mais si la probité & l'esprit ne peuvent suffire pour cet ouvrage du salut, c'est en vain que le Magistrat s'en mêle, car quelque sage & vertueux qu'on le suppose, il peut se tromper de même que tout autre homme. Je suis persuadé que le seul moyen de conserver le bon sens des hommes, & l'esprit dans le monde, est d'affranchir le bon sens & l'esprit de toute servitude. Or l'esprit ne sauroit être libre, lorsqu'on lui ôte la permission de rire à pro-

propos; ce qui eſt le ſeul ſpécifique contre les graves folies des enthouſiaſtes & des caracteres chagrins.

On nous laiſſe, à la vérité, plein pouvoir ſur toutes les autres extravagances humaines; nous pouvons traiter *ad libitum* tout autre enthouſiaſme: il eſt permis de tourner en ridicule l'amour, la galanterie, ou la manie des Chevaliers errans; & dans cette époque de la décadence de l'eſprit, où nous nous trouvons à préſent, on obſerve que ce goût autrefois ſi puiſſant, eſt bien tombé. Les Croiſades, la Conquête de la Terre Sainte, & autres pareilles expéditions, ne paſſent plus pour auſſi intéreſſantes que jadis; & s'il reſte encore quelque trace de cet eſprit tapageur, de cette Chevalerie errante, & de cette ſoif ardente du ſalut des ames, il ne faut pas s'en étonner puiſqu'on traite cette maladie avec un ſi grave appareil, & que notre méthode de guérir l'enthouſiaſme eſt ſi abſurde.

Je m'imagine que ſi nous avions une eſpece d'Inquiſition, ou une Cour Souveraine de Juges & d'Officiers établis pour réprimer la licence poëtique, ſupprimer généralement la manie des vers, & ſurtout la plus extravagante des paſſions, je parle de celle de l'amour, en tant qu'elle eſt décorée de ces machines payennes qu'on nomme Venus & Cupidon; ſi les Poëtes, comme Chefs & Docteurs de cette Héréſie, avoient défenſe, ſous les peines les plus grieves, d'enchanter le peuple par leurs rimes; ſi d'un autre côté il étoit interdit au peuple, ſous des peines proportionnées, de prêter l'oreille à ces charmes, ou à toute idée galante qui peut ſe trouver dans une Comédie, un Conte ou une Chanſon; je me figure, dis-je, que cette cruelle perſécution produiroit une nouvelle Arcadie. Les vieux & les jeunes ſeroient poſſédés du Démon des vers. Les Amans & les Poëtes tiendroient des aſſemblées dans les campagnes; les forêts ſe rempliroient de Bergers & de Bergeres ſemblables à ceux des Romans; les rochers retentiroient des hymnes & des louanges dont on célébreroit le pouvoir de l'amour. Il pourroit ſe faire que par cette perſécution, on ramenât ſur la terre toute la ſuite des Dieux d'Homere, & que notre froide patrie brûlât autant d'encens à l'honneur de Venus & d'Appollon, qu'on en prodigua autrefois dans les Iſles de Chipre, de Delos, ou autres climats plus chauds.

SECTION III.

MAIS, Mylord, vous ſerez peut-être ſurpris que m'étant engagé dans un ſujet auſſi grave que celui de la Religion, je m'oublie au point de plaiſanter. Je vous avouerai naturellement que ce n'eſt pas l'effet d'un pur hazard. Sur ma parole, je ne me ſoucie gueres de penſer ſur cette matiere, & à plus forte raiſon d'écrire, ſans avoir préalablement fait tous mes efforts pour me mettre d'auſſi bonne humeur qu'il eſt poſſible. Le vulgaire, qui donne toujours dans quelque extrême, & qui ſuit conſtamment le ton & la mode, n'eſt guere expoſé aux doutes & aux ſcrupules de Religion; il échape aux influences immédiates de la devote Mélancolie & de l'Enthousiasme : situation d'esprit qui exige une pratique sérieuse & réfléchie pour devenir habituelle. Que l'habitude soit ce que l'on voudra, si l'on ne peut la prévenir que par l'inattention ou la folie, c'est un avantage qui coute trop cher, & que je n'ambitionne pas. J'aimerois mieux courir toutes les avantures de la Religion, que de chercher à en distraire mon esprit. Tout ce que je veux, c'est d'y penser avec une sage gaieté : & je vais prouver que cette méthode abrege le chemin de plus de la moitié pour ceux qui veulent en penser sainement.

La bonne humeur est non seulement le meilleur préservatif contre l'enthousiasme, mais d'ailleurs le plus solide fondement de la piété & de la vraie Religion : car si une juste notion de l'Etre suprême est la base de tout culte raisonnable, il est plus que probable que nous ne pouvons nous tromper à cet égard que par mauvaise humeur. Il n'y a qu'une mauvaise humeur, naturelle ou acquise, qui puisse porter un homme à croire sérieusement que le monde est gouverné par quelque Puissance infernale ou malfaisante. Je doute très-fort que l'Athéïsme ait une autre cause que la mauvaise humeur ; car il y a tant d'argumens pour persuader à un homme bien disposé qu'en général tout est sagement arrangé, qu'il semble impossible qu'il l'impute au hazard : l'aspect de l'univers est si auguste qu'il montre partout les vestiges d'une Intelligence supérieure. Quoiqu'il en soit, je suis convaincu que ce n'est que la mauvaise humeur qui donne des idées ſombres & terribles de l'Etre Souverain. Se figurera-t-on qu'il puiſſe s'aigrir ou ſe fâcher, à moins qu'on ne ſente premiérement en ſoi-même quelques mouvemens de ce genre ? Si l'on craint de porter de l'enjouement dans la Religion, ou de penſer ſur Dieu avec franchiſe & gaieté, c'eſt que nous le formons ſur notre modele, & que nous ne pouvons concevoir la majeſté & la grandeur ſans un grave & ſombre appareil. C'eſt néanmoins préciſement le contraire de ce caractere que nous traitons de *divin*, quand nous le rencontrons, comme il arrive quelquefois, dans des Miniſtres & autres Grands célebres par leur crédit. S'ils paſſent pour réellement bons, nous oſons alors les traiter avec franchiſe, & nous ſommes ſûrs qu'ils ne s'offenſeront pas de cette liberté: ils y gagnent doublement, car plus on examine leur caractere & leurs actions, plus on pénetre les motifs, plus leur mérite éclate, plus on ſe ſent porté à les eſtimer & à les aimer en reſſentant les doux effets de leur bienveillance, de leur générοſité, de leur humanité. Vous le ſavez mieux que perſonne Mylord, vous qui avez eu le ſecret merveilleux de vous faire généralement chérir lorſque vous étiez en place, & conſerver dans votre état privé l'eſtime & l'attachement du public?

Grace au ciel, il eſt encore quelques exemples de ce genre dans ce ſiecle corrompu. Il y en avoit grand nombre autrefois. On a vu de puiſſans Princes & des Empereurs, maîtres de l'univers, qui pouvoient ſouffrir ſans la moindre alteration, non ſeulement les traits de la critique, mais les reproches les plus violens, &

tout ce que l'atroce calomnie oſoit leur imputer en face. Il y a peut-être des gens qui ſouhaiteroient que des Païens n'euſſent pas montré tant d'héroïſme, & ſur tout que des Chrétiens ne leur en euſſent pas fourni l'occaſion. Ce fut plutôt le malheur du genre humain en général que des Chrétiens en particulier, que le regne ſanguinaire de quelques-uns des premiers Empereurs Romains: ces monſtres exciterent des perſécutions non pas proprement contre les partiſans d'une nouvelle Religion, mais contre tous ceux qui étoient ſoupçonnés d'avoir du mérite & de la vertu. Qui a fait plus d'honneur au Chriſtianiſme, & qu'eſt-ce qui lui a été plus utile que la tyrannie d'un Neron? De meilleurs Princes, qui vinrent enſuite, ſe laiſſerent fléchir, & épargnerent le ſang chrétien. Il eſt vrai que le Magiſtrat pouvoit avoir été ſurpris par la nouveauté d'un ſyſtême qui paroiſſoit détruire les droits ſacrés de ſon pouvoir, & qui le traitoit auſſi bien que le reſte des hommes, d'impie, de profane & de reprouvé, parce qu'il ſe refuſoit à la nouvelle doctrine, quoiqu'on eut vu juſqu'alors tant de formes de culte qui ſe ſoutenoient dans la paix & l'union. Au reſte telle fut la politique des regnes ſuivans que la violence des perſécutions tomba beaucoup. Ce Prince (*) même qui paſſoit pour le plus grand ennemi du Chriſtianiſme, & qui avoit été élevé dans ſon ſein, ſe piqua d'une grande modération; il ſe contenta de retirer les terres données aux Egliſes, & de ſupprimer les Ecoles publiques des

(*) L'Empereur Julien.

Chrétiens ſans rien entreprendre contre les biens ou les perſonnes de ceux qui frondoient la Religion de l'Empire, & qui ſe faiſoient un mérite d'inſulter au culte public.

Il eſt fort heureux qu'un Auteur ſacré de notre Religion déclare que l'eſprit de charité & d'humanité eſt au deſſus de celui du Martire : autrement on ſeroit un peu ſcandaliſé de l'hiſtoire de nos premiers Confeſſeurs & Martirs, d'après nos Annales mêmes. A peine trouveroit-on aujourd'hui dans tout l'univers un aſſez bon Chrétien, qui, vivant à Conſtantinople, ou autre part ſous la protection du Turc, crut faire une action convenable & décente en troublant le culte Muſulman dans les Moſquées. Et d'auſſi bons Proteſtans que vous & moi, Mylord, ne manqueroient pas de traiter de fanatique celui qui par zele contre l'Idolâtrie Romaine, ſaiſiroit le moment d'une grande Meſſe, dans un pays où la Meſſe ſeroit établie par la Loi, pour interrompre le Prêtre par ſes clameurs, & profaner ſes images & ſes reliques.

Nous avons, à ce qu'il me ſemble, quelques bons freres nouvellement débarqués en Angleterre, je parle des Proteſtans François, qui ſont furieuſement animés de cet eſprit primitif : ils ſoupireroient après les tortures & les ſupplices, ſi on les laiſſoit faire, & qu'on leur en fournît les occaſions, c'eſt-à-dire ſi nous leur faiſions le plaiſir de les mettre aux fers ou de les pendre ; ſi nous étions aſſez obligeans pour leur rompre les membres ſelon la mode de leur pays, pour éprouver leur ferveur & allumer encore les buchers de la perſécution. Mais ils ne peuvent ſe flatter d'obtenir cette grace des Anglois : nous ſommes ſi endurcis que quoique la canaille Catholique ſoit prête à les lapider dans les rues, & que les Prêtres vouluſſent bien les traiter comme ils le déſirent, & les éprouver au milieu des feux; nous autres Anglois, qui ſommes maîtres chez nous, nous ne permettrons jamais qu'on en agiſſe de la ſorte avec les enthouſiaſtes. Ce n'eſt pas que nous portions envie à cette Secte, qui comme le Phénix, ſemble avoir pris une nouvelle naiſſance ſur le bucher, & qui ſeroit charmée de former une Egliſe conſidérable par les mêmes moyens qui ont répandu l'ancienne, c'eſt-à-dire par le ſang de ſes Martirs.

Mais que nous ſommes barbares, & plus cruels que les Païens mêmes, nous autres Anglois tolérans! car non contens de refuſer à ces Prophetes fanatiques l'honneur d'une perſécution, nous les avons tournés en dériſion, & livrés aux plus ſanglans mépris. On m'a aſſuré pour choſe certaine qu'ils forment dans ce moment (*) le ſujet d'un jeu de marionettes à la foire de St. Barthelemi. Sans doute que ces voix étranges qu'ils font entendre, & ces agitations involontaires qu'ils éprouvent, ſont admirablement bien jouées par le mouvement des fils d'archal & l'inſpiration des chalumeaux. Les Prophetes, lorſqu'ils ſont en fonctions, ne ſont pas maîtres de leur corps; ils ſe qualifient d'inſtrumens purement paſſifs, qu'une force extérieure anime; en conſéquence ils n'ont rien de naturel ni qui reſſemble à la vie, ſoit dans les ſons qu'ils rendent, ſoit

(*) A. 1707.

dans leurs mouvemens, de forte que quelque bizarre que foit un jeu de marionettes lorfque les bateleurs prétendent imiter d'autres actions, ils repréfentent néceffairement l'enthoufiafme au naturel: & tant que notre foire fe maintiendra en poffeffion de ce privilege, je garantis à notre Eglife Nationale que jamais Enthoufiaftes, ou Marchands de Prophéties & de Miracles ne feront dans le cas de fe mefurer avec elle.

Ce fut un bonheur pour nous que quand le Papifme remonta fur le trône, Smithfield devint le théâtre de plus cruelles tragédies. Je foupçonne que nombre de nos premiers Réformateurs ne valoient guere mieux que des enthoufiaftes, & peut-être que cette ardeur fanatique contribua beaucoup à la ruine de cette tyrannie fpirituelle. Si les Prêtres n'avoient, à leur ordinaire, préféré la foif du fang à toute autre paffion, ils auroient pu par des moyens plus amufans éluder la force du zele réformateur. Je ne fache pas que les Païens, conjurés contre la Religion Chrétienne, aient eu la fageffe d'oppofer à fes premiers progrès des parades comme à la foire de St. Barthelemi: au refte, je fuis fûr que fi la vérité de l'Evangile eût eu quelque chofe à craindre de la part de fes ennemis, la méthode la plus courte pour la réduire au filence, eût été de jouer fur le théâtre les premiers Miffionnaires, mais d'une maniere amufante, fans avoir recours à des peaux d'ours, & à des tonneaux de poix-refine.

Les Juifs formoient naturellement un peuple ombrageux qui n'entendoit raillerie fur rien, & principalement fur les principes & les maximes de sa Religion: c'étoit une matiere que l'on ne considéroit que d'un œil chagrin, & le gibet étoit le seul remede contre tout ce qui sentoit l'innovation. L'argument péremptoire étoit *crucifige*, *crucifige*. Mais si leur malice plus adroite eût employé des farces publiques pour exposer au mépris général les premiers Docteurs du nouveau culte, & qu'on eut donné toutes les scenes comiques que les Papistes ont imaginées pour honorer le divin fondateur du Christianisme, je suis tenté de croire qu'ils auroient fait par là plus de tort à notre Religion que par toutes les autres méthodes de l'esprit persécuteur.

Je pense que notre grand & docte Apôtre a tiré moins d'avantage des procédés simples & naturels de ses adversaires d'Athenes que de ceux des sombres zélateurs qui le poursuivoient dans les différentes villes de la Judée où il prêcha. La candeur & la politesse des Juges Romains devant lesquels il comparut, lui fut moins utile que le fanatisme de la Sinagogue, & la fureur des Prêtres de sa Nation. Au reste quand je vois ce sublime Apôtre paroître devant les spirituels Athéniens, ou dans une Cour de Justice en présence d'une auguste assemblée d'hommes & de femmes ; quand je considere avec quel art il s'accommode au génie & au caractere d'un monde plus distingué, il me semble qu'il n'évite pas l'occasion de s'égayer, dès qu'elle se présente: comme il ne doute point de la bonté de sa cause, il l'expose généreusement à cette épreuve, & à toute attaque quelconque du ridicule.

Mais quoique les Juifs n'aient jamais tenté

cette méthode de plaiſanterie contre J. C. ou ſes Apôtres, les Païens indévots l'avoient employée depuis longtems pour flétrir les meilleurs principes & les plus honnêtes gens que puiſſe citer l'Antiquité. Cette terrible épreuve, loin de leur faire tort, leur fût au-contraire très-avantageuſe, parce qu'ils en ſortirent avec honneur. Le plus ſage des Païens fut joué de la maniere la plus ſcandaleuſe dans une Comédie faite à deſſein par le Poëte le plus ingénieux d'une Nation qui paſſoit pour la plus ingénieuſe. Cette attaque, loin de nuire à ſa réputation, ou de décrier ſa Philoſophie, ne fit qu'en augmenter l'éclat, & exciter de plus en plus l'envie des autres Sectes. Ce rare Mortel ne ſe contenta pas d'être ridiculiſé, mais pour ſervir le Poëte autant qu'il étoit en lui, il ſe préſenta ſur le théâtre aux yeux des ſpectateurs, afin qu'on pût comparer ſa figure qui n'étoit pas des plus avantageuſes avec celle que l'Auteur avoit miſe ſur la ſcene pour le contrefaire. Notre Sage ne pouvoit donner une preuve plus déciſive & plus autentique de la bonté de ſon caractere, & de la vérité de ſa morale. Que l'impoſture oſe ſe meſurer avec un grave ennemi; il n'y a rien là de merveilleux; elle ſait que le péril n'eſt pas grand lorſqu'on l'attaque avec une faſtueuſe oſtentation. Mais ce qu'elle déteſte & ce qu'elle craint plus que tout, c'eſt la plaiſanterie & l'enjouement.

SECTION IV.

BREF, Mylord, cette trifte méthode de traiter la Religion eft, felon moi, ce qui la rend fi tragique; & voilà pourquoi elle donne tant de fcenes funeftes. Je fuis dans l'idée que pourvu qu'on ait pour elle les égards convenables, on ne fauroit l'examiner avec trop de franchife & de familiarité. Car fi elle eft vraie & folide, elle foutiendra non feulement l'épreuve, mais elle en tirera même parti pour hâter fes progrès; fi elle eft fauffe, ou mêlée d'impofture, cet examen fera tomber le mafque.

Les Pédagogues nous enfeignent les premiers élémens de la Religion d'un air fi chagrin, que nous ne pouvons enfuite y penfer fans mauvaife humeur. C'eft furtout dans l'adverfité, ou dans la maladie, dans les afflictions, ou dans les troubles d'efprit que nous y avons recours, quoique dans la réalité nous ne foyons jamais fi peu propres à méditer fur la Religion que dans ces finiftres momens. Jamais l'homme ne peut être en état de contempler ce qui eft au deffus de lui, quand il n'eft point dans une fituation où il puiffe confidérer fon propre cœur, & examiner tranquillement le caractere de fon efprit & de fes paffions. Nous ne découvrons alors en Dieu que fureur, haine & vengeance; car une ame déchirée par fes frayeurs & troublée par de triftes événemens, ne voit plus rien d'un œil tranquille; le Dieu qu'elle fe figure eft analogue à fa fituation.

Il faut non feulement être de bonne humeur, mais même de la meilleure humeur du monde pour bien concevoir ce que c'eſt que la *vraie bonté*, & ce qu'impliquent ces attributs que nous appliquons avec tant de raiſon à la Divinité. Dans ce cas, nous pourrons voir ſi ces formes de juſtice, ces dégrés de punition, cet eſprit de reſſentiment, cette meſure de l'indignation à l'offenſe, que l'on ſuppoſe vulgairement en Dieu, conviennent à l'idée de *bonté*, que cet Etre Souverain, ou la Nature par ſa volonté, a gravé dans notre ame, & que nous devons néceſſairement préſuppoſer pour lui rendre l'hommage qui lui eſt dû. Voici, Mylord, le plus puiſſant préſervatif contre toute ſuperſtition; c'eſt de ſe ſouvenir toujours qu'*il n'y a rien en Dieu que de divin*, & que *ou il n'eſt point du tout*, *ou il eſt vraiment & parfaitement Dieu*. Mais ſi l'on craint de ſe ſervir librement de ſa raiſon, fût-ce pour diſcuter s'il exiſte réellement ou non, dès lors on le ſuppoſe méchant, & l'on contrédit dès le premier pas ce caractere de grandeur & de bonté qu'on lui attribue, puiſque cette réſerve prouve que l'on s'en défie, & que l'on craint ſa colere & ſon reſſentiment contre les curieux profanes.

Un de nos Auteurs ſacrés offre un exemple remarquable de cette liberté. Quelle que fut la patience de Job, on ne peut nier qu'il n'en ait agi aſſez hardiment avec Dieu, & qu'il n'ait traité ſa Providence un peu leſtement. Je conviens que ſes amis font uſage de toutes ſortes d'argumens bons & mauvais pour venger la Providence & anéantir ſes objections: ils ſe piquent de dire de Dieu tout le bien qu'ils peuvent en pouſſant quelquefois leur raiſon à bout. Mais c'eſt là *flatter Dieu*, à ce que prétend

Job; c'eſt *faire acception de la perſonne de Dieu*, & même *ſe moquer de lui*. En effet quel mérite y a-t'il à croire un Dieu, ou ſa Providence ſur des motifs foibles & frivoles? Où eſt la vertu de ſe prévenir d'une opinion contraire à l'apparence des choſes, & de ne vouloir écouter aucune objection? Le Dieu de la vérité auroit un caractere bien ſingulier s'il ſe fâchoit contre les hommes qui ne veulent pas tromper leur intelligence, & lui en impoſer autant qu'il eſt en eux, & s'il ſe contentoit qu'ils cruſſent à l'aventure & contre leur raiſon.

Il eſt impoſſible qu'un honnête homme ſouhaite qu'il n'y ait pas de Dieu; car ce ſeroit une imprécation contre le public, & j'oſe ajouter, contre ſoi-même, ſi l'on examine bien la queſtion. Mais celui qui n'eſt pas aſſez méchant pour étouffer ſa croyance, juge bien mal de Dieu, & ne le croit pas, à beaucoup près, auſſi bon que lui-même, s'il s'imagine que l'uſage impartial de ſa raiſon ſur tout problême quelconque, l'expoſe à des riſques dans un autre monde; au lieu que le lâche aviliſſement de cette raiſon, & une croyance affectée de ce que ſon intelligence déſavoue, lui donneroit des titres aux biens céleſtes. Des gens qui penſent de la ſorte ſont les *Sicophantes* de la Religion, & les *Paraſites* de la Devotion: c'eſt traiter dieu comme de ruſés mandians traitent ceux dont ils ignorent la qualité: Les gueux novices peuvent dire niaiſement *Mon bon Monſieur*, ou *Mon bon Maître*: mais les vieux routiers s'adreſſent toujours à *Mon bon Seigneur*, à *Votre Grandeur*; car, diſent-ils, ſi c'eſt un Lord nous ſerions perdus pour ne lui avoir pas donné ſon titre; & s'il ne l'eſt pas, cette politeſſe n'eſt pas une inſulte, & on ne s'en offenſe pas. Il en eſt de même dans la Religion: on ne s'inquiete que de prier dans le terme propre, & l'on penſe que tout dépend de trouver préciſément le titre, & de deviner juſte. La plus vile reſſource imaginable, qu'on vante cependant beaucoup, & qui paſſe pour une importante maxime chez des gens inſtruits, c'eſt qu'il *faut s'efforcer d'avoir de la Foi, & de croire à outrance, parce qu'après tout, ſi cela eſt inutile on ne court aucun riſque; au lieu que ſi les choſes ſont telles qu'on le prétend, malheur à ceux qui n'auront pas cru complettement.* Mais cette idée eſt ſi illuſoire que ſes partiſans ne peuvent jamais avoir aſſez de foi pour être heureux en ce monde ou en tirer quelque avantage dans l'autre; car outre que notre raiſon connoit la duperie, & ne peut conſéquemment ſe répoſer avec confiance ſur cette baſe qui eſt pour nous un abime de doutes & de perplexités, il faut d'ailleurs que nous devenions de méchans croyans, & des calomniateurs de la Divinité, lorſque notre Foi eſt établie ſur des notions qui lui ſont auſſi injurieuſes.

Aimer les hommes, faire le bien général, & s'intéreſſer pour le monde entier, autant qu'il eſt en nous, c'eſt là ſans contrédit le comble de la bonté, ce qui forme le caractere que nous nommons *divin*. Dans cette diſpoſition d'ame, Mylord, que vous connoiſſez très-bien, il eſt naturel de ſouhaiter que les autres, convaincus de la ſincérité de notre exemple, le donnent avec nous. Il eſt naturel de deſirer que l'on connoiſſe notre mérite, ſurtout ſi le ſort nous a appellés à ſervir une Nation avec les talens & la vertu d'un bon Miniſtre; ou ſi, en qualité de Princes ou de Peres du peuple, nous avons rendu heureuſe une partie conſidérable du genre humain qui vivoit ſous nos auſpices. Mais s'il arrivoit que dans ce nombre, il ſe trouvât un homme aſſez peu inſtruit pour n'avoir jamais oui citer notre nom ou nos actions; ou ſi cet homme, après avoir entendu parler de nous, ſe laiſſoit tellement ſéduire par des contes abſurdes que l'on débite à notre ſujet, qu'il ne ſache que penſer ſur notre exiſtence; ne nous rendrions-nous pas ridicules, ſi cette ſottiſe nous donnoit de l'humeur? Ne paſſerions-nous pas pour de fous attrabilaires, ſi au lieu de prendre la choſe en raillerie, nous penſions ſérieuſement à nous venger de ceux qui par une ignorance craſſe, un ſot jugement, ou leur incrédulité auroient fait tort à notre réputation?

Mais pour revenir à notre queſtion, eſt-il bien louable de s'intéreſſer ſi vivement à ce que l'on penſe de nous? Eſt-ce une action ſi *divine* que de faire du bien pour l'amour de la gloire; ou n'eſt-il pas *plus divin* de faire le bien lors même qu'il peut paſſer pour ignominie, & d'obliger des ingrats abſolument inſenſibles à la voix de la reconnoiſſance? Pourquoi donc ce qui eſt *ſi divin* en nous change-t'il de caractere dans *l'Être divin?* Pourquoi le Dieu de la ſuperſtition reſſemble-t'il plutôt à ce qu'il y a de foible & d'impuiſſant dans notre nature qu'à ce qui s'y trouve de mâle, de généreux & de divin?

SECTION V.

On penseroit, Mylord, qu'il n'eſt pas difficile à l'homme de ſaiſir & de diſcerner ſa foibleſſe du premier coup d'oeil, de marquer en un mot les traces de la fragilité humaine que nous ſentons ſi bien. Il paroît aiſé de concevoir que l'inſulte & l'offenſe, l'aigreur & la vengeance, la jalouſie du point d'honneur, ou du pouvoir, l'amour de la renommée, de la gloire &c. n'appartiennent qu'à des êtres finis, & ſont néceſſairement incompatibles avec la notion d'un Etre Souverain & parfait. Mais ſi nous n'avons jamais fixé en nous-mêmes l'idée du *bon* & de l'*excellent moral*, ou ſi nous ne pouvons pas nous fier à la raiſon qui nous déclare que ce qui ne porte point ce caractere, répugne à l'eſſence divine; dans ce cas il ne nous eſt pas poſſible de compter ſur ce que les autres diſent de Dieu, ou ſur ce qu'il nous révele lui-même. Contentons-nous de ſavoir par proviſion qu'il eſt bon, & qu'il ne peut nous tromper: ſans cet axiome préliminaire, l'homme ne peut avoir ni foi, ni confiance. Or s'il eſt réellement un principe antérieur à la révélation, une preuve antécédente de la Raiſon qui démontre que Dieu exiſte, & que de plus il eſt aſſez bon pour ne pas nous tromper; la même raiſon, ſi l'on s'en rapporte à elle, nous démontrera d'ailleurs que Dieu eſt ſi bon qu'il ſurpaſſe en bonté le meilleur des hommes. Cela poſé, il n'y a rien qui puiſſe nous inſpirer de la crainte ou des ſoupçons; car c'eſt la méchanceté ſeule, & non la bonté, qui peut nous effrayer.

Il

Il y a un ſingulier argument très- ſpécifique pour ceux qui peuvent en faire uſage en certaines maladies de l'ame ; le voici : *Il ne peut y avoir de malice que là où les intérêts ſont oppoſés ; or un Etre univerſel ne peut avoir d'intérêt oppoſé ; donc il ne peut avoir de malice.* S'il exiſte une Intelligence univerſelle, elle ne ſauroit avoir d'intérêt particulier : mais le bien général, ou le bien du tout, & ſon propre bien, ſont néceſſairement la même choſe. Elle ne peut rien ſe propoſer au de-là de ce terme, ni ſe laiſſer entraîner à aucune réſolution contraire ; de ſorte que la queſtion ſe réduit à ſavoir s'il exiſte réellement une Intelligence qui ait rapport au tout, ou non ; car ſi malheureuſement elle n'exiſtoit pas, il nous reſteroit cependant un ſujet de conſolation, en conſidérant que la Nature n'a point de méchanceté : ſi au contraire elle exiſte, nous devons être bien ſatisfaits qu'elle ſoit ce que l'on peut concevoir de meilleur. Ce dernier cas ſembleroit le plus conſolant, & la notion d'un *Pere commun* eſt moins effrayante que celle d'une *Nature abandonnée*, & d'un *Monde orphelin.* Il eſt vrai que dans l'état préſent de la Religion parmi nous, il y a beaucoup d'honnêtes gens qui ne craindroient guere d'être expoſés de la ſorte, & qui ſe trouveroient peut-être plus à leur aiſe s'ils étoient aſſurés qu'ils n'ont affaire qu'à un pur hazard. En effet l'idée qu'il n'y a pas de Dieu ne fait trembler perſonne ; on tremble plutôt qu'il n'y en ait un. On penſeroit néanmoins autrement ſi l'on jugeoit auſſi bien de la Divinité que de l'Humanité, & l'on pourroit nous amener à croire fermement que s'il y a un Dieu, la *ſu-*

prême bonté lui est essentielle, & que son idée exclut ces défauts, ces passions, ces foiblesses, ces bassesses que nous découvrons en nous-mêmes, & dont les cœurs vertueux s'efforcent de triompher (*).

Il me semble, Mylord, qu'avant de s'élever aux notions sublimes de la Divinité, il seroit à propos que l'on descendît en soi-même, & que l'on s'occupât un peu des leçons de la simple & honnête Morale. Quand nous aurons une fois examiné notre cœur, & distingué exactement la nature de nos affections, nous pourrons alors juger plus sainement des vrais attributs de la Divinité, & de ce que l'idée d'un Etre parfait admet ou exclut; nous pourrons apprendre à *aimer* & à *louer*, quand nous aurons discerné ce qui est *aimable* ou *louable*. Autrement nous nous mettrions peut-être dans le cas de faire très-peu d'honneur à Dieu, lorsque nous nous flattons de lui en faire le plus: car comment concevoir que la Divinité puisse être honorée par les louanges de créatures qui ne sont pas en état de discerner ce qui est *louable* ou *excellent* dans leur propre espece.

Si certaines gens, qui n'ont pas d'oreilles pour l'harmonie, élevoient un Musicien jusqu'aux nues, de pareils éloges le feroient sans doute rougir, & à peine pourroit-il souffrir de bonne grace leurs applaudissemens, jusqu'à ce qu'ils connussent mieux son talent, & qu'ils fussent en état de sentir eux-mêmes le mérite

(*) *Pour moi*, dit l'honnête Plutarque, *j'aimerois mieux que l'on dit qu'il n'y eut jamais de Plutarque, que si l'on avançoit qu'il fut inconstant, léger, colere & avide de vengeance &c.* Plut. De la Superstition.

de fon exécution. Sans cela, il ne recueilleroit qu'une gloire fort chetive, & quelle que fut la vanité de l'Artifte, il n'auroit guere lieu d'être content.

Ceux qui font le plus avides de louanges aimeroient mieux ne pas exciter l'attention des hommes que d'être fottement applaudis. Je ne conçois pas comment l'Etre, qui eft, dit-on, le plus défintéreffé dans le bien qu'il fait, paffe pour tant aimer la louange; comment peut-on fuppofer qu'il mette un fi haut prix à une chofe auffi vile que l'*éloge de l'ignorance*, & un *applaudiffement forcé*?

Il n'en eft pas de la bonté comme des autres qualités, que nous pouvons fort bien comprendre fans cependant les poffeder. Nous pouvons avoir une oreille parfaite pour la Mufique, fans être en état de faire quelque chofe dans ce genre. Nous pouvons juger fort bien de la Poëfie fans être Poëtes, ou même fans avoir la moindre étincelle du génie propre pour y réuffir. Mais quant à la bonté, nous ne pouvons en avoir une idée paffable fans être paffablement bons; de forte que fi la *louange* de l'Etre fuprême eft une partie fi importante de fon culte, nous devrions, à ce qu'il me femble, apprendre à être bons, quand ce ne feroit que pour favoir *louer* d'une maniere foutenable; car l'éloge de la bonté, fortant d'un cœur méchant, doit faire certainement la plus affreufe difcordance.

SECTION VI.

Cette Philoſophie, ſimple & domeſtique pour ainſi dire, par laquelle nous rentrons dans notre propre cœur, peut nous rendre encore, Mylord, de merveilleux ſervices, en rectifiant nos erreurs ſur la Religion. Il y a en quelque ſorte un enthouſiaſme *de la ſeconde main.* Quand les hommes ne trouvent rien en eux-mêmes qui les agite; quand ils ne ſont pas préoccupés par des ſentimens *paniques*, le témoignage des autres peut toujours leur en impoſer, & les porter à croire bonnement quantité de faux prodiges. Ce caractere peut tourner leur eſprit de tous les côtés, leur faire admettre toute ſorte de doctrine & d'innovation, & varier continuellement leur Foi. Mais la connoiſſance de nos paſſions dans leurs propres germes, l'art de meſurer exactement les progrès de l'enthouſiaſme, & de juger ſainement de ſa force naturelle & de ſon empire ſur nos ſens, peut nous apprendre à combattre avec plus de ſuccès ces illuſions qui ſont étayées du ſpécieux prétexte d'une certitude morale, & d'une *matiere de fait.*

La nouvelle Secte prophétique, dont j'ai parlé plus haut, prétend, entr'autres miracles, en avoir fait un très-ſignalé, prémédité, annoncé d'avance, & exécuté en préſence de pluſieurs centaines de témoins qui en atteſtent actuellement la vérité. Mais je voudrois ſavoir s'il s'eſt trouvé dans ce nombre quelqu'un qui, n'ayant jamais été de la Secte, ou partiſan de ſes principes, voulût confirmer leur dépoſition. Je ne me contenterois pas de demander ſi tel témoin ne partageoit en aucune maniere cet enthouſiaſme particulier; mais de plus s'il paſſoit antérieurement pour avoir la tête aſſez libre, & le jugement aſſez ſain pour être incapable de donner dans la mélancolie & l'enthouſiaſme? Sans cela, je déclare qu'il peut avoir contracté le mal épidémique; il a probablement perdu l'évidence des ſens comme dans un ſonge; ſon imagination s'eſt tellement allumée, qu'elle a abſorbé tout ce qui lui reſtoit de raiſon: ſa tête étoit pleine de matieres combuſtibles qu'une ſeule étincelle a pu enflammer, mais ſurtout au milieu d'une multitude ſaiſie du même eſprit. Il n'eſt pas étonnant que l'incendie éclate ſi bruſquement, lorſque tous les yeux de la foule ſont allumés par la paſſion, & que tous les cœurs ſont agités par l'inſpiration de l'enthouſiaſme; lorſque non ſeulement l'aſpect, mais le ſoufle même des hommes, eſt contagieux, & que le mal ſe communique par une tranſpiration inſenſible. Je ne ſuis pas aſſez bon Théologien pour décider ce que c'étoit que cet *Eſprit* qui ſaiſiſſoit tellement les anciens Prophetes, que le profane Saül même l'attrapa. Mais je vois dans l'Ecriture qu'il y avoit un *mauvais* comme un *bon Eſprit de Prophétie*; d'ailleurs l'expérience actuelle, auſſi bien que toutes les Hiſtoires, ſacrées & profanes, prouve que l'opération de cet *Eſprit* eſt partout la même ſur les organes extérieurs du corps.

Un Homme, qui a écrit depuis peu pour la défenſe du rétabliſſement de la Prophétie, & qui eſt enſuite tombé lui-même dans une viſion extatique nous dit que *Les anciens Prophetes recevoient l'Esprit de dieu dans une extase, & avec diverses postures étranges, ce qui les faisoit traiter de fous (ou d'enthousiastes) comme il paroît évidemment* ajoute-t-il, *par les exemples de Balaam, de Saül, de David, d'Ezéchiel, de Daniel &c.* Il confirme ensuite cette assertion par la pratique des tems Apostoliques, & par le Réglement que St. Paul même prescrit relativement à ces *Dons* qui semblent contre l'ordre ordinaire, & qui étoient si fréquens, à ce que notre Auteur assure, dans les premiers jours du Christianisme. Au reste qu'il fasse tant d'efforts qu'il voudra pour comparer sa méthode à celle des tems Apostoliques, & rendre son parallele plausible; tout ce que je sais, c'est que les symptômes qu'il décrit, & que le pauvre homme ressent actuellement, sont pour le moins aussi païens que chrétiens. Quand je l'ai vu dernierement dans sa crise prophétique, annonçant l'avenir en Latin pompeux, ce qu'il ne pourroit faire après l'accès, je me suis rappellé ce que le Poëte dit de la Sibille, dont les agitations ressembloient si bien aux siennes.

. . . . . Subitò non vultus, non color unus,
Non comptæ mansere comæ, sed pectus anhelum,
Et rabie fera corda tument; majorque videri
Nec mortale sonans: afflata est Numine quando
Jam propiore Dei. . . . . .

Virgile ajoute encore:

. . . . Immanis in antro
Bacchatur Vates, magnum si pectore possit
Excussisse Deum: tanto magis ille fatigat
Os rabidum, fera corda domans, fingitque premendo.

Voilà à la lettre le portrait de notre Auteur. *L'Inſpiré*, dit-il, *eſſuie une épreuve, où l'Eſprit forme les organes par de fréquentes agitations, ordinairement un mois ou deux avant qu'il s'explique.*

L'Hiſtorien Romain parlant d'un Enthouſiaſme atroce, qui éclata à Rome longtems avant lui, décrit de la ſorte cet Eſprit de Prophétie: *Viros velut mente captâ, cum jactatione fanaticâ corporis vaticinari.* Je n'aimerois gueres de rapporter les horreurs déteſtables, dont ces enthouſiaſtes ſe rendirent coupables; mais je ne puis m'empêcher de vous citer le Décret du Senat, qui ne reſpire que douceur & indulgence: quoique vous l'ayez déja lu auparavant, vous le verrez encore avec admiration. *In reliquum deinde* (dit Tite-Live, L. 39) *S. C. cautum eſt*, &c. *Si quis tale ſacrum ſolemne & neceſſarium duceret, nec ſine Religione & Piaculo ſe id omittere poſſe, apud Prætorem Urbanum profiteretur: Prætor Senatum conſuleret. Si ei permiſſum eſſet, cum in Senatu centum non minus eſſent, ita id ſacrum faceret; dum ne plus quinque ſacrificio intereſſent, neu qua pecunia communis, neu quis Magiſter Sacrorum, aut Sacerdos eſſet.*

Il eſt ſi néceſſaire de céder à cette épidémie de l'enthouſiaſme, que ce Philoſophe même qui ſe déclare hautement contre la ſuperſtition, ſemble avoir donné lieu aux viſions des imaginations déréglées, & toléré indirectement l'enthouſiaſme; car on ſe figurera difficilement qu'un indevot, tel qu'Epicure, fut aſſez puérilement crédule pour croire ces contes bleus d'armées, de forteresſes qui paroiſſent dans les nues, & autres phénomenes chimériques de ce genre. Cependant il les admet, & il prétend ensuite résoudre la difficulté par ses *effluvia*, & autres machines que Lucrece décrit cependant d'une maniere imposante comme il fait toujours.

. . . . . . *Rerum Simulacra vagari*
Multa, modis multis, in cunctas undique parteis
Tenuia, quæ facilè inter se junguntur in auris,
Obvia cum veniunt, ut aranea bracteaque auri.
. . . .
. . . .
Centauros itaque & Scyllarum membra videmus,
Cerbereasque canum facies, simulacraque eorum
Quorum morte obita tellus amplectitur ossa:
Omne genus quoniam passim simulacra feruntur,
Partim sponte suâ quæ fiunt aere in ipso;
Partim quæ variis ab rebus cumque recedunt.

Tout ceci prouve que ce Philosophe trouvoit que la Nature Humaine étoit abondamment pourvue d'*esprit chimérique* Il étoit si content de voir que les hommes étoient portés à avoir des visions, que de crainte qu'ils ne s'en passassent, il leur en donna à discrétion. Quoiqu'il niât que les principes de la Religion fussent *naturels*, il fut forcé d'avouer tacitement que le genre humain avoit de merveilleuses dispositions pour imaginer des *objets surnaturels*, & que si ces illusions étoient vaines, elles étoient cependant comme innées, propres aux hommes & en quelque sorte inévitables. Je pense que sur un pareil aveu un Théologien pourroit lui oppofer un bon argument en faveur de la vérité auffi bien que de l'utilité de la Religion. Au refte, que l'objet de la vifion foit vrai ou faux, les fymptômes font les mêmes, & la paffion d'égale force dans la perfonne qui en eft frappée. Les *Lymphatici* des Latins reffembloient aux *Nymphalcpti* des Grecs: c'étoient, dit-on, des gens qui avoient vu quelque Divinité, un Dieu champêtre, par exemple, ou une Nymphe: à cette apparition ils tomboient dans de tels tranfports qu'ils en perdoient l'efprit. Leurs extafes fe caractérifoient extérieurement par des tremblemens, des frémiffemens, des agitations de la tête & des membres, des convulfions fanatiques, des prieres extravagantes, des prédictions, des chanfons & autres grimaces. Toutes les Nations ont leurs *Lymphatiques*; toutes les Eglifes, Païennes ou Chrétiennes, fe font élevées contre le Fanatifme.

Il fembleroit prefque que les Anciens fuppofoient quelque analogie entre ce défordre & ce qu'ils appelloient l'*Hydrophobie*. Que les *Lymphatiques* euffent quelque difpofition à mordre pour communiquer aux autres la rage qu'ils éprouvoient; c'eft ce que je ne puis déterminer affez pofitivement: mais nous avons eu d'autres Fanatiques, depuis la date des anciens, qui ont très-bien réuffi à communiquer cette fureur; car dès l'inftant que l'Efprit de difcorde s'eft introduit dans la Religion, toutes les Sectes ont été aux prifes, & fe font, comme dit le proverbe, déchirées à belles dents.

L'esprit de fanatisme s'étend si loin que, quand des enthousiastes ont été frappés d'une vision, ils ont toujours la manie de vouloir la communiquer, & d'allumer également d'autres imaginations. Ainsi les Poëtes sont encore fanatiques; Horace est, ou feint d'être *Lymphatique*, en faisant voir quel effet la vision des Nymphes ou de Bacchus opere sur lui.

Bacchum in remotis carmina rupibus
Vidi docentem, credite posteri,
Nymphasque discentes . . . . .
Euoe! recenti mens trepidat metu,
Plenoque Bacchi pectore turbidum.
LYMPHATUR (*) . . . .

Il n'est aucun Poëte, comme je l'ai osé avancer dès le début de cette Lettre, qui puisse atteindre à quelque chose de grand, sans se figurer ou supposer la *présence d'un Dieu:* c'est alors qu'il excite en lui-même jusqu'à certain point la passion dont il s'agit. Il n'est pas jusqu'au froid Lucrece, qui ne se serve de cette inspiration, lors qu'il déclame même contre elle; & il est forcé de créer une Divinité fantastique de la Nature, pour l'animer & le conduire dans son entreprise de dégrader la Nature,

(*) C'est la leçon d'Heinsius: Od. 19. L. 2. Voyez encore le v. 97 de la Sat. 5, où Horace traite spirituellement les habitans de Gnatia de Lymphatiques & d'Enthousiastes pour avoir cru un miracle de leurs Prêtres: *Gnatia Lymphis iratis extructa* &c.

& de la dépouiller de toute ſa providence & autres attributs divins.

Alma Venus, coeli ſubter labentia ſigna,
Quæ mare navigerum, quæ terras frugiferenteis
Concelebras . . . .
Quæ quoniam rerum Naturam ſola gubernas,
Nec ſine te quidquam dias in luminis oras
Exoritur, neque fit lætum, neque amabile quidquam:
Te ſociam ſtudeo ſcribundis verſibus eſſe,
Quos ego de rerum naturâ pangere conor
MEMMIADÆ *noſtro* (*).

SECTION VII.

Ce que je prétends conclurre de toutes ces réflexions, c'eſt que l'Enthouſiaſme eſt prodigieuſement étendu; que c'eſt une matiere délicate, & la plus difficile à connoître complettement & diſtinctement, puiſque l'Athéiſme même n'eſt pas ſans enthouſiaſme. En effet quelques Ecrivains ont remarqué judicieuſement qu'il y avoit eu des Athées enthouſiaſtes, & on ne peut guere diſcerner l'Inſpiration réelle du fanatiſme par des marques extérieures; car l'inſpiration eſt un ſentiment certain de la *divine préſence*, & l'enthouſiaſme en eſt un ſentiment faux: or la paſſion, que l'inſpiration & l'enthouſiaſme excitent, ſe reſſemble extrêmement. Quand l'ame humaine eſt abſorbée dans une

(*) Lucret. L. 1.

vision, & qu'elle contemple, ou un objet réel, ou un fantôme de Divinité; quand elle voit, ou qu'elle croit voir quelque chose de merveilleux & de surnaturel, l'horreur, le plaisir, la confusion, la crainte, l'admiration, ou tout autre sentiment qu'elle éprouve dans cette circonstance, sera profond, étonnant, &, selon le style des Peintres, *au de-là de la Nature.* Voilà ce qui a donné lieu à ce nom de *Fanatisme*, qui, dans son sens original, signifioit chez les Anciens une *apparition qui transportoit l'esprit.*

Il y entrera de la fureur & de l'extravagance, lorsque les idées ou les images dont on est frappé seront trop fortes pour le génie étroit de l'homme; de sorte que l'Inspiration peut très-bien s'appeller *Enthousiasme Divin.* Le mot même signifie *Présence divine*, & le Philosophe, (*) que les premiers Peres de l'Eglise appellerent *divin*, en fit usage pour exprimer tout ce qu'il y avoit de sublime dans les passions humaines. Tel étoit l'esprit que l'on attribuoit aux Héros, aux Hommes d'Etat, aux Poëtes, aux Orateurs, aux Musiciens & aux Philosophes mêmes. En effet, l'on ne doit imputer qu'à un noble enthousiasme (†) tout ce qu'ils pouvoient exécuter de grand. Tout le monde

(*) Quant aux Philosophes en particulier, Plutarque rapporte que les Républicains austeres du premier Age de Rome se plaignirent quelquefois, lorsque la Litterature Grecque s'introduisit dans leur Etat, que la Philosophie rendoit leurs jeunesse *enthousiaste.* Vie de Caton.

(†) L'Auteur s'étend ailleurs sur cette passion, prise dans le sens le plus noble.

connoît quelque chose de ce principe: mais le discerner comme il faut, & dans toutes ses especes, soit en nous-mêmes ou dans les autres, c'est là le grand objet, & c'est par ce moyen seul que nous pouvons éviter l'erreur & l'illusion; car pour *juger les Esprits, & savoir s'ils sont de Dieu*, nous devons d'abord juger préliminairement notre propre Esprit, & voir s'il est inspiré par la raison & le bon sens; examiner s'il est même capable de juger de quelque maniere que ce soit, c'est-à-dire s'il est tranquille, impartial, libre de toute passion capable de lui en imposer; si notre tête n'est pas agitée, par des vertiges, ou troublée par les noires vapeurs de la mélancolie Voilà le premier pas qui doit précéder; le jugement antérieur que tout homme sage formera, c'est de *s'entendre soi-même*, & de connoître *quel est son Esprit*. Nous pouvons ensuite juger de l'Esprit qui est dans les autres, discerner leur mérite personnel, & apprécier la valeur de leur témoignage par la solidité de leur tête. C'est ainsi que nous nous préparerons à nous-mêmes un antidote contre l'enthousiasme: objet qu'on ne peut remplir plus efficacement, comme j'ai osé l'avancer, que par la bonne humeur; sans quoi le remede même deviendroit peut-être pire que le mal qu'on se propose de guérir.

Mylord, après avoir justifié en quelque sorte l'*Enthousiasme*, & adopté le mot, s'il y a de l'extravagance à vous avoir écrit comme j'ai fait, vous devez convenir que j'ai été entraîné par une *impulsion*. Vous devez supposer, & avec raison, que je suis passionément tout à vous, & tolérer, avec cette douceur qui vous eſt ſi naturelle en toute autre occaſion, les écarts d'un *Ami enthouſiaſte*, qui excepté dans cette circonſtance, où il eſt emporté par un zele un peu trop libre, ſera toujours avec le plus ſincere reſpect, Votre &c.

ESSAI
SUR
LA RAILLERIE
ET
L'ENJOUEMENT,

IMPRIMÉ

POUR LA PREMIERE FOIS

EN L'ANNÉE M DCC IX.

ESSAI
SUR
LA RAILLERIE
ET
L'ENJOUEMENT.

PREMIERE PARTIE.

SECTION I.

Je cherche encore, mon cher Ami, quel put I.
être le motif de cette ſurpriſe que vous fîtes PART.
paroître l'autre jour qu'il m'arriva de vous fai- §. I.
re l'éloge de la *Raillerie*. Eſt-ce donc que vous me croyez d'un caractere trop grave pour goûter des converſations où elle a quelque part? Ou bien, craindriez-vous que je ne fuſſe pas à l'épreuve d'une plaiſanterie?

Vous aviez raiſon, ſans doute, de vous tenir un peu ſur vos gardes, ſi vous me preniez en effet pour un de ces violens *Zélateurs* qui n'ont pas la force de voir leurs opinions expoſées au moindre trait de raillerie. Je ſais que bien des gens ſont dans le cas. Tout ce qui leur paroît grave & ſérieux, ils s'imaginent

I. PART. §. I. qu'on n'en doit jamais parler que férieufement & avec beaucoup de gravité; quoiqu'en même temps ils foient fort aifes de traiter différemment ce qu'un autre juge très-férieux, toujours prêts à mettre à l'épreuve du ridicule toute forte d'opinions, excepté celles qu'ils ont adoptées.

Mais ce procedé eft-il fincere? L'équité & la raifon ne nous ordonnent-elles point au contraire, de n'avoir pas plus de ménagement pour nos propres opinions que pour celles des autres hommes? Et fi nous nous épargnons nous-mêmes dans cette occafion, ne nous expofons-nous pas à être regardés comme des gens trop prévenus en notre faveur? On pourra fans doute nous accufer d'une ignorance volontaire; & d'avoir, par une aveugle idolatrie, embraffé des opinions au hazard, & confacré dans notre efprit des notions frivoles pour lefquelles nous redoutons le grand jour. Ces fentimens que nous tenons renfermés avec tant de foin, paffent dans notre efprit pour des Etres facrés & divins; & ce ne font peut-être que des monftres, ou de vains phantômes qui nous en impofent tandis que nous refufons de les tourner de tous les fens, & d'obferver leurs formes & leurs traits fous toute forte de jour. Car ce qui ne peut être expofé qu'à un certain jour, eft fufpect. L'on fuppofe que la Vérité peut être fûrement éclairée de tous côtés: & pour qu'un fujet foit parfaitement connu, il eft néceffaire de voir s'il eft à l'épreuve du ridicule. C'eft du moins ce que reconnoiffent tous ceux qui en appellent à cette épreuve. Les gens les plus graves en conviennent dans le temps même qu'ils traitent des points de la derniere importance; & l'on ne voit pas qu'ils aient aucun droit de refuser à d'autres cette sorte d'appel, puisqu'ils prennent la liberté de censurer comme le reste des hommes, ce qui leur déplaît; & qu'en effet dans leurs plus grands démélés, ils ne font pas difficulté de dire, *N'est-il pas ridicule de soûtenir, ou d'avancer telle ou telle chose?*

Puisque me voilà en train, je vais vous faire part de tout ce qui m'est venu sur cela dans l'esprit, depuis notre derniere conversation. Vous serez par-là en état de juger, si j'étois sincere l'autre jour que j'entrepris la défense de la *Raillerie*; & si je puis continuer à plaider pour nos ingénieux Amis dont on blame si souvent l'inclination à la raillerie, & la liberté qu'ils prennent à cet égard dans leurs conversations & dans leurs écrits.

SECTION II.

A PARLER sérieusement, lorsque l'on considere l'usage qu'on fait quelquefois de cet esprit de plaisanterie; & jusqu'à quel excès l'ont porté dans ce siecle des personnes d'un certain caractere, il est mal-aisé de déterminer ce qu'on doit juger de cette passion, & quelles en feront enfin les conséquences. Elle a passé des gens de plaisir aux gens d'affaires. Les politiques en ont été infectés: & les plus graves

I. PART. §. II.

matieres d'Etat ont été traitées avec des airs ironiques & de pure plaisanterie. Les plus habiles négociateurs ont été reconnus pour les bouffons les plus renommés; & les Ecrivains les plus célebres, pour les plus grands maîtres du style burlesque.

A la vérité, il y a une espece de *Raillerie défensive* (si j'ose l'appeller ainsi) dont je permettrois sans peine l'usage en toute sorte d'affaires, lorsque par un esprit de curiosité l'on voudroit nous forcer à découvrir la Vérité au delà de ce qu'il convient. Car on ne fait jamais tant de tort à la Vérité, que lorsqu'on l'expose à un trop grand jour en certaines occasions. Il en est de l'entendement comme des yeux. A des yeux d'une certaine conformation il faut justement tant de lumiere, & pas davantage. Quelques dégrés au delà n'y produisent que ténebres & confusion.

C'est humanité & bonté toute pure que de cacher certaines vérités trop fortes à des esprits foibles. Et il est plus aisé & plus civil de le faire en les amusant agréablement, que par un refus sévere, & une réserve trop remarquable. Mais s'étudier à confondre les hommes par des tours mystérieux, & tirer avantage, ou se divertir de l'embarras où l'on les jette par ce moyen, cela est aussi contraire à la bienséance lorsqu'on ne songe qu'à plaisanter, que contraire à l'honnêteté lorsqu'on le fait très-sérieusement, ou dans une pleine & formelle résolution de tromper. Les gens sages peuvent avoir besoin aujourd'hui, comme autrefois, de parler *en paraboles*, & à double sens, afin que l'ennemi ſoit amuſé; & qu'il n'y ait que *ceux qui ont des oreilles pour entendre, qui puiſſent entendre.* Mais parler d'une maniere qui amuſe tout le monde également, & qui laiſſe l'homme le plus judicieux, & même notre ami dans une égale incertitude, de ſorte qu'il ne puiſſe deviner quelle eſt notre véritable penſée ſur ce qui eſt en queſtion, c'eſt avoir un tour d'eſprit bien pitoyable & bien groſſier. C'eſt cette plaiſanterie ruſtique qui choque ſi fort dans les bonnes compagnies. Et en effet, il y a autant de différence entre ces deux eſpeces de plaiſanterie, qu'entre la ſincérité & l'hypocriſie, ou qu'entre un enjouement agréable, & une fade bouffonnerie. Mais la liberté de la converſation décréditera bien-tôt cette derniere eſpece: car la plaiſanterie ſe ſert de correctif à elle-même. La liberté & le commerce la réduiſent bien-tôt à ſa juſte valeur. Il n'y a rien à craindre en ce cas, qu'une interdiction générale. Il en eſt ici comme à l'égard du négoce que les impoſitions & les reſtrictions réduiſent au petit pied; & auquel rien n'eſt ſi avantageux qu'un port libre.

I. PART. §. II.

Nous avons vu, de notre temps, le déclin & la ruine d'une fauſſe eſpece d'eſprit, qui étoit ſi fort au goût de nos Ancêtres, qu'ils en rempliſſoient leurs poëmes, leurs Comédies, auſſi-bien que leurs ſermons. Toute plaiſanterie (*) rouloit ſur des équivoques. A la cour

(*) C'eſt ce qu'on nomme en François *Pointe*, miſérable jeu de mots, qui après avoir été auſſi fort bien reçu en *France*, en a été entiérement banni.

I. PART. §. II. même on parloit ce langage. Mais il eſt préſentement banni de la ville, & de toute bonne compagnie. Il n'en eſt reſté que quelques légers veſtiges à la campagne; & l'on diroit qu'enfin il a été confiné dans les lieux où l'on prend ſoin de l'éducation de la jeuneſſe, comme le principal amuſement des pédans, * & de ceux qui ſont ſous leur direction. C'eſt ainſi qu'à d'autres égards, l'eſprit ſe rafinera par l'uſage, pourvû que nous l'abandonnions à lui-même, ſans le gêner par une contrainte ſévere & des défenſes rigoureuſes. L'Urbanité eſt le fruit de la Liberté. C'eſt par une douce *colliſion* que nous nous poliſſons l'un l'autre. Réprimer cette liberté, c'eſt un moyen infaillible d'engourdir l'eſprit; c'eſt détruire la civilité & la bonne éducation; & anéantir même la charité, ſous prétexte de la maintenir.

SECTION III.

N'ATTENDEZ pas, au reſte, que je vous décrive ici la *bonne Plaiſanterie*. Cela eſt auſſi difficile à faire, & peut-être auſſi inutile, que de définir ce que c'eſt que la *bonne Education*.

La Proſe la reçut auſſi bien que les Vers.
L'Avocat au Palais en heriſſa ſon ſtile,
Et le Docteur en chaire en ſema l'Evangile.

Deſpreaux. *Art Poëtique: chant.* 2.

(Note du Traducteur.)

Sur ces choſes perſonne ne peut entendre la théorie, que ceux qui ſont exercés dans la pratique. Cependant chacun s'imagine être bien élevé; & le pédant le plus empeſé, croit pouvoir railler de bonne grace. J'ai connu quelques-uns de ces graves Meſſieurs qui ayant voulu cenſurer un Auteur de ce qu'il avoit écrit en faveur de la raillerie, ont à tout bout de champ employé eux-mêmes cette eſpece d'arme, quoiqu'ils fuſſent naturellement très-peu propres à s'en ſervir. Il en eſt de même, ſi je ne me trompe, de pluſieurs de nos zélateurs qui ont entrepris de répondre à des Ecrivains modernes qui penſent avec quelque liberté d'eſprit. Ces Meſſieurs qui avec un air rebarbatif, & une mine de vrais Inquiſiteurs, ne reſpirent que fureur, ont fort mauvaiſe grace lorſqu'il leur prend envie de renoncer à leur auſtérité, & de plaiſanter avec un adverſaire qu'ils aimeroient bien mieux traiter d'une autre maniere. Car pour leur rendre juſtice, je ſuis perſuadé, que, s'ils étoient les maîtres, leur conduite & leur mine s'accorderoient parfaitement bien. Ils quitteroient bien-tôt la farce, pour donner une vraye & parfaite tragédie.

I. PART. §. III.

Mais dans l'état où ſont les choſes, il n'y a rien de plus ridicule que ces Ecrivains à double viſage, qui rient d'un œil, & jettent feu & flamme de l'autre. Après être entrés en lice, à condition de n'employer que des armes legitimes, l'eſprit, & la raiſon, ils n'ont pas plûtôt commencé le combat, que vous les entendez crier au ſecours, & livrer leurs antago-

I. PART. §. III.

niſtes au bras ſéculier. Rien ne fait un contraſte plus étrange qu'un bourreau, & un *arlequin* ſur un même théatre. Je ſuis pourtant perſuadé, qu'à bien examiner la conduite de quelques Ecrivains controverſiſtes de notre ſiecle, on trouvera que c'eſt-là leur véritable portrait. Auſſi peu capables de ſoutenir un caractere grave, qu'un caractere enjoué, ils donnent toujours, ou dans une exceſſive ſévérité, ou dans une fade bouffonnerie; de ſorte que leurs écrits bigarrés par des traits d'emportement & de gaieté, de zele & de plaiſanterie, ont à peu près le même air que la conduite de ces enfans bizarres qui chagrins & enjoués preſque dans un même inſtant, peuvent rire & pleurer tout à la fois.

Je vous laiſſe à penſer, après cela, quel doit être le ſuccès de ces ſortes d'écrits, & combien ils peuvent contribuer à gagner, ou à convaincre l'eſprit de ceux qu'on ſuppoſe dans l'erreur. Pour moi, je ne ſuis point ſurpris d'entendre, à cette occaſion, les plaintes que ces Zélateurs font en public, de ce que, tandis que les livres de leurs adverſaires ſe débitent ſi bien, les réponſes qu'on y fait peuvent à peine ſe faire jour dans le monde. La pédanterie & la bigotterie ſont capables d'enterrer le meilleur livre qui ſera infecté le moins du monde de ce double poiſon. Notre ſiecle ne s'accommode point des airs du pédagogue. Le monde eſt bien aiſe d'être enſeigné, mais il ne peut ſouffrir d'être maîtriſé. Si un Philoſophe parle, on l'écoute avec plaiſir, pendant qu'il s'en tient à la Philoſophie. De même, un Docteur Chrétien eſt écouté, tandis qu'il s'en tient à la charité & à la douceur dont il fait profession. On permet à un homme du monde de railler & de plaisanter, parcequ'il le fait toujours poliment, & jamais d'une maniere rustique ou dégoûtante. Mais si un pédant de college qui ne connoît que ses livres, écrivant, pour ainsi dire, par sauts & par bonds, & empiétant sur tous ces caracteres, paroît dans le fond aussi peu capable de soutenir le vrai caractere du Christianisme, que de raisonner en philosophe, ou de railler en homme bien élevé, il est naturel que les productions d'un cerveau si déréglé soient reçues avec mépris dans le monde.

Si vous croyez, mon cher Ami, que cette description fasse tort à quelqu'un de ces zelés Controversistes qui écrivent sur la Religion, lisez quelques pages de leurs écrits (lors même que la dispute est renfermée dans leur propre parti) & prononcez; je m'en rapporte à votre jugement.

SECTION IV.

MAIS c'est assez parler des Auteurs & de leurs ouvrages. Je vais, puisque vous le souhaitez, vous communiquer mes pensées sur l'enjouement & la liberté de la conversation, mais sur-tout par rapport à la derniere conversation où je me trouvai avec vous & quelques-uns de nos Amis que j'aurois dû selon vous, censurer avec beaucoup de gravité.

I. PART. §. IV.

Bien loin d'en venir là, je vous avoue que je trouvai cette conversation fort agréable: & elle ne me le parut peut-être pas moins, pour avoir fini d'une maniere brusque & avec une espece de confusion, qui réduisit presque à rien tout ce qui venoit d'être dit. Il ne seroit peut-être pas à propos de confier au papier quelques incidens de cette conversation. Il suffit que je vous remette dans l'esprit ce qui s'y passa en général. A la vérité, quantité de beaux systêmes y furent détruits; & plusieurs graves raisonnemens, bouleversés. Mais comme tout cela se fit sans choquer les intéressés, & de telle sorte que la compagnie en fût toujours de meilleure humeur, tout le monde se sépara avec une nouvelle envie de goûter au plûtôt le plaisir d'une pareille conversation. Et je suis persuadé que, si la raison eût été chargée elle-même du soin de prononcer sur ses propres intérêts, elle auroit jugé qu'à tout prendre, elle avoit plus gagné par cette maniere aisée & familiere dont les choses furent traitées, que par ce violent attachement à certaines opinions, dont on se fait honneur dans les conversations ordinaires.

Mais peut-être croyez-vous encore que je ne parle pas sérieusement, & que ce n'est que par esprit de singularité que j'affecte de louer comme propre à avancer les intérêts de la raison, une conversation qui se termina par douter de tout ce que la raison sembloit avoir si bien établi.

Pour réponse, je vous dirai, que selon l'idée que j'ai de la raison, les meilleurs traités des savans, ni les plus beaux discours des orateurs ne peuvent point, par eux-mêmes, nous apprendre à en faire un bon usage. Il n'y a que l'habitude de raisonner qui puisse faire un bon raisonneur: & rien n'est plus propre à produire cette habitude que le plaisir qu'on prend à la contracter: Voulez-vous qu'on goûte les conversations qui roulent sur des matieres de spéculation? Donnez à ceux qui s'y trouvent la liberté de railler, & de révoquer tout en doute d'une maniere civile & honnête: permettez qu'on développe, ou qu'on réfute tout argument qui vient à être proposé, pourvu qu'on ne choque point celui qui en est l'Auteur. Voilà les seules conditions qui peuvent rendre ces conversations agréables. Car à dire le vrai, elles sont devenues onéreuses aux hommes par la sévérité des loix qu'on y a introduit, & par l'Esprit pedantesque & bigot de ceux qui y tiennent les premiers rangs, & qui s'attribuent le droit d'y régner en despotes.

Semper ego auditor tantum? C'est une plainte aussi naturelle par rapport à la Théologie, à la morale, & à la Philosophie, qu'elle l'étoit dans la bouche de *Juvenal* par rapport à la poësie. Chacun se lasse d'être auditeur. La grande loi de la conversation, & dont tout le monde souhaite avec passion l'établissement, c'est que CHACUN PUISSE PARLER A SON TOUR. En fait de raisonnement, on avance plus dans deux ou trois minutes, par des questions & des repliques, que par des discours suivis qui durent des heures entieres. Les *harangues* ne sont propres qu'à émouvoir les pas-

I. PART. §. IV. ſions ; & le pouvoir de la déclamation, c'eſt plûtôt d'épouvanter, d'enlever, de ravir, ou de plaire, que de ſatisfaire ou d'inſtruire. Une conférence libre eſt un combat en champ clos ; & le reſte n'eſt en comparaiſon, que *battre l'air*, & faire du bruit pour rien.

Il s'enſuit de là, que, ſi l'on eſt réduit à esſuyer des harangues ſur quelque ſujet que ce ſoit, ſans pouvoir prendre la parole à ſon tour, l'on concevra néceſſairement autant de dégoût pour l'objet de tels diſcours, que pour les diſcoureurs eux-mêmes. Les hommes aiment mieux raiſonner ſur des bagatelles, pourvû qu'ils puiſſent le faire librement & ſans être gênés par l'autorité, que de raiſonner ſur les matieres les plus importantes, lorſqu'ils ſont tenus en reſpect, & que la crainte les empêche de dire tout ce qui leur vient dans l'Eſprit.

Il n'y a pas lieu d'être ſurpris qu'en général les hommes ſoient de ſi foibles raiſonneurs ; & qu'en compagnie ils ſe ſoucient ſi peu d'argumenter à toute rigueur ſur des ſujets communs, puiſqu'ils ſont ſi peu accoûtumés à oſer faire uſage de leur raiſon dans des matieres plus importantes ; & qu'on les force à raiſonner foiblement où ils ont le plus de beſoin d'activité, & d'employer toute la force de leur eſprit. Cela étant, ils ſe trouvent dans le cas de ces corps ſains & vigoureux qui renfermés dans un lieu trop étroit, ne peuvent point avoir le libre uſage de leurs mouvemens naturels. Ils ſont forcés de prendre une poſture gênée & de faire des contorſions étranges. Ils ont une ſorte d'action : ils continuent à ſe mouvoir, quoique de la plus mauvaiſe grace du monde. Car dans ces membres pleins de vigueur & de ſanté, les eſprits animaux ne ſauroient demeurer dans l'inaction, & ſans quelque eſpece d'exercice. De-même, on a beau mettre à la gêne les eſprits naturellement forts & libres, ils trouveront d'autres moyens de ſe donner du mouvement pour ſe ſoulager dans cette ſituation forcée; & ſoit par le burleſque, ou par la bouffonnerie la plus baſſe, ils ſeront charmés de découvrir leurs penſées à quelque prix que ce ſoit, & de ſe vanger ſur ceux qui les gênent & les mettent dans une telle contrainte. Tel eſt, mon cher Ami, le genie des hommes. Si on leur défend de dire ſérieuſement ce qu'ils penſent ſur certains ſujets, ils le feront en plaiſantant, & par voie d'ironie. Si on leur impoſe un ſilence abſolu ſur ces ſortes de matieres, ou qu'en effet ils jugent qu'il eſt dangereux d'en parler, ils redoubleront leur déguiſement: ils cacheront leurs penſées ſous des paroles myſtérieuſes; & s'exprimeront de telle maniere que ceux qui ſont diſpoſés à leur faire du mal, pourront à peine les entendre, ou du moins ſeront incapables d'interpréter nettement leur penſée. Voilà ce qui met ſi fort en vogue la raillerie; & qui fait qu'on la pouſſe juſqu'à l'excès. C'eſt, dis-je, l'eſprit de perſécution qui a donné naiſſance à la raillerie outrée: & ſi nous manquons de véritable politeſſe; & que nous faſſions un mauvais uſage de l'enjouement, c'eſt faute de liberté. I. Part. §. IV.

Si dans ce cas, nous paſſons les juſtes bornes de ce qu'on nomme *Urbanité*; & que nous

I. PART. §. IV. ſoyons portés quelquefois à prendre des airs bouffons & ruſtiques, tout cela ne vient que de l'impertinente gravité & de l'humeur ſauvage de nos pédagogues. Qu'ils s'en prennent à eux-mêmes, ſi en particulier on leur fait ſentir les traits les plus vifs de cette raillerie. Car naturellement elle ſe fera ſentir avec plus de violence où la contrainte aura été la plus ſévere. Plus on eſt gêné, plus la ſatyre ſera piquante. Plus l'eſclavage eſt dur, plus la bouffonnerie ſera outrée.

Pour s'aſſûrer que cela eſt véritablement ainſi, l'on n'a qu'à jetter les yeux ſur ces Pays où la tyrannie ſpirituelle eſt montée au plus haut point. Voyez les *Italiens* : ce ſont les plus grands bouffons du monde. Le burleſque & le badin dominent dans leurs écrits, dans leurs converſations familieres, ſur leurs théatres, & dans les rues. Dans la contrainte où l'on tient ces pauvres eſclaves, il ne leur reſte point d'autre moyen de ſe décharger d'une penſée libre. Nous devons leur ceder la ſuperiorité à cet égard : & il n'eſt pas fort ſurprenant que nous ſoyons moins habiles qu'eux dans cet art, puiſque nous avons plus de liberté.

SECTION V.

Je crois ſincérement que c'eſt par la même raiſon, que les Anciens connoiſſoient ſi peu cet eſprit de bouffonnerie ; & qu'on trouve à peine aucune trace du véritable Burleſque dans les

Auteurs des ſiecles les plus polis. Il eſt vrai que la méthode dont ils traitoient les plus graves ſujets différoit un peu de celle que nous ſuivons aujourd'hui. En général ils écrivoient d'un ſtyle libre & familier. Ils aimoient à nous donner dans leurs ouvrages, l'idée d'une véritable converſation, & pour cet effet à traiter les matieres en forme de dialogue, où tout étoit examiné avec une entiere liberté. La ſcene étoit ordinairement à table, ou dans des promenades publiques, ou dans des lieux d'aſſemblée: & le même eſprit, le même enjouement qui brilloit d'ordinaire dans leurs diſcours réels, paroiſſoit dans ceux qu'ils avoient compoſés dans le cabinet. C'étoit un procedé noble & ſincere: car ſans cette Liberté & cet enjouement, la raiſon peut à peine ſe faire jour. Le ton grave & magiſtral inſpire la crainte & le reſpect. L'effor que ſe donne le pédagogue, entraîne l'Entendement comme malgré lui, & l'empêche d'examiner de ſens froid ce qui lui eſt propoſé d'un air impérieux. L'autre maniere, au contraire, nous donne les plus belles occaſions de diſcuter à fonds les objets; & permet à un Antagoniſte d'employer toutes ſes forces but à but, & de combattre à armes égales.

I. PART. §. V.

Quel avantage pour un Lecteur, de pouvoir ainſi *joûter* avec un Auteur qui charmé lui-même d'en venir aux priſes avec lui, quitte le cothurne tragique, & ſe fait un plaiſir de paroître avec une démarche aiſée, & un habit plus ſimple & plus naturel! Rien n'eſt d'un plus grand ſecours à l'impoſture qu'un air & un ton con-

I. PART. §. V.

trefait; & bien des diſcours ſophiſtiques, qui ſe ſoutiennent à la faveur d'un ſourcil ſévere, ſeroient mépriſés, s'ils étoit propoſés d'un air ſimple & naturel. C'étoit l'opinion d'un Sage de l'antiquité, que la plaiſanterie eſt la ſeule épreuve d'un ſujet grave, & la gravité la ſeule épreuve d'un ſujet plaiſant. *Car*, diſoit-il, *tout ſujet qui ne peut ſoutenir la raillerie, eſt ſuſpect; & une plaiſanterie qui n'eſt pas à l'épreuve d'un ſérieux examen, eſt certainement une mauvaiſe plaiſanterie* (*).

Mais il y a des gens ſi remplis de l'eſprit de bigotterie, & d'un faux zele pour la Vérité, qu'auſſi-tôt qu'ils entendent dire qu'on examine des principes, qu'on fait des recherches ſur les arts & les ſciences; & qu'on traite des points d'importance d'une maniere gaie, & avec une entiere liberté d'eſprit, ils s'imaginent d'abord, que toute ſorte de profeſſions & d'établiſſemens vont tomber en ruine, que tout ordre, & toute bienſéance vont être bannis du monde. Ils appréhendent, ou font ſemblant d'appréhender, que cette liberté n'expoſe la Religion elle-même: & par cette raiſon ils ſont auſſi allarmés de voir que cette liberté ſoit en vogue dans les converſations ordinaires, quoiqu'on en uſe avec prudence, que ſi l'on s'en ſervoit groſſiérement en public, & devant les aſſemblées les plus ſolemnelles. Mais,

(*) Τὴν μὲν σπουδὴν διαφθείρειν γέλωτι τὸν δὲ γέλωτα σπουδῇ; ſeria riſu, riſum ſeriis diſcutere. *Gorgias Leontinus apud Ariſtot. Rhet. Lib. III. Cap. XVIII.*

Mais, si je ne me trompe, le cas est fort différent. Car je vous prie, mon cher Ami, de ne pas oublier que je ne vous écris que pour défendre la liberté des sociétés privées, je veux dire celle que prennent en particulier des gens bien nés & des amis qui se connoissent parfaitement bien. L'idée que j'ai de la liberté vous est un garant que je plaide sa cause sous la restriction que je viens d'y mettre. I. PART. §. V.

Quoiconque s'ingere de *présider* dans des assemblées publiques, sans y être appellé, viole sans contredit la liberté de ces assemblées. Agiter des questions, ou exciter des disputes qui choquent les oreilles du public, c'est sans doute agir contre le respect qui est dû à la société publique. De tels sujets, ou ne devroient point du tout être traités en public, ou devroient l'être de telle maniere qu'ils ne causassent ni scandale ni désordre. Il n'est jamais permis de se jouër du public en face, ni de lui reprocher ses folies de maniere à lui faire croire qu'on le méprise. Ce qui est contraire à la politesse, est en cette occasion tout aussi contraire à la liberté. C'est à des gens dont les principes tendent à établir l'esclavage, qu'il appartient d'affecter de la supériorité sur le *vulgaire*, & de mépriser la multitude. Pour les vrais amateurs du genre humain, ils ne peuvent que respecter & honorer les assemblées & les sociétés humaines. Et dans les compagnies & les lieux où les hommes se trouvent indifféremment & sans distinction, pour se divertir, ou pour traiter d'affaires, c'est une tyrannie que de les forcer à entendre des

I. PART. §. V. choſes qu'ils n'aiment point, & de traiter certains ſujets dans un langage qui eſt peut-être tout-à-fait étranger à pluſieurs de ceux qui ſont préſens. Prendre les choſes ſur un ton ſi haut, que le gros de l'aſſemblée ne puiſſe y atteindre; réduire les autres au ſilence, & les priver du privilege de parler à leur tour, c'eſt confondre l'harmonie qui doit régner dans les converſations publiques. Mais pour les aſſemblées particulieres & les compagnies choiſies où des amis ſe rendent préciſément dans la vûë de s'exercer l'eſprit, & d'examiner librement toute ſorte de ſujets, je ne vois pas ſous quel prétexte on pourroit y blâmer l'uſage de l'enjouement & de la raillerie qui eſt proprement l'ame de ces ſortes de converſations, la ſeule choſe qui rend la compagnie agréable, & la dégage des formalitez attachées aux affaires, & de l'eſprit dogmatique & impérieux qui domine dans l'Ecole.

SECTION VI.

Pour revenir à notre ſujet, ſi nos converſations d'aujourd'hui roulent principalement ſur des bagatelles; ſi les entretiens raiſonnables, & ſur-tout ceux qui engagent l'Eſprit dans de profondes ſpéculations, ſont hors de mode, & entiérement diſgraciés, parce qu'il y faut trop de formalité, il eſt juſte que l'uſage de l'enjouement & de la gaieté ſoit d'autant plus autoriſé dans la converſation. En traitant ces ſujets abſtraits d'une maniere plus libre, ils nous deviendront plus agréables & plus familiers. Nous en ferons la matiere de nos raiſonnemens & de nos diſputes auſſi naturellement que de toute autre choſe. Ces ſortes d'entretiens ne gâteront point l'agrément des compagnies, & ne diminueront en rien la douceur ou le plaiſir d'une converſation polie. Et plus nous les renouvellerons, plus nous en retirerons de profit. Nous deviendrons meilleurs *Raiſonneurs* en raiſonnant gaiement & à notre aiſe, prenant ou quittant ces ſujets ſelon que nous le trouverons à propos. Ainſi tout bien conſidéré, je vous avoûë que je ne ſuis nullement ſcandalizé de cette humeur plaiſante, de ce ton railleur, que vous vîtes prendre à nos amis en traitant des matieres fort importantes. La choſe étoit agréable en elle même; & je fus charmé de l'effet qui en rejaillit ſur toute la compagnie. La confuſion même par où la converſation finit, me revient encore dans l'eſprit avec plaiſir, quand je conſidere, qu'au lieu d'être par là découragés de recommencer le débat, nous fûmes plus diſpoſés à nous revoir au plûtôt, & à diſputer ſur les mêmes ſujets, même avec plus de liberté & de ſatisfaction qu'auparavant.

I. PART. §. VI.

On s'entretint long-temps, comme vous ſavez, ſur la morale & ſur la Religion. Et parmi les différentes opinions que pluſieurs avancerent & ſoutinrent avec beaucoup de zele & de candeur, l'un ou l'autre prenoit de temps en temps la liberté d'en appeller au SENS COMMUN. Chacun reconnoiſſoit la juſtice de cet

I. PART. §. VI. appel; & vouloit bien s'en tenir aux décisions d'un tel Juge. Tout le monde étoit assuré que le sens commun le justifieroit. Mais après qu'ils furent tous convenus de ce juge, & que la cause eût été examinée devant son Tribunal, il ne fut pas possible d'obtenir un jugement contradictoire. Les parties n'étoient pas moins prêtes à renouveller leur appel, à la premiere occasion qui s'en présentoit, (car personne ne prétendoit revoquer en doute l'autorité de ce tribunal) jusqu'à ce qu'un de nos amis, reconnu pour homme d'esprit & d'un Jugement solide, nous pria gravement de lui dire ce que c'étoit que le *sens Commun*. Si par „ le mot de *sens*, ajoûta-t-il, vous entendez „ *opinion* & *jugement*; & par celui de *commun*, „ la généralité des hommes, ou une considé„ rable partie du genre humain, il sera fort „ mal-aisé de découvrir quel peut être le sujet „ où réside le sens commun. Car ce qui est „ conforme au sens d'une partie du genre hu„ main, est contraire au sens d'une autre par„ tie. Et si le plus grand nombre doit déter„ miner la chose, l'idée changera aussi souvent „ que les hommes ont accoûtumé de changer: „ de sorte que ce qui étoit aujourd'hui confor„ me au sens commun, y sera contraire de„ main, ou peu de temps après."

Mais quelque différens que soient les jugemens des hommes sur la plûpart des matieres, quelqu'un dit, s'il vous en souvient, qu'il y avoit pourtant certains Sujets sur quoi l'on devoit reconnoître que tous les hommes étoient d'accord, & avoient les mêmes notions communes. On demanda encore, *où se trouvoient ces sujets*? „ Car, disoit-on, tout ce qui est „ de quelque importance peut être réduit à „ ces trois chefs, la *Religion*, la *Politique*, ou „ la *Morale*.

I. PART. §. VI.

„ Pour la différence d'opinions en fait de „ RELIGION, il n'étoit pas nécessaire d'en par- „ ler, tant la chose étoit connuë de tout le „ Monde; Les Chrétiens en particulier de- „ voient en être convaincus par les funestes „ & terribles épreuves qu'ils en avoient fait „ les uns aux dépens des autres. Car chaque „ secte particuliere avoit fait tout son possible „ pour établir son systême ; & celle qui „ avoit la force en main, ne manquoit ja- „ mais de mettre tout en œuvre pour faire „ que son sens particulier devint le sens pu- „ blic. Mais on n'a rien gagné par là. Le „ sens commun est toujours demeuré aussi in- „ décis que la signification des mots *Catholi-* „ *que*, & *Orthodoxe*. Ce que l'un jugeoit un „ mystere inconcevable, l'autre le croyoit „ très-facile à comprendre; & ce que l'un „ traitoit d'absurdité, l'autre le prenoit pour „ une démonstration.

„ A l'égard de la POLITIQUE on étoit éga- „ lement en peine de déterminer où l'on pour- „ roit trouver le sens commun. Si le sens des „ *Anglois* ou des *Hollandois* étoit juste & droit, „ il falloit certainement que celui des *Turcs* & „ des *François* fut faux & très-mal fondé. Et „ quelque absurde que parût à quelques-uns de „ nous l'obéïssance passive, nous trouvâmes „ que c'étoit le sens commun d'un grand par-

I. PART. §. VI.

„ ti en *Angleterre*, d'un Parti encore plus „ grand en *Europe*, & peut-être de la plus „ grande partie de tout le reste du monde.

„ Pour la MORALE, la différence y étoit „ peut-être encore plus vaste. Car sans met- „ tre en ligne de compte les opinions & les „ coutumes de tant de nations barbares, & „ qui croupissent dans une crasse ignorance, „ nous observâmes que le petit nombre de „ ceux qui ont fait le plus de progrès dans les „ belles-lettres & dans la philosophie, ne pou- „ voient point convenir d'un seul & même „ systême, ou reconnoître les mêmes princi- „ pes de morale; & que quelques-uns de nos „ philosophes modernes (*) les plus admirés „ nous avoient dit nettement qu'après tout „ la vertu & le vice n'avoient point d'au- „ tre loi ni d'autre mesure que l'usage & la „ coutume.

On auroit peut-être eu droit de blâmer la conduite de nos amis, s'ils n'eussent traité de cette maniere que les plus graves sujets; & qu'ils eussent laissé échapper les plus frivoles. Car dans cette partie de notre vie que nous donnons au divertissement & à la joie, nos folies y paroissent avec un air aussi grave que nos occupations les plus sérieuses. Lorsqu'on est

(*) Je n'ai pû découvrir de moi-même à qui en veut ici mon Auteur: mais un de mes Amis qui a frequenté long-temps en *Angleterre* les meilleures Compagnies, & qui connoît les bons Livres de ce Païs-là, m'a assuré qu'il s'agit ici de Mr. *Locke*, qui dans son *Essai sur l'Entendement* appelle la Vertu la *Loi d'Opinion* (Liv. II. Chap. 28. §. 7. 10.) & la *Loi de Coutume*, §. 13.

d'humeur de rire, le mal n'eſt pas de plaiſanter, mais de ne pouſſer la plaiſanterie qu'à moitié chemin. Le faux ſérieux eſt tourné en ridicule: mais ont fait grace à la fauſſe plaiſanterie: & par ce moyen elle nous ſéduit tout comme le ſérieux le plus mal fondé. Nos divertiſſemens, nos jeux, nos amuſemens nous paroiſſent des choſes ſérieuſes. Notre eſprit tout occupé de ſonges & de viſions, contemple des felicités, des poſſeſſions, & des jouïſſances qui n'ont rien de réel ni de certain par rapport à nous; & cependant, nous les pourſuivons comme les choſes du monde les plus connuës & les plus certaines. Il n'y a rien de plus fou & de plus trompeur qu'un *Pyrrhoniſme partial.* Car tandis que le doute eſt ſeulement fixé d'un côté, la certitude devient d'autant plus forte de l'autre: lorſque la folie paroît ridicule, conſidérée ſeulement dans un ſens, elle n'en eſt, de l'autre, que plus grave & plus trompeuſe. I. PART. §. VI.

Mais nos amis n'avoient garde de donner dans ce piege. Ils ſont trop bons critiques, & trop ſinceres dans la maniere dont ils mettent en queſtion les opinions communément reçues, & dont ils relévent le ridicule des choſes. Et ſi vous voulez me permettre de continuer à leur exemple ſur le même ton, je me hazarderai de pouſſer l'épreuve juſqu'au bout; & d'eſſayer juſqu'à quel degré de certitude peut nous conduire une méthode, par laquelle vous croyiez qu'on alloit anéantir toute certitude, & introduire un pyrrhoniſme univerſel.

SECONDE PARTIE.

SECTION I.

II. PART. §. I. Si un homme né en *Ethiopie*, étoit transporté tout d'un coup en *Europe*, & qu'il se trouvât, ou à *Paris*, ou à *Venise*, durant le temps du carnaval, qu'on n'y voit presque personne qui ne soit déguisé & masqué, il y a apparence, que pendant quelque temps il ne sauroit que juger de ce spectacle, jusqu'à ce qu'il en eût découvert le véritable dessein, ne s'imaginant pas que tout un Peuple pût être si bizarre que de se travestir d'un commun accord, à un temps marqué, & de faire de ce déguisement une pratique solemnelle pour se tromper mutuellement l'un l'autre, par cette confusion universelle de personnes & de caracteres. Mais quoique d'abord il pût regarder tout cela d'un œil sérieux, à peine lui seroit-il possible de ne pas perdre contenance, dès qu'il auroit découvert le but de cette *Momerie*. Les *Européens*, à leur tour, riroient peut-être de sa simplicité. Mais notre *Ethiopien* riroit sans doute avec plus de fondement: & il est aisé de voir qui des deux seroit véritablement ridicule. Car celui-là est doublement ridicule qui rit dans le temps qu'il se rend lui-même ridicule. Quoiqu'il en soit, s'il arrivoit que dans la passion de rire, notre *Ethiopien* ayant encore la tête toute pleine de masques, & ne connoissant point le teint blanc & l'habit ordinaire des *Européens*, se mit à rire d'aussi bon cœur qu'auparavant à la vûë d'un *Européen* qui feroit fans mafque, & habillé tout fimplement à la mode du pays, ne deviendroit-il pas ridicule à fon tour, en pouffant la raillerie trop loin ? N'auroit-on pas droit de fe moquer de lui, de ce que par un fot préjugé, il regarderoit la Nature comme un pur artifice, & prendroit peut-être un homme fage & bien réglé pour un de ces mafques extravagans?

II. PART. §. I.

Il y a eu un temps auquel les hommes uniquement refponfables de leurs actions & de leur conduite, étoient maîtres abfolus de leurs opinions. Ils avoient la liberté d'être auffi différens les uns des autres à cet égard, qu'à l'égard de leurs vifages. Chacun prenoit l'air qui lui étoit naturel. Mais dans la fuite, on jugea à propos de régler le maintien des hommes, & de rendre, fi j'ofe ainfi dire, leur complexion intellectuelle, entiérement uniforme. On *coëffa* tous les efprits de la même maniere. Ainfi, le magiftrat devint *Coëffeur*; & fut *coëffé* à fon tour, comme il le méritoit, après avoir cédé ce droit à un nouvel ordre de *Coeffeurs*. Mais quoiqu'on tombât généralement d'accord qu'il n'y avoit qu'une maniere de *Coëffer* qui fût la véritable; & qu'un feul air particulier auquel tout le monde fût néceffairement obligé de fe conformer, cependant par un grand malheur ni le magiftrat ni les *Coëffeurs* eux-mêmes ne pouvoient déterminer quelle étoit parmi tant de différentes modes la feule exactement vraie. Je vous laiffe à penfer quel effet cela dut produire néceffairement dans le monde, lorsque les hommes vinrent à être perfécutés

II. PART. §. I. par-tout ſur leur air & leur maintien; & qu'ils furent réduits à ajuſter & à compoſer leur mine ſur un certain modele, dans le temps qu'il y avoit mille modeles en uſage, & auxquels on faiſoit des changemens à toute heure, ſelon l'humeur & la fantaiſie des temps. C'étoit là, ſans doute, le vrai moyen de défigurer le maintien des hommes, de gâter les traits naturels de leurs viſages, de leur donner un air forcé, & de les rendre preſque méconnoiſſables.

Mais quoique ce ſoin trop paſſionné qu'on a eu de ſauver le teint des hommes & de régler leur ajuſtement, ait changé la face générale des choſes, & en ait comme banni l'air ſimple & naturel, il ne faut pourtant pas s'imaginer que tous les viſages ſoient également plâtrés. Tout n'eſt pas fard, ou vernis. Malgré tous ces faux maſques dont on a voulu couvrir le viſage de la vérité, il n'en eſt pas moins beau. Il faut toujours ſe reſſouvenir du carnaval: de ce qui a été l'occaſion d'un déſordre ſi bizarre & ſi étrange; qui en ont été les inſtituteurs, & dans quel deſſein on a engagé les hommes dans un tel amuſement. Nous pouvons rire tant que nous voudrons d'un tel artifice; & ſi l'humanité nous le permet, nous divertir même de la folie & de l'extravagance de ceux dont on ſe joûe ainſi par ces impoſtures. Mais avec tout cela, il faut toujours ſe reſſouvenir de l'*Ethiopien*, & avoir ſoin de ne pas devenir plus ridicules que ceux dont nous prétendons nous moquer, en prenant la pure & ſimple nature pour un maſque.

Si vous euſſiez vécu en *Aſie* dans le temps que les Mages par une impoſture inſigne

(*) s'emparerent de l'empire des *Perses*, vous auriez eu, ſans doute, de l'horreur pour cette action; & peut-être auriez-vous conçu tant d'horreur pour leurs perſonnes, qu'après avoir appris leurs fourberies & leurs inſolences, vous auriez pû les voir mettre à mort d'un œil auſſi indifférent que nos ancêtres virent en *Europe* la deſtruction des *Templiers*, corps politique, à peu près ſemblable à celui des Mages, qui s'étoit preſque mis au deſſus du Souverain. Vous auriez peut-être pouſſé l'emportement jusqu'à propoſer qu'on rasât tous les monumens de ces uſurpateurs; & qu'on détruiſît même les maiſons qui leur avoient ſervi de demeure. Mais s'il fût arrivé que ces Mages euſſent, durant leur regne, ramaſſé quantité de bons livres, ou qu'ils euſſent eux-mêmes compoſé des écrits ſur la phyſique, ou ſur la morale, ou ſur quelque autre ſcience, auriez-vous porté votre reſſentiment juſqu'à détruire auſſi ces livres; & à condamner toute opinion, toute doctrine embraſſée par les Mages, par la ſeule raiſon que les Mages les auroient embraſſées? Je doute qu'un *Scythe* ou un *Tartare* pût agir & raiſonner d'une maniere ſi abſurde. A plus forte raiſon ſuis-je aſſuré, mon cher Ami, que vous n'auriez pas pouſſé votre zele juſqu'à ce point de barbarie. Car, à parler ſérieuſement, exterminer une doctrine philoſophique par la haine qu'on porte à une certaine perſonne, c'eſt un procédé auſſi extravagant que celui de ces *Tartares*, qui, dit-on, tuent un homme

(*) *Juſtin*, Liv. I. chap. 9.

II. PART. §. I. pour hériter de sa science, & lui enlever son esprit.

J'avouë que, si les statuts & les regles de cette ancienne Hiérachie eussent été toutes semblables à la loi fondamentale de cet ordre même (*) on auroit pû les supprimer avec beaucoup de justice. Car on ne peut la lire sans horreur cette loi détestable qu'un ancien Poëte Latin nous a conservé en ces termes,

Nam Magus ex Matre & Gnato nascatur oportet (†)

Mais permettez-moi de supposer que ces Mages ayant considéré qu'ils devoient tâcher de gagner par de beaux principes l'estime des hommes, afin de mieux cacher leurs pratiques, firent profession de la morale la plus pure & la plus sublime. Peut-être jugerent-ils qu'il étoit de leur intérêt de recommander une extrême pureté dans la Religion, & la plus parfaite integrité dans les mœurs. Peut-être aussi qu'en général ils prêchoient la charité, & l'humanité. Peut-être qu'ils faisoient voir la Nature humaine par son plus beau côté; & qu'ils joignoient à leurs loix particulieres & à leurs réglemens politiques la plus saine morale, & la meilleure doctrine du monde.

Cela posé, que faire en cette occasion? Comment auroit-il fallu se conduire avec cet ordre de gens dans le temps que leur fourberie fut découverte, & leur empire ruïné? Falloit-il d'abord faire main-basse sur leurs systê-

(*) *Catul.* Epigr. in *Gellium* p. 315. Ed. *Is. Vossii.*

(†) Πέρσαι δὲ καὶ μάλιστα αὐτῶν οἱ σοφίαν ἀσκεῖν δοκοῦντες οἱ μάγοι, γαμοῦσι τὰς μητέρας. *Sext. Empyr. Pyr. Hyp. Lib. III. Cap. XXIV.*

mes; attaquer ſans diſtinction toutes leurs doctrines; & ériger une philoſophie diamétralement oppoſée à la leur? Falloit-il ſe déclarer contre tout principe de Religion & de morale; nier qu'il y eût dans le cœur de l'homme aucune affection naturelle & ſociale; & mettre tout en œuvre pour engager les hommes à ſe traiter en loups les uns les autres, en les décrivant comme de véritables loups, & en tâchant de leur perſuader qu'ils étoient des créatures beaucoup plus monſtrueuſes & plus corrompues que le plus méchant des hommes ne peut le devenir avec les plus mauvaiſes intentions du monde? Sans doute, direz-vous, ç'auroit été là une méthode fort abſurde, & dont perſonne n'auroit pu s'aviſer que de pauvres génies que la crainte des Mages auroit en quelque ſorte mis hors du ſens.

Il s'eſt pourtant trouvé parmi nous (*) un philoſophe habile & plein d'eſprit qui a été ſi fort pénétré de cette eſpece d'horreur, qu'il a donné directement dans la penſée d'exterminer généralement tout ce qui concerne la politique & la morale. La frayeur qu'il conçut à la vûë des (†) puiſſances qui avoient alors l'adminiſtration des affaires, après s'être emparé injuſtement de l'autorité du peuple, lui inſpira une

(*) *Hobbes*, dont le nom eſt connu de tous les gens de lettres.

(†) Le Parlement d'*Angleterre*, en guerre ouverte avec le Roi *Charles* I. & *Cromwel* qui s'empara du pouvoir ſouverain, après que cet infortuné prince, tombé entre les mains de ſes Ennemis, eût perdu la tête. (Note du trad.)

II. PART. §. I. telle horreur pour tout *Gouvernement Populaire*, & pour l'idée même de la liberté, qu'afin d'étouffer pour toujours cette idée, il recommande l'extinction des lettres, & exhorte les princes à ne pas épargner même un seul historien ancien, Grec ou Latin (*) Sérieusement, n'y a-t-il pas quelque chose de Gothique dans ce procédé? Et notre Philosophe ne tient-il pas un peu du Sauvage en apparence, traitant la philosophie & la science, comme on dit qu'*Anacharsis* & d'autres furent traités par les *Scythes*, pour avoir été visiter les Sages de la *Grece*, & s'instruire des mœurs d'un peuple poli?

Ce philosophe n'a pas fait plus de quartier à la Religion qu'à la liberté. Les mêmes temps lui rendirent la Religion redoutable. Il n'avoit devant les yeux que les ravages (†) du fanatisme, & l'artifice de ceux qui ayant excité cet Esprit en *Angleterre*, prirent soin de l'y entretenir. Le bon homme, sociable dans le fond, malgré tous les beaux raisonnemens dont il s'étoit avisé pour faire qu'on le regardât lui & tout le reste des hommes, comme des créatu-

(*) Hobbes dit expressément dans son *Leviathan* „ que „ c'est par la lecture des Auteurs Grecs & Latins que les „ hommes, sous un faux prétexte de liberté, prennent „ dès l'enfance l'habitude de favoriser les révoltes, & „ de controler licentieusement les actions de leurs „ Souverains."

(†) On peut voir dans la *Bibliotheque Choisie* Tom. XVIII. pag. 76. 77 & 110. de quel Esprit étoient animés les Théologiens du Parti qui s'étoit déclaré contre *Charles* I. & quel usage ils firent de la Religion pour venir à bout de leurs desseins. (Note du Trad.)

res ſauvages & inſociables, s'expoſa à de grands dangers durant toute ſa vie, & ſe donna une peine infinie, afin qu'après ſa mort nous fuſſions délivrés de tous ces ſujets de crainte, que produiſoit, ſelon lui, une fauſſe idée du gouvernement, & l'attachement à un certain culte de la Divinité. Il mit tout en œuvre pour nous faire voir que nous étions ſéduits par nos gouverneurs, tant à l'égard de la Religion qu'à l'égard de la morale; qu'il n'y avoit rien qui nous portât naturellement à une vie religieuſe ou morale; rien qui nous engageât à aimer autre choſe que nous-mêmes, ou quoi que ce ſoit hors de nous. Et cependant l'amour de ces maximes qui lui paroiſſoient des vérités ſi capitales & ſi importantes, le rendit le plus laborieux de tous les hommes, l'engagea à compoſer pour notre uſage des ſyſtémes ſur ces ſortes de principes, & le força malgré (*) ſa timidité naturelle, à s'expoſer ſans ceſſe à un danger éminent de devenir martyr pour nous tirer d'eſclavage.

Permettez-moi donc, mon cher ami, de prévenir ici votre gravité, en vous aſſûrant qu'il n'y a pas tant à craindre qu'on ſe l'imagine ordinairement, de la part de ces ardens ennemis de la ſuperſtition, à qui les principes mêmes de la Religion ou de la morale ſont ſuſpects. Quelque ſauvage que paroiſſe leur phi-

(*) Il eſt certain qu'*Hobbes* étoit naturellement fort craintif. Il y a encore en *Angleterre* des perſonnes qui l'aſſûrent, pour en avoir fait l'expérience eux-mêmes. (Note du Trad.)

II. PART. §. I.

losophie, ils sont, dans le commerce de la vie, aussi *civils* qu'on peut le desirer. La liberté avec laquelle ils communiquent leurs principes, en est une bonne preuve : rien ne fait mieux sentir qu'ils sont sociables au dernier point.

A la vérité, si l'on nous cachoit ces principes, & qu'on nous en fit un *mystere*, ils pourroient devenir importans. Bien des choses deviennent considérables par cela seul qu'on les tient secrettes dans une certaine secte, ou dans un certain parti : & rien ne contribuë plus à leur donner un nouveau prix que l'antipathie & l'éloignement d'un parti opposé. Si dès que nous entendons des maximes qui passent pour empoisonnées, nous paroissons consternés & saisis d'horreur, nous ne sommes nullement en état de faire usage de notre raison d'une maniere libre & familiere ; ce qui est pourtant le meilleur antidote dont on puisse se servir dans cette recontre. La seule chose qui empoisonne la raison, c'est la passion. Car la passion une fois bannie, un faux raisonnement est bien-tôt redressé. Mais si la simple ouïe de certaines propositions philosophiques suffit pour émouvoir nos passions, il est visible que le poison s'est déja insinué dans notre cœur ; & que nous ne sommes plus en état de nous servir de notre raison.

Sans ces sortes de préjugés qui pourroit, par exemple, nous empêcher de nous divertir de l'imagination de ces réformateurs modernes dont nous venons de parler ? Supposons qu'un de ces *Anti Zelateurs*, tout plein de ses raisonnemens médités à loisir, vienne nous assûrer

gra-

gravement & de ſens froid, „ Que nous ſommes les plus grandes dupes du monde, de „ nous figurer qu'il y ait rien de tel que Foi, „ ou Juſtice naturelle, parce que ce n'eſt que „ la force & la puiſſance qui ont introduit la „ Juſtice parmi les hommes. Que dans le „ fond la vertu n'eſt qu'un Etre chimérique, „ qui n'a aucune exiſtence réelle. Qu'il n'y a „ nulle part dans le monde aucun principe „ d'ordre, nul charme ſecret, nulle force de „ nature qui faſſe que chaque homme travaille „ volontairement ou involontairement pour le „ bien public, de ſorte qu'il ſoit puni & tourmenté s'il fait le contraire? " Que dirions-nous à cet homme? Ne voyez-vous pas que le charme lui-même opere ſur lui dans ce même inſtant? „ En vérité, Monſieur, pourrions-„ nous lui dire, la philoſophie que vous avez „ daigné nous révéler, eſt fort extraordinaire. „ Nous vous ſommes bien obligés de vos inſtructions. Mais, je vous prie, d'où vient „ ce zele que vous faites paroître en notre faveur? Quelle liaiſon y a-t-il entre vous & „ nous? Etes-vous notre pere? Ou ſi vous „ l'étiez, ſur quoi eſt fondé cet intérêt que vous „ prenez en nous? Y a-t-il donc quelque „ choſe dans le monde qu'on peut appeller *affection naturelle*? Et s'il n'y a rien de tel, „ pourquoi prendre tant de peine, pourquoi „ vous expoſer à tant de périls pour l'amour de „ nous? Pourquoi ne gardez vous pas ce ſecret pour vous-même? Que gagnez vous „ à nous tirer d'erreur? Plus il y aura de gens „ dans l'illuſion, mieux ce ſera pour vous.

II. PART. §. I.

II. PART. §. II. „ Vous agiſſez directement contre vos propres
„ intérêts en nous détrompant, & en nous
„ faiſant voir que ce n'eſt que votre intérêt
„ particulier qui vous gouverne; & que nous
„ avec qui vous converſez, ne devrions point
„ être déterminez par un motif plus noble, &
„ plus généreux. Abandonnez-nous à nous-
„ mêmes. Laiſſez-nous à la merci de cet ar-
„ tifice qui ſert heureuſement à dompter notre
„ férocité naturelle, & à nous rendre auſſi
„ doux que des *agneaux*. Il n'eſt pas à pro-
„ pos que nous ſachions, que nous ſommes
„ tous (*) de notre nature de véritables *loups*?"
„ Mais eſt-il poſſible, que qui ſe feroit effec-
„ tivement reconnu tel lui-même, voulût
„ prendre la peine de communiquer à d'autres
„ cette découverte?

SECTION II.

En vérité, mon cher ami, il me ſemble qu'on peut fort bien ſe diſpenſer de prendre un air ſévere, quand on eſt obligé de défendre la Vertu contre de tels antagoniſtes, qui ſont ſi différens dans la pratique de ce qu'ils voudroient paroître dans la ſpéculation. Je ſais

(*) Un des grands Principes de *Hobbes*, c'eſt que *naturellement l'homme eſt un Loup à l'homme*. Homo Homini Lupus; c'eſt une eſpece de Proverbe qu'on trouve dans *Plaute*, Aſinar. Act. II. Scen. IV. 88. (Note du Trad.)

qu'il y a des fourbes par principe, auſſi bien que par pratique; gens qui s'imaginent que la probité, non plus que la Religion, n'eſt qu'artifice & que tromperie; & qui par un raiſonnement bien lié ſont reſolus de faire tout ce que la force ou l'artifice les mettra en état d'exécuter pour leur avantage particulier. Mais les gens de cette trempe ne ſe découvrent jamais aux autres par amitié. Ils n'ont point tant de paſſion pour la vérité, ni tant d'amour pour le genre humain. Sans attaquer ouvertement la Religion ou la Morale, ils ſavent très-bien faire uſage de l'une & de l'autre dans l'occaſion. S'ils découvrent leurs Principes, ce n'eſt jamais que par imprudence. Ils ont ſoin de prêcher hautement la vertu, & d'aller réguliérement à l'égliſe. II. PART. §. II.

Pour ces Meſſieurs dont je fais l'apologie, on ne doit pourtant pas les mettre au rang des *Hypocrites*. Ils parlent d'eux-mêmes tout auſſi mal qu'ils peuvent. S'ils ont mauvaiſe opinion de la nature humaine, c'eſt toujours une preuve de leur humanité qu'ils veuillent bien en avertir le monde. S'ils nous repréſentent les hommes, *traîtres* & *ſauvages* de leur nature, c'eſt par amour pour le genre humain, & de peur que les hommes ne ſoient aiſément trompés, pour avoir trop de douceur, & trop de confiance en leurs ſemblables.

Les impoſteurs diſent tout le bien imaginable de la nature humaine, afin d'en pouvoir faire leur jouët plus facilement. Ces Meſſieurs-là, au contraire, en diſent tout le mal poſſible; & ils aiment mieux être eux-mêmes en

II. PART. §. II. mauvaiſe odeur, que de voir que peu de gens en impoſent au plus grand nombre. Car l'opinion qu'on a de la bonté de quelqu'un, fait qu'on ſe fie aiſément à lui; & c'eſt la confiance qui nous met au pouvoir d'autrui, notre Raiſon elle-même ſe trouvant captivée par ceux à qui nous avons laiſſé prendre inſenſiblement de l'aſcendant ſur notre Eſprit. Mais ſi nous nous ſuppoſons de vrais ſauvages, l'un par rapport à l'autre, nous prendrons tous plus de ſoin d'être moins à la merci les uns des autres; & ſi nous avons dans l'eſprit que tous les hommes aſpirent à une puiſſance illimitée, nous ſerons d'autant mieux en état d'éviter ce piege, non en donnant toute l'autorité à un ſeul, comme le vouloit (*) le défenſeur de cette hypotheſe, mais en partageant comme il faut le pouvoir, de ſorte qu'il ſoit dans un juſte équilibre, & reſtreint par de bonnes loix, & par des limitations qui mettent en ſureté la liberté publique.

Si vous me demandiez après cela ce que je penſe de ces Meſſieurs, & ſi je crois qu'en effet ils ſoient pleinement perſuadés des principes qu'ils avancent ſi ſouvent en compagnie, je vous dirois que, quoique je ne prétende pas mettre abſolument en queſtion leur ſincéri-

(*) *Hobbes*, qui n'approuvoit qu'un gouvernement monarchique & abſolu; en quoi il a été abandonné, comme on nous l'apprend dans ce paragraphe, par ceux qui aujourd'hui défendent en *Angleterre* ſes principes ſur l'origine de la ſocieté & ſur la morale. (Note du Trad.)

té, il y a pourtant plus de myſtere dans leur procédé, qu'on n'a cru juſqu'ici. Peut-être que nos gens d'eſprit ne prennent point tant de plaiſir à épouſer ces ſyſtêmes éloignés des notions communes, par la raiſon qu'ils en ſont en effet fort ſatisfaits eux-mêmes, qu'afin de pouvoir être mieux en état d'attaquer quelques autres Syſtêmes qui par de belles apparences ont, à ce qu'ils croyent, contribué à mettre le genre humain dans l'eſclavage. Ils s'imaginent qu'à la faveur de ce Pyrrhoniſme général, qu'ils voudroient introduire dans le monde, ils maîtriſeront plus facilement l'eſprit dogmatique qui prévaut en certains ſujets. Après avoir accoutumé les hommes à ſouffrir la contradiction ſur les matieres les plus importantes, & à permettre qu'on diſpute en général ſur la nature des choſes, ils concluent qu'il ſera alors plus ſûr de raiſonner ſéparément ſur certains points délicats qui ne leur paroiſſent pas fort évidens. Et peut-être pourrez-vous encore mieux voir par là d'où vient que l'eſprit de plaiſanterie eſt ſi fort en vogue dans la converſation, & qu'on y affecte d'embraſſer certaines opinions par la ſeule raiſon qu'elles ſont étranges & éloignées des notions ordinaires.

SECTION III.

MAIS condamne qui voudra ce tour d'eſprit. Pour moi, je ne redoute pas beaucoup un tel Pyrrhoniſme. Il eſt vrai que les hommes peu-

II. PART. §. III.

vent être si fort confondus par différentes opinions & par différens systêmes dont on leur impose la créance avec autorité, qu'ils en viennent à perdre absolument le goût & l'idée de la vérité, Je comprens aisément quel est l'effet qu'une crainte respectueuse peut produire sur l'entendement humain. Je vois fort bien que la peur peut leur faire perdre l'esprit, mais je ne comprens pas que la Plaisanterie puisse produire le même effet. Je ne saurois me figurer qu'on puisse par quelques traits de raillerie les dégoûter de l'amour de la société, ou d'un sentiment qui leur est inspiré par le sens commun. L'enjouement accompagné de civilité ne sauroit nuire à une cause pour laquelle je m'intéresse sincérement: & des spéculations philosophiques, maniées avec politesse, ne peuvent jamais nous rendre plus sauvages, ou plus grossiers. Ce n'est pas de ce côté-là, à mon avis, qu'un débordement de barbarie est à craindre. Et autant que j'en puis juger par mes propres observations, la vertu n'est jamais tant exposée par des attaques formelles & directes, que par des trahisons secrettes. Je ne crains pas tant ses antagonistes qui en exerçant leur Esprit contre elle, lui donnent de l'exercice, & la réduisent à se mettre sur la défensive, que ses tendres protecteurs qui l'embrassant, pour ainsi dire, avec trop d'ardeur, sont sujets à l'étouffer.

J'ai vû un bâtiment, qui par trop de précaution a été si fort étayé & relevé du côté que les ouvriers le croyoient trop panché, qu'il s'est enfin renversé du côté opposé. Il est peut-être arrivé quelque chose de pareil dans la morale. Les hommes n'ont pas voulu se contenter de faire valoir les avantages de l'honnêteté & de la vertu. Mais plûtôt ils les ont rabaissés, s'imaginant que par ce moyen ils mettroient d'autant mieux en credit une autre sorte de principe. Ils ont rendu la vertu si mercénaire, & ont tant parlé de sa récompense, qu'on a de la peine à dire ce qui lui reste après tout qui puisse être digne de récompense. Car être porté à bien vivre, seulement par l'espérance ou par la crainte, cela ne suppose pas beaucoup d'honnêteté réelle, ou de véritable mérite. Nous pouvons faire, il est vrai, tel marché que nous jugeons à propos, & accorder par grace tout le surplus que nous voulons. Mais il n'y a ni grandeur ni sagesse à récompenser volontairement ce qui n'a en soi rien d'estimable. Et si la vertu n'est pas réellement estimable par elle-même, je ne vois pas quel mérite il peut y avoir à l'embrasser en considération d'un marché fait.

II. PART. §. III

Si l'amour de faire du bien, n'est pas en soi une inclination *bonne* & *droite*, je ne comprens pas comment il peut y avoir telle chose que *Bonté*, ou *Vertu*. Et si l'inclination est bonne en elle-même, c'est la corrompre (*) que de l'attacher uniquement à la récompense, comme si elle tiroit de là toute sa force; & de

(*) L'Auteur n'attaque ici que le sentiment particulier de quelques Theologiens qui font dépendre toute la nécessité de bien vivre de la récompense que la Religion Chrétienne a attachée aux actions vertueuses.

II. PART. §. III. nous prôner les merveilles des graces qui accompagnent la Vertu, tandis qu'on nous fait si peu sentir le mérite ou le prix interieur de la vertu même.

Je serois presque tenté de croire que la véritable raison pourquoi l'on nous parle si peu, dans notre sainte Religion, de quelques-unes des plus héroïques vertus, c'est parce qu'on détruiroit toute espece de desintéressement en supposant que ces vertus humaines partageassent les récompenses infinies que la providence a assignées aux autres devoirs par la Révélation. Les *amitiés particulieres*, le *Zele pour le Public* & *l'Amour de la Patrie* sont des vertus purement volontaires dans un Chrétien. Elles ne sont point une partie essentielle de sa charité. Les affaires de cette vie ne l'intéressent point tant; & il n'est pas obligé d'entrer avec ce monde dans des engagemens qui ne lui servent de rien pour en acquérir un meilleur. Sa conversation est dans les cieux; & il n'a pas besoin ici bas de ces soins & de ces embarras surnuméraires qui pourroient l'arrêter dans sa course vers ce bienheureux séjour, ou le retarder dans la tâche qui lui est imposée de travailler soigneusement à son propre salut. Si cependant quelque récompense est réservée après cette vie au généreux amateur de sa patrie ou au parfait ami, heureusement cela nous est encore caché, afin que nous puissions mieux mériter cette récompense, quand elle viendra.

A la vérité, il paroît que sous l'économie judaïque il y avoit de fameux exemples de ces vertus, & qu'ils nous étoient en quelque maniere recommandés comme honorables & dignes de notre imitation. *Saül* lui-même, tout méchant prince qu'on nous le représente, paroît avoir été respecté & loué pendant sa vie & après sa mort, en considération de l'amour qu'il avoit pour son pays natal. Et cette illustre amitié que son fils, & son successeur contracterent ensemble, nous donne une noble idée d'une amitié, où l'intérêt, du moins d'un côté, n'avoit absolument aucune influence. Mais la vertu héroïque de ces grands hommes ne reçut point d'autre tribut que celui de l'approbation publique, & ne pouvoit pas prétendre à une récompense à venir, sous une Religion qui ne parloit point d'une autre vie après celle-ci, & qui ne proposoit que des récompenses ou des peines temporelles, marquées expressément dans la loi écrite.

Ainsi les Juifs, aussi bien que les païens, étoient abandonnés à leur Philosophie, pour être instruits de ce qu'il y a de plus sublime dans la vertu, & portés par raison à ce qui ne leur étoit pas enjoint par un commandement positif. Comme il n'y avoit ni récompense ni peine proposée dans ces sortes de cas, le désintéressement avoit lieu; la vertu étoit un parti libre; & la magnanimité de l'action étoit parfaite. Qui vouloit être généreux, en avoit le moyen. Quiconque vouloit entrer dans des liaisons étroites d'amitié, ou servir son pays aux dépens de sa vie, pouvoit le faire par les plus purs motifs, par la seule raison que fournit le *Dulce* & le *Decorum*, le plaisir & l'honneur de bien faire; parce que la chose étoit belle, at-

III. PART. §. I.

trayante, & honorable. Or que ce soit là une excellente raison conforme au sens commun, c'est ceque je vais tâcher de vous prouver. Car je me croirois fort ridicule de m'emporter contre qui que ce soit qui me jugeroit mal-honnête homme, si je ne pouvois pas rendre raison demon honnêteté, ni faire voir sur quel principe je differe d'un fripon.

TROISIEME PARTIE.

SECTION I.

On diroit que *Juvenal* a parlé avec trop d'aigreur de la Noblesse & de la Cour de *Rome*, lorsque bien loin de les regarder comme le modele de la politesse & du bon sens, il en donne une idée directement contraire par ces mots,

> (*) *Rarus enim fermè* Sensus communis *in illâ Fortunâ.*

Mais quelques-uns des plus ingénieux commentateurs donnent à ce passage un sens fort différent de celui qu'on a accoutumé de lui donner. A la faveur d'une étymologie Grecque ils font signifier au mot *Sensus communis* dont se sert le poëte, l'attachement au bien

(*) *Juven.* Sat. VIII. ℣. 73.

public & à l'intérêt commun, l'amour de la Société, l'affection naturelle, l'humanité, l'inclination à faire du bien, ou cette sorte de *civilité* qui naît d'un juste sentiment des droits communs au genre humain, & de l'égalité naturelle qui est entre des créatures de la même espece.

III. PART. §. I.

Et en effet, à considérer exactement la chose, il doit paroître un peu étrange, qu'un poëte aussi judicieux que *Juvenal*, ait refusé l'habileté & l'esprit à une Cour comme celle de *Rome*, même sous un *Tibere* ou un *Néron*. Mais pour ce qui est de l'humanité ou du sentiment du bien public & de l'intérêt commun du genre humain, ce n'étoit pas pousser la satire fort loin que de mettre en question si c'étoit là véritablement *l'esprit de la Cour*. Il étoit au contraire mal-aisé de comprendre quelle idée de *communauté* pouvoit subsister parmi des courtisans corrompus par le luxe, & par un excès d'orgueil; & entre un prince absolu & des sujets livrés à ce que l'esclavage a jamais eu de plus rampant. Et à l'égard d'une Société réelle, comment pouvoit-elle se trouver parmi des gens qui ne pensoient qu'à leur intérêt particulier?

Notre poëte n'est donc pas si outré dans sa censure qu'on pourroit bien croire, si nous considérons qu'il en veut au cœur, plûtôt qu'à l'esprit, lorsque faisant réflexion sur la maniere dont on est élevé à la Cour, il ne pense pas que ce lieu soit fort propre à inspirer de l'amour pour la Patrie, mais regarde au contraire les jeunes princes & seigneurs comme les *petits-*

III. PART. §. I.

maîtres du monde, qui flattés dans toutes leurs passions, & élevés à toute sorte de licence, ont un parfait mépris pour le genre humain; mépris que les hommes méritent en quelque maniere par-tout où le Pouvoir arbitraire est autorisé, & la tyrannie adorée.

(*) *Hæc satis ad Juvenem, quem nobis fama superbum Tradit, & inflatum, plenumque Nerone propinquo.*

La passion pour le bien public ne peut être produite que par un sentiment d'affection qui nous unit au genre humain. Or personne n'est si éloigné de vivre dans cette espece d'union & de participer à cette affection générale, que ceux qui reconnoissent à peine qui que ce soit sous l'idée d'*égal*, & ne se considerent point eux-mêmes comme sujets à aucune loi de société ou de communauté. Ainsi, la morale & le bon gouvernement vont de compagnie. Il n'y a point de véritable amour de la vertu sans la connoissance du bien public; & il n'y a point de PUBLIC, où le pouvoir est absolu.

Ceux qui vivent sous un Tyran, & qui ont appris à admirer sa puissance comme quelque chose de sacré & de divin, sont aussi corrompus à l'égard de leur Religion qu'à l'égard de leur Morale. Selon eux, le *Bien Public* est

(*) Ces deux Vers précedent immédiatement ces paroles, *Rarus enim fermè sensus communis in illâ Fortunâ*: & l'Auteur les met ici pour prouver en quelque maniere l'explication qu'il vient de donner au mot *Sensus communis*.

aussi peu la mesure ou la regle du gouvernement dans l'univers, que dans l'Etat. A peine conçoivent-ils autre chose sous l'idée de *bon* ou de *juste*, que ce que la *Volonté* ou la *Puissance* ont rendu tel. La toute-puissance pourroit à peine exister, à ce qu'ils croient, si elle n'avoit la liberté de suspendre les Loix de l'Equité, & de changer, selon son bon-plaisir, le modele de la rectitude morale. III. PART. §. I.

Mais malgré cette depravation, & ces faux préjugés, il est visible qu'il reste encore quelques traces d'affection pour le bien public, dans les lieux mêmes où ce Principe est le plus perverti & le plus ravalé. Prenez le gouvernement le plus corrompu, celui qui est entiérement despotique; vous trouverez assez d'exemples de zele & d'affection pour cette espece de gouvernement. Dans les lieux où l'on n'en connoît point d'autre, il est rare qu'on manque de lui rendre la foi & l'hommage qui est dû à une meilleure forme. C'est dequoi les pays Orientaux, & plusieurs Nations Barbares ont fourni, & fournissent encore des exemples. On peut voir par l'amour qu'ils portent à la personne de leurs Princes, quelque séveres qu'ils soient à leur égard, combien l'affection pour le gouvernement & pour l'ordre est naturelle au genre humain. Si les hommes n'ont point de véritable pere, point de Magistrat commun qui les aime & les protege, ils ne laisseront pas de s'imaginer qu'ils en ont un; & de se mettre, comme par un instinct naturel, sous sa protection, semblables à ces animaux nouvellement nés qui n'ayant jamais vû

III. PART. §. I. leur mere, regardent ſous cette idée le premier animal de leur eſpece, ou d'une eſpece approchante, qui s'offre à leur vûë. Au lieu d'un vrai pere, & d'un bon chef, ils en ſuivront un faux : au lieu d'un gouvernement légitime, & d'un bon prince, ils obéïront même à un tyran, & ſouffriront la domination de tous ſes deſcendans qui lui reſſemblent.

Pour nous autres ANGLOIS, nous avons, graces à Dieu, une meilleure idée de gouvernement, qui nous a été tranſmiſe par nos ancêtres. PUBLIC & CONSTITUTION, ſont des idées qui nous ſont familieres ; nous ſavons comment le *Pouvoir légiſlatif*, & le *Pouvoir exécutif* ſont formés. Nous entendons ce que c'eſt que poids & meſure ſur cet article ; nous pouvons raiſonner exactement ſur ce qui tient le pouvoir & la propriété dans un juſte équilibre ; & ſur ce ſujet nos maximes ſont auſſi évidentes que des axiomes Mathématiques. Les nouvelles lumieres que nous acquérons chaque jour, nous font voir tous les jours de plus en plus ce que c'eſt que (*) *le ſens commun* en fait de politique : & cette connoiſſance nous conduira néceſſairement à étendre cette idée ſur la morale qui eſt le vrai fondement de la Politique.

Il eſt ridicule de dire que l'homme eſt obligé

(*) Je ſuis obligé de me ſervir ici de ce mot dans le ſens qui lui a été donné dès le commencement de cette troiſieme Partie. Dans la ſuite il eſt encore employé fort ſouvent dans le même ſens : & c'eſt à quoi il faut prendre garde, ſi l'on veut entrer exactement dans la penſée de l'Auteur. (Note du Trad.)

d'agir pour le bien de la ſociété, ou ſelon les principes de l'honnêteté dans un gouvernement déja établi, mais non pas dans ce qu'on nomme l'*Etat de Nature*. Car pour parler le langage de notre Philoſophie moderne, „ la „ ſociété étant fondée ſur un contrat, la ceſ- „ ſion que chaque homme a fait de ſon droit „ particulier que rien ne limitoit, entre les „ mains du plus grand nombre, ou de ceux „ qui ſeroient autoriſés par le plus grand nom- „ bre, étoit purement libre, & fondée ſur „ une ſimple promeſſe". Or *la promeſſe* elle-même étant faite dans l'état de nature, ce qui pouvoit rendre une promeſſe obligatoire dans l'état de nature, doit communiquer le même droit à tout autre acte d'humanité. Et par conſéquent, la fidélité, la juſtice, l'honnêteté, & la vertu ont commencé d'exiſter auſſitôt que l'état de nature, ou bien elles n'auroient jamais pû exiſter. Une union, ou une confédération civile ne pouvoit jamais faire exiſter le juſte ou l'injuſte, ſi ces deux choſes ne ſubſiſtoient point auparavant. Quiconque a pû en toute liberté faire une baſſeſſe avant ſon contrat, ſe jouëra & doit ſe jouër, de ſon contrat avec la même liberté, lorſqu'il le jugera à propos. Celui qui eſt ſcélérat dans l'état de nature, peut par la même raiſon être ſcélérat dans la ſociété, & ſe diſpenſer de ſes engagemens politiques auſſi ſouvent qu'il en trouvera l'occaſion; il n'y a que ſa parole qui l'en empêche. *Mais un homme eſt obligé de tenir ſa parole.* Pourquoi? *Parce qu'il s'eſt engagé de parole à le faire.* N'eſt-ce pas là une admira-

III. PART. §. II. ble maniere d'expliquer l'origine de la justice morale, du gouvernement civil, & de la fidélité qu'on doit au souverain Magistrat ?

SECTION II.

MAIS laissant-là les sophistiqueries d'une philosophie qui nous parle de la nature d'une maniere si frivole, nous pouvons hardiment poser pour principe que, *s'il y a quelque chose de naturel à quelque créature, ou à quelque espece d'Etre que ce soit, c'est ce qui tend à la conservation de cette espece, & qui contribue à la maintenir en bon état.* S'il est originairement & naturellement injuste de violer sa promesse, ou de faire une trahison, il est tout aussi injuste d'être inhumain à quelque égard que ce soit, ou de manquer en aucune maniere à ce que nous devons naturellement au genre humain. Si *manger & boire* sont des choses naturelles, c'en est une aussi d'*aller en troupe*. S'il y a quelque sentiment naturel, celui de la sociabilité l'est sans contredit. S'il y a quelque chose de naturel dans l'affection conjugale, l'affection pour les enfans, qui sont une suite de l'union des deux sexes, est certainement tout aussi naturelle: il en est encore de même de l'amitié qui se trouve entre les enfans eux-mêmes, entant qu'ils sont liés par le sang & qu'ils vivent ensemble, élevés de la même maniere & sous la même discipline. Et voilà dès-lors une *Tribu* formée, un *Public* reconnu: &

& outre le plaiſir que produit la ſociété par le charme de la converſation & du langage, il y a une néceſſité ſi viſible de continuer cette bonne correſpondance & cette union, que n'avoir aucun ſentiment de ces avantages, & n'aimer ni patrie, ni communauté, ni quoi que ce ſoit en commun, ce ſeroit autant que de négliger de gaieté de cœur les moyens les plus ſimples de ſa propre conſervation, & ce qui contribue le plus à ſon propre bonheur.

Je ne ſaurois comprendre comment l'eſprit de l'homme pourroit embrouiller cette queſtion juſqu'à faire paſſer le gouvernement civil & la ſociété comme un ouvrage de l'art, & une eſpece d'invention humaine. Pour moi, il me ſemble que l'inclination de vivre en ſociété paroît ſi naturelle & ſi violente dans la plûpart des hommes, qu'on peut aſſûrer hardiment, que c'eſt de la violence même de cette paſſion que ſont nés tant de déſordres dans la ſociété générale du genre humain.

Le bien univerſel, ou l'intérêt du *monde en général*, eſt une eſpece d'objet éloigné & philoſophique. Une communauté d'une étenduë ſi vaſte ne frappe pas aiſément la vûë. On n'eſt pas même aiſément touché de l'intérêt d'une nation, de celui d'un peuple entier, ou d'un corps politique. Dans des ſociétés moins étendues les hommes peuvent converſer familiérement enſemble, & entrer dans des liaiſons intimes. En ce cas-là ils peuvent mieux goûter le plaiſir de la Société, & participer au bien commun d'un public qui a des bornes plus reſſerrées. Ils découvrent toute l'étenduë du

III. PART. §. II. corps dont ils sont partie: ils voient & savent pour qui ils travaillent; & dans quelle fin ils s'*associent*, & *conspirent* ensemble. Tous les hommes ont naturellement certain degré de cet Esprit d'union: & ceux dont le tempérament est le plus vif, ont une si grande portion de cet esprit, qu'à moins qu'il ne soit heureusement dirigé par la raison, il ne pourra jamais s'exercer dans une sphere aussi éloignée que celle d'un corps politique considéré dans toute son étenduë: car dans un tel corps à peine arrive-t-il qu'on connoisse, même de vûë, la millieme partie de ceux pour qui l'on s'emploie. Il n'y a point là de bande distincte & visible; point d'alliance intime: on s'y trouve lié avec différentes personnes, & différens ordres de gens, non d'une maniere sensible, mais en idée, sous la notion générale d'*Etat* ou de *communauté*.

Ainsi l'esprit de societé & de sympathie, est sujet à se confondre, & à se perdre dans un champ si vaste, faute d'un certain but, & pour ne savoir où viser. Et jamais cette passion ne se fait sentir si violemment, ou n'éclatte avec tant de vigueur que dans une *Conspiration* actuelle, ou dans la *Guerre*, où l'on sait que les plus grands génies sont souvent le plus empressés à se signaler. Car les esprits les plus généreux sont les plus sociables, se plaisent davantage à agir de concert; & trouvent dans cette espece de confédération un charme qui les frappe beaucoup plus vivement que le reste des hommes.

On a d'abord de la peine à s'imaginer que la

guerre qui de toutes les choses du monde paroît la plus sauvage, doive être la passion des Esprits les plus héroïques. Mais c'est dans la guerre que les hommes sont le plus étroitement unis ensemble, qu'ils s'assistent plus souvent les uns les autres, qu'ils sont plus souvent exposés à de mutuels dangers; & qu'une affection commune se déploie, & s'exerce davantage. Or l'*heroïsme* & l'*humanité* ne sont presque qu'une seule & même vertu. Cependant pour peu que cette affection soit mal appliquée, un ami du genre humain, en devient l'exterminateur; un héros, un libérateur, devient l'oppresseur & le destructeur des hommes.

III. PART. §. II.

De ce même esprit naissent d'autres divisions parmi les hommes. Delà vient, en temps de paix & sous un gouvernement civil, l'esprit de parti, & d'autres subdivisions produites par des cabales & des intrigues particulieres. Car former des cabales, & exciter des séditions, c'est commencer à se cantonner dans un Etat. Mais il est naturel qu'on se cantonne, lorsqu'une société particuliere devient trop vaste: & toutes les fois que de puissans empires se sont avisés d'envoyer des colonies hors de leur enceinte, ils en ont recueilli de plus précieux avantages que celui d'être plus à l'aise chez eux, ou d'établir leur domination dans des pays éloignés. Les vastes empires sont contre nature à plusieurs égards, & sur-tout en ce que, quelque bonne que soit la forme de leur gouvernement, la conduite des affaires d'un grand nombre de personnes y doit être entre les

III. PART. §. II. mains de peu de gens : de ſorte que la relation qu'il y a entre le magiſtrat & le peuple, doit être moins ſenſible, & en quelque maniere perduë dans un corps ſi lourd, & dont les membres ſont fort éloignez l'un de l'autre, & à une grande diſtance de la Tête.

C'eſt dans ces corps que de violentes factions s'engendrent plus aiſément. C'eſt-là que faute d'exercice les eſprits ſociables excitent de nouveaux mouvemens, & cherchent une plus petite ſphere d'activité s'ils ne ſont pas exercés dans une plus grande. On voit par ce moyen *des rouës qui tournent l'une dans l'autre* : & dans certaines formes de gouvernement un empire ſe trouve renfermé dans un autre empire, quelque abſurde que cela ſoit en bonne politique. Rien ne plaît tant aux hommes que de s'unir à un corps particulier. De-là vient qu'on invente tant de différentes diſtinctions ; qu'on forme des *Sociétez Religieuſes*, qu'on érige des ordres, dont on épouſe les intérêts, & pour qui l'on travaille avec toute l'ardeur & tout le zele imaginable. Il ne manque jamais de fondateurs & de patrons de ces ſortes d'établiſſemens. Dans cet eſprit de ſociété mal appliqué, les membres de ces corps particuliers ſe ſurpaſſent eux-mêmes & font des choſes qui tiennent du prodige. Et la force de cet eſprit n'éclate jamais plus que dans les ſociétés privées qui ont été établies en oppoſition à la ſociété univerſelle du genre humain, & au véritable intérêt de l'Etat.

En un mot, l'eſprit de faction lui-même ſemble pour l'ordinaire n'être autre choſe qu'un abus de cet *Amour social*, qui est naturel au genre humain. Car ce qui est opposé à l'esprit de société, c'est un trop grand amour de soi-même. Et de tous les hommes ceux-là s'empressent le moins à *prendre parti*, qui sont entiérement possédes de cet amour. Les gens de ce caractere, sont, à cet égard, *très-modérés*. Maîtres de leurs passions, ils se possedent trop bien eux-mêmes pour être en danger d'embrasser violemment aucun parti, ou de s'engager fort avant dans quelque faction que ce soit.

SECTION III.

Vous avez ouï dire sans doute comme un mot assez commun, que l'*Intérêt gouverne le monde*. Mais pour moi, je crois que si l'on considere de près comment va le monde, on trouvera que la passion, le caprice, le zele, l'esprit de faction, & mille autres ressorts, directement contraires à un *Intérêt particulier*, ont autant de part aux mouvemens de cette grande machine. Il y a plus de rouës & de contrepoids qui la font agir, qu'on ne s'imagine ordinairement. C'est un méchanisme trop composé pour pouvoir être vû d'un simple coup d'œil, ou être ainsi expliqué en deux ou trois mots. Ceux qui l'étudient, doivent être extrémement prévenus, si donnant toute leur attention à de petits ressorts, les moins considérables de tous, ils n'y apperçoivent aucun au-

III. PART. §. III.

cun autre mouvement. A-peine fait-on entrer pour quelque chose dans l'idée qu'on se fait des mobiles du cœur de l'homme, ses affections les plus pures & les plus étenduës; on ne leur attribuë presque aucun pouvoir; on ne regarde aucune action humaine comme un effet d'*humanité*, de *générosité*, de la pure *bonté du caractere*, d'une vraie & sincere *amitié*, ou d'aucune sorte d'*affection sociale* & *naturelle*. Cependant peut-être qu'au fond les principaux mobiles des actions humaines sont, ou ces mêmes affections naturelles, ou un composé qui tire d'elles son essence, & qui retient plus de la moitié de leur nature.

Mais n'attendez pas, mon cher ami, que j'examine ici les passions en détail, que je vous en fasse la généalogie; ni que je vous montre la relation qui est entr'elles, comment elles se trouvent entrelassées les unes avec les autres, ou comment elles sont contraires à notre bonheur, & à nos véritables intérêts. Le tour que j'ai pris dans cette lettre, & les bornes que je me suis prescrites, ne me permettent pas de vous en tracer ici un plan exact, où vous puissiez voir exactement quelle proportion il semble que les affections bienfaisantes & naturelles doivent avoir dans cet ordre d'architecture.

Je sais que nos architectes modernes voudroient bien se débarrasser de ces matériaux naturels, & bâtir d'une maniere plus uniforme. Ils voudroient, pour ainsi dire, refondre le cœur de l'homme, & lui donner une forme toute nouvelle. Ils ont grande envie de réduire tous ses mouvemens & toutes ses déterminations à cet unique principe d'un amour propre, tranquille & circonſpect. Les hommes n'aiment point à ſe figurer, qu'ils ſont duppés par la nature juſqu'à être obligés d'avancer ſes deſſeins plûtôt que les leurs. Ils ont honte d'être ainſi détachés d'eux-mêmes, & de ce qu'ils conſiderent comme leur véritable intérêt.

III. PART. §. III.

Il y a eu de tout temps des philoſophes d'un eſprit trop borné, qui ont cru terminer ce différend, en domptant la nature en eux-mêmes. (*) L'un de leurs premiers Fondateurs s'apperçut d'abord du pouvoir de la nature, & en comprit ſi bien la force, qu'il exhorta ſérieuſement ſes ſectateurs à ne pas ſe marier, & à ne ſe charger d'aucun emploi pour le ſervice de leur patrie. *Parens*, *Amis*, *Compatriotes*, *Loix*, *Conſtitutions Politiques*, *la beauté de l'Ordre & du Gouvernement*, *l'intérêt de la Société & du Genre Humain*; c'étoient des objets qu'il prévoyoit devoir exciter naturellement une affection plus forte que celle qui n'eſt fondée que ſur la ſimple conſidération de *nous-mêmes*. Il n'y avoit pas moyen de faire une profeſſion ſincere de cette philoſophie qu'on ne quittât ſes parens, ſes amis, ſon pays, & la ſociété humaine pour s'attacher à elle. — Et qui ne voudroit le faire, ſi le Bonheur étoit à ce prix? — Cependant ce philoſophe étoit obligeant dans le fond, de nous communiquer ſi librement ſa penſée. C'étoit une preuve de l'*amitié paternelle* qu'il avoit pour le genre humain,

(*) *Epicure.*

III. PART. §. III. comme l'un de ses plus fameux disciples prend plaisir à le reconnoître dans ces vers,

(*) *Tu* Pater, *&* *rerum inventor! Tu* patria *nobis*
Suppeditas præcepta.

Mais ceux qui, dans ces derniers temps, ont voulu remettre sur pied cette philosophie, semblent être d'un génie fort inférieur à celui de leur maître. On diroit qu'ils n'ont pas si bien senti la force de la nature; & qu'ils ont cru changer la chose en lui donnant un nouveau nom. Ils comptent toutes les passions sociales, & toutes les affections naturelles pour autant d'especes d'*Amour propre*: ils les désignent par ce nom général; & prétendent en expliquer par-là la véritable essence. Ainsi la civilité, l'hospitalité, l'humanité envers des étrangers, ou envers des personnes malheureuses, ce n'est qu'un amour propre plus circonspect: Un cœur honnête, ce n'est qu'un cœur plus rusé: la bonté & la probité, ce n'est, pour parler leur langage qu'un amour propre mieux reglé: l'amour de nos parens, de nos enfans, & de notre postérité, c'est purement l'amour de nous-mêmes, & de notre propre sang, comme si, à le prendre de cette maniere, tout le genre humain n'étoit pas l'objet de cet amour, puisque tous les hommes sont d'un même sang, & qu'ils ont été unis ensemble par des mariages & des alliances réciproques, à mesure qu'ils ont été transplantés

(*) *Lucrece*, Liv. III. ✝. 17.

dans des colonies. A ce compte-là, il faut aussi que l'Amour de la Patrie, & l'Amour du genre humain soient *Amour propre.* Pour la *Magnanimité* & le *Courage*, ce sont, sans doute, des modifications de cet *Amour propre* universel; car notre (*) philosophe moderne nous assûre, que le *Courage* n'est autre chose qu'*un continuel emportement de colere*; & selon (†) un de nos poëtes, célebre par la vivacité de son esprit,

Si les Hommes osoient, ils seroient tous poltrons.

Que le philosophe & le poëte fussent de vrais poltrons, c'est peut-être ce qu'on pourroit accorder sans peine. Apparemment, ils ont déclaré naïvement l'un & l'autre ce qu'ils pensoient sur ce sujet. Du reste, le véritable courage a si peu de liaison avec la colere, que par-tout où cette passion se trouve dans un plus haut point, le courage y est toujours d'autant plus suspect. Le vrai courage est calme & tranquille. Les hommes qui ont le plus de bravoure, sont toujours moins sujets à cette brutale insolence qui s'exhale en vaines rodomontades; & jamais ils n'ont l'esprit plus serein, plus libre, & plus aisé, que

(*) *Hobbes*, que notre Auteur regarde comme le grand Partisan de l'Opinion qui étouffe en quelque maniere les Affections sociales & naturelles en voulant les faire passer pour autant d'especes d'Amour propre.

(†) Le feu Comte de *Rochester*, qui durant la plus grande partie de sa vie, n'a pas suivi des Principes plus favorables à la Vertu, que ceux que *Hobbes* a enseignés. Voyez sa satyre contre l'homme.

III. PART. §. III. dans le fort même du péril. On sait que la Rage peut forcer un Poltron à s'oublier soi même, & à se battre. Mais ce que fait faire la *Fureur* ou la *Colere*, ne peut jamais passer pour un effet de courage. Sans cela, les Femmes pourroient prétendre à l'honneur d'être le sexe le plus courageux: car on a toujours reconnu que la haine & la colere des femmes est, & plus violente & plus durable que celle des hommes.

Il s'est trouvé d'autres Ecrivains d'un ordre encore inférieur, qui prenant plaisir à détailler cette idée, à la distribuer, pour ainsi dire, par parcelles, ont fait des divisions & des subdivisions à l'infini sur le chapitre de l'*Amour propre*. ils vous présentent (*) la même pensée sous mille formes différentes; ils en font des sentences & des devises, & tout cela, pour vous expliquer cette énigme, que *vous avez beau agir avec tout le désinteresse-*

(*) L'Auteur en veut ici au Duc de *la Rochefoucault*. Selon lui, les *Réflexions Morales* dont on le fait l'Auteur ne contiennent autre chose que ce principe, que l'*Amour propre est le fondement de toutes nos actions*. Le pénétrant *La Bruyere* ne juge point autrement de cet ouvrage, dans le temps qu'il parle de l'Auteur avec beaucoup de ménagement. *C'est*, dit-il, *la production d'un Esprit instruit par le commerce du monde, dont la délicatesse étoit égale à la pénétration.* 'L'Auteur *ayant observé que l'amour propre est dans l'homme la cause de tous ses foibles, l'attaque sans relâche quelque part où il se trouve; & cette unique pensée comme multipliée en mille manieres différentes, a toujours par le choix des mots & par la varieté de l'expression, la grace de la nouveauté.* Discours sur *Théophraste*, vers la fin. (Note du Trad.)

ment & toute la générosité possible, l'Amour propre sera toujours la baze de toutes vos actions, & (*) rien de plus. Si ces Messieurs qui se plaisent tant à jouër sur des mots, mais qui n'aiment pas à s'engager dans des définitions, vouloient seulement prendre la peine de nous expliquer ce que c'est qu'*Intérêt particulier*, & III. PART. §. III.

(*) Ce principe a été solidement refuté depuis peu par Messieurs les Journalistes de *Trévoux* Je crois qu'on sera bien aise de voir ici le passage entier qui peut servir en quelque maniere, ou de suplement, ou de commentaire aux raisons de mon Auteur. „ Le systême de „ l'Amour propre dominant, *disent ces Messieurs*, doit „ sa vogue à Mr. le Duc de *la Rochefoucault*, Auteur „ des *Réflexions Morales* si estimées. Il lui est arrivé „ ce qui arrive ordinairement aux inventeurs des systê- „ mes de Physique & de Médecine qui tombent dans le „ faux, parce qu'ils veulent tout réduire à un seul Prin- „ cipe. L'homme est étrangement corrompu : l'Amour „ propre, l'intérêt sont le mobile de la plûpart de ses „ actions : il en faut convenir. Mais faut-il convenir „ que toutes les semences des vertus naturelles aient „ été détruites par une corruption générale, & que „ sans la grace on ne fasse que changer de vice? Est- „ ce donc l'intérêt qui a produit la fidelité de *Regulus* „ à garder sa parole? Est-ce par amour propre qu'il „ est retourné s'exposer aux plus cruels supplices? L'é- „ quité de *Lycurgue* qui rendit la couronne à un neveu „ dont lui seul savoit la naissance & les droits; la gé- „ nérosité de ces esclaves qui pendant le Triumvirat se „ livrerent à la mort pour sauver leurs Maîtres, ont- „ elles eu leur source dans la corruption de la Nature? „ C'est par vanité, dira-t-on, qu'ils ont agi. Fut-il „ jamais jugement plus temeraire, & moins propre à „ fonder un systême de morale? Quelle vanité a pu „ mouvoir des esclaves dont le nom obscur étoit incon- „ nu à ceux-là même qui leur ôtoient la vie?

III. PART. §. III. déterminer ce que c'eſt que *Bien* & *Félicité*, toutes ces pointes énigmatiques diſparoîtroient en un moment. Car nous conviendrions tous ſur ce point, *Que la Félicité doit être recherchée, & qu'en effet elle eſt recherchée de tous les hommes.* Mais de ſavoir ſi l'on trouve la félicité *en ſuivant la Nature* & en s'abandonnant aux mouvemens d'une *Affection Commune*, ou bien en étouffant ces mouvemens, & en faiſant ſervir chaque paſſion à des avantages particuliers, à des fins uniquement bornées à nous-mêmes, ou bien à la conſervation de la *Vie*, ce ſeroit-là le point à diſcuter entre nous. Il ne s'agiroit pas de chercher qui s'aimeroit ou ne s'aimeroit point ſoi-même, mais qui s'aimeroit plus raiſonnablement, & de la maniere la plus effective.

Etre raiſonnablement paſſionné pour ſoi-même, c'eſt ſans doute, le plus haut point de la ſageſſe. Et aimer la vie auſſi long-temps qu'elle eſt heureuſe, c'eſt autant un effet de courage que de prudence. Mais une vie miſérable ne ſera jamais la paſſion d'un homme ſage. Etre ſans probité, c'eſt être en effet ſans aucune affection naturelle, & ſans inclination pour quelque eſpece de ſociété que ce ſoit. Et une vie ſans *affection naturelle*, ſans *amitié*, ſans attachement à aucune ſorte de ſociété, ſeroit pour qui en feroit l'épreuve, une vie très miſérable. C'eſt par rapport à la valeur réelle & intrinſeque de ces paſſions & de ces affections naturelles que notre intérêt particulier doit être priſé. Ce qui conſtitue l'homme, c'eſt ſur tout *ſon temperament*, le *caractere* *de ses passions*, & *de ses affections*. Vient-il à perdre ce qu'il y a de mâle & d'excellent dans cette partie si considérable de son Etre; il est autant perdu pour lui-même, que s'il avoit perdu sa memoire & sa raison. La moindre démarche que nous faisons vers l'infamie ou la lâcheté, change le caractere & le prix de notre vie. Quiconque veut conserver sa vie à quelque prix que ce soit, se fait plus de tort à *lui-même*, qu'il n'est possible à personne de lui en faire. Et si la vie n'est pas en effet une chose bien précieuse, quiconque refuse de vivre en coquin, & préfere la mort à une action honteuse, (*) prend le bon parti, & gagne sans doute à ce marché-là. III. PART. §. III.

(*) C'est ce que *Juvenal*, a noblement exprimé dans ces Vers, (Sat. VIII. 80. & seqq.)

—— Ambiguæ si quando citabere testis
Incertæque rei, Phalaris licèt imperet, ut sis
Falsus, & admoto dictet perjuria Tauro,
Summum crede nefas animam præferre pudori,
Et propter vitam vivendi perdere causas,

C'est-à-dire, „ Si l'on vous cite pour témoin dans un „ fait délicat & douteux, dites la vérité, n'hésitez pas. „ Oui dites-la, quand Phalaris prêt de vous faire jet- „ ter dans son taureau, vous dicteroit un parjure. „ Mettez-vous dans l'Esprit, que le plus grand de „ tous les crimes est de PRE'FERER LA VIE A L'HON- „ NEUR, & de renoncer pour l'amour de la vie, à ce „ qui seul rend la vie véritablement estimable. " La traduction de ce passage, excepté le dernier vers, est du P. *Tarteron*. Du reste selon notre poëte, quiconque préfere la vie à l'honneur, est déja mort dans le temps qu'il se plonge dans le luxe & dans la débauche:

SECTION IV.

III. PART. §. IV.

Vous êtes heureux, mon cher Ami, de n'avoir pas été engagé par votre éducation à lier un fort grand commerce avec la philosophie ou les philosophes de nos jours. Un bon poëte, & un honnête historien peuvent fournir à un Gentilhomme autant d'érudition qu'il lui en faut. Et un jeune homme qui lira ces auteurs par divertissement, en pénétrera mieux le sens, & en prendra mieux le véritable esprit, qu'un pédant avec toute son application, & le secours de ses vastes Commentaires. Je sais qu'autrefois on donnoit à des philsophes le soin de former les jeunes gens de la plus haute qualité. C'étoit dans leurs écoles, dans leur compagnie, par leurs préceptes & par leur exemple que ces illustres Eleves étoient endurcis au travail & à la fatigue, & exercés à la tempérance la plus rigide. C'est à la faveur de cette discipline à laquelle ils étoient formés de bonne heure, qu'ils devenoient capables de commander à d'autres hommes; de défendre l'honneur de leur patrie dans la guerre, de gouverner sagement l'Etat; & de combattre le luxe, & la dépravation des mœurs dans un temps de prospérité & de paix. Si quelqu'une

Dignus morte perit: expression vive qui ne peut paroître outrée qu'à ceux qui ne se souviennent pas de ce beau passage de l'*Apocalypse*, chap. III. v. 1. *Je connois tes œuvres: c'est que tu as le bruit de vivre, & tu es mort.* (Note du Trad.)

de ces choses sont partie de ce qu'on enseigne dans les universités, je m'en rejouïs. Mais de la maniere que certaines universités sont aujourd'hui gouvernées, il ne semble pas qu'elles soient fort propres à produire de tels effets, ni assez heureuses pour former la jeunesse au véritable usage du monde, ou à une connoissance exacte des hommes & des affaires. Et à vous parler franchement, si vous eussiez fait un cours régulier de *Morale* ou de *Politique*, comme on le fait dans les écoles, il ne me seroit jamais venu dans l'esprit de vous écrire un mot sur le (*) *Sens commun*, ou l'*Amour du Genre Humain*. Je n'aurois eu garde de vous citer le *Dulce & Decorum* du bon *Horace*. Et si j'eusse entrepris de vous tracer un beau caractere, comme il a fait à son Ami *Lollius*, je ne l'aurois pas terminé par ce double trait qu'il emploie en cette occasion,

III. PART. §. IV.

(†) *Non ille pro caris Amicis,*
Aut Patriâ timidus perire.

Notre philosophie d'aujourd'hui roule sur le Principe de cet habile sophiste qui disoit, (‡)

(*) *Sens commun*, & *Amour du Genre Humain*, sont deux expressions synonymes dans le Langage de notre Auteur, comme j'en ai déja averti. Pour bien entendre ce qu'il dit ici, „ qu'il n'auroit pas écrit à „ son Ami sur le *Sens commun*, " il est bon de se rappeller qu'il a intitulé son Livre, SENSUS COMMUNIS: *Essai sur la Raillerie*, &c. (Note du Trad.)

(†) *Odarum Lib. IV. Ode 9.*

(‡) C'est *Satan* qui parle ainsi dans *Job*, Chap. II. v. 4.

III. PART. §. IV.

Peau pour peau: tout ce qu'un homme a, il le donnera pour sa vie. Dans l'esprit de certaines gens, c'est pure orthodoxie, aussi-bien que bonne philosophie, de juger du prix de la vie par le nombre & la délicatesse des sensations agréables. Ces Messieurs mettent constamment ces sensations en opposition à la Vertu & à la probité toute seche. Et sur ce pied-là, ils croient qu'il est raisonnable de traiter de fous tous les hommes qui voudroient risquer leur vie, ou se priver d'une de ces sensations agréables, hormis à condition de recevoir en échange une pareille somme, & de gros intérêts en outre. Il faut donc, à ce que je vois, que nous apprenions à aimer la Vertu par l'idée de l'usure; & que nous mettions à l'enchere la vie, & les plaisirs des sens, pour devenir sages & vertueux.

Mais mon cher Ami, je connois votre fermeté sur cet article. Bien loin d'être réduit à regarder la mort d'un œil triste, ou à vous plaindre de la perte de ce que vous pouvez hazarder quelquefois par votre probité, vous savez vous moquer de toutes ces lâches maximes; & vous divertir de cet amour de soi-même qu'on exalte si fort, & de la poltronnerie philosophique de nos *Moralistes* à la mode. On ne vous persuadera jamais d'estimer la vie au prix qu'ils lui donnent, ni de dégrader la probité comme ils font, en ne considérant la Vertu que comme un simple nom. Vous êtes convaincu que la Vertu & le Mérite ont une existence réelle, indépendante de la mode, & qui ne change point selon la *fan-*

tai-

taisie ou la *volonté* des hommes ; & que la probité subsiste aussi véritablement lorsqu'elle agit d'elle même & sans témoins, que lorsqu'elle est vue & *applaudie* de tout le monde.

III. PART. §. IV.

Si un homme qui auroit l'air & les manieres d'un Gentilhomme, venoit me demander, *Pourquoi je voudrois éviter d'être sale & mal-propre, lorsque personne ne seroit auprès de moi* ; je conclurrois d'abord, à lui entendre faire une telle question, qu'il n'est pas fort propre lui-même; & que j'aurois assez de peine à lui faire comprendre ce que c'est que *véritable propreté*. Cependant, je me contenterois peut-être de lui dire pour toute réponse, *que je le ferois, parce que j'ai un nez*. S'il m'importunoit de nouveau en me disant, *si vous étiez enrhumé, ou que naturellement vous n'eussiez pas l'odorat fort délicat ?* Je lui repliquerois peut-être, *que j'aime aussi peu de me voir mal-propre que d'être vû par d'autres dans le même état.* — Mais si vous étiez dans l'obscurité ? — En ce cas-là, j'aurois toujours le même sentiment de la chose; je ne pourrois souffrir la pensée de ce qui seroit sordide; ou si je n'en étois pas choqué, j'aurois certainement une malheureuse constitution, & je me regarderois avec aversion comme une bête brute. Car pour me respecter moi même, c'est ce que je ne pourrois faire, tant que je serois si peu touché de ce que je me dois à moi même, & de ce qui me sied véritablement en qualité de *Créature humaine*.

C'est à peu près dans le même esprit que j'ai ouï demander, *pourquoi un homme se feroit un*

III. PART. §. IV. *devoir d'être honnête en secret, lorsque personne n'est témoin de sa conduite.* Je ne vous dirai point ce que doit être un-homme qui est capable de faire une telle question. Mais j'avoue que je ne me soucierois pas beaucoup de la compagnie, ou de la familiarité de quiconque n'a point de meilleur motif pour vivre en honnête-homme, que la crainte du *Gibet* ou de la *Prison*. Et si l'un de mes tuteurs qui après s'être acquitté fidellement de son administration, m'auroit rendu mon Bien dès que je fus en âge, venoit à être convaincu de n'avoir agi de cette maniere que par la crainte de ce qui pouvoit lui arriver s'il en eût usé autrement, je continuerois sans doute à le traiter civilement; mais pour sa probité, je n'en ferois pas un jugement plus avantageux que celui qu'*Apollon* fit de la Vertu de son *Dévot*, qui déterminé par la crainte religieuse qu'il avoit de ce Dieu, rendit à son Ami le dépôt qui lui avoit été confié.

(*) *Reddidit ergo* metu, *non* moribus: *& tamen omnem*
Vocem adyti dignam Templo, verámque probavit,
Exstinctus totâ pariter cum prole domóque.

„ La *crainte* fit en lui ce que la *bonne foi* n'a-
„ voit pû faire: il rendit le dépôt; mais il ne
„ laissa pas de vérifier dans sa personne (†) la

(*) *Juvenal*, Sat. XIII. v. 204. *&c.*

(†) *Juvenal* venoit de dire, que ce Scelerat ayant été consulter l'*Apollon* de *Delphes* pour savoir s'il devoit rendre un dépôt, l'Oracle lui répondit „ qu'il feroit in-

„ réponſe de l'Oracle, puiſqu'il périt avec toute ſa famille. III. PART. §. IV.

Je ſais bien qu'on rend pluſieurs ſervices au public ſeulement pour l'amour d'une *Recompenſe*; & qu'en particulier il eſt néceſſaire de prendre ſoin des délateurs, & de les faire quelquefois penſionnaires d'Etat. Mais avec tout cela je ne ſaurois concevoir une fort grande idée du mérite de ces gens-là, & je n'accorderai jamais mon eſtime qu'à ceux qui découvrent volontairement quelque lâche pratique, n'ayant d'autre deſſein que de travailler ſincérement & avec ardeur pour l'intérêt de leur patrie. Et à cet égard, je ne connois rien de plus grand & de plus noble que l'entrepriſe généreuſe d'un ſimple particulier qui par pur zele pour le bien public ſe charge d'une accuſation importante contre quelque criminel d'Etat du premier rang, ou contre quelque cabale de conſpirateurs, qui par ſa fermeté ſont enfin condamnez à recevoir la juſte punition de leur crime.

Je ſais encore que la ſimple populace a ſouvent beſoin d'être retenuë dans l'ordre par des objets de terreur, comme le gibet. Mais je

„ failliblement puni pour avoir ſeulement douté, s'il „ retiendroit le dépôt.

——— *Reſpondit Pythia vates*
Haud impunitum quondam fore, quòd dubitaret
Depoſitum retinere.

Cette hiſtoire eſt racontée fort au long dans *Herodote*, Livre VI. (Note du Trad.)

III. PART. §. IV.

ne saurois me figurer qu'un homme bien né ou même d'une probité ordinaire, ait jamais besoin de réveiller cette idée dans son esprit pour s'empêcher de faire une friponnerie. Et si un *Dévot* n'a point d'autre vertu que celle que lui ont inspiré des objets de récompense ou de punition, dans un Etat plus éloigné, je ne sais de qui il pourra gagner l'amour ou l'estime, mais pour moi, je ne le jugerai jamais digne de mon amitié.

(*) Nec furtum feci, nec fugi, *si mihi dicat*
Servus: habes pretium, loris non ureris, aio.
Non Hominem occidi: *Non pasces in cruce corvos.*
Sum bonus & frugi: *Renuit, negat atque Sabellus.*

„ Un esclave me dit, *Je ne vous ai point volé,*
„ *je ne me suis point enfui.* —— Hé bien, tu
„ n'auras point les étrivieres, te voilà recom-
„ pensé. *Je n'ai tué personne.* —— Tu ne se-
„ ras point pendu. *Je suis homme de bien.* —
„ Pour cela, c'est une autre affaire, Horace
„ n'en convient pas.

QUATRIEME PARTIE.

SECTION I.

A-PRÉSENT, mon cher Ami, vous pouvez voir, si je ne me trompe, que, comme

(*) *Horace*, Epist. lib. I. Epist. 16. v. 45. & seqq.

je me déclare fort sérieusement en faveur de la Raillerie, je puis aussi être retenu dans l'usage que j'en fais. C'est en effet une étude fort sérieuse que d'apprendre à régler cette humeur enjouée que la Nature a mis en nous comme un lénitif contre le vice, & une espece de spécifique contre la superstition, & les illusions de la mélancholie. Il y a beaucoup de différence entre chercher à tirer du ridicule de chaque chose, & chercher dans chaque chose ce qui peut être justement tourné en ridicule. Car rien n'est ridicule que ce qui est difforme: & rien n'est à l'épreuve de la Raillerie, que ce qui est beau & raisonnable. Et par conséquent il seroit bien dur de refuser à la vraie & sincere PROBITÉ l'usage de cette espece d'arme, qui ne peut jamais la blesser elle-même, mais qui porte infailliblement contre tout ce qui lui est contraire.

Si dans ce cas nous voulions seulement prendre pour regle les bouffons d'*Italie*, ils nous apprendroient que dans leurs jeux d'esprit les plus badins & les plus burlesques, rien ne leur réüssit si bien que les traits de raillerie qu'ils lancent contre la poltronnerie & l'avarice. Mais on peut défier tout le monde de tourner en ridicule ce qui est véritablement *Valeur* ou *Générosité*. Et comme le caractere d'un gourmand ou d'un parfait débauché est aussi ridicule que celui du Poltron & de l'avare, il n'est pas possible d'inspirer à qui que ce soit du mépris pour une vraie *tempérance*, si ce n'est peut-être aux hommes les plus vils & les plus grossiers de toute l'espece. Or la bravoure, la gé-

IV. PART. §. I. nérosité, & la tempérance sont les trois ingrédiens qui composent le caractere vertueux, comme le vicieux est composé des trois qualités opposées à celles là. Comment donc pourrions-nous tourner en ridicule la probite? — Rire du vice & de la vertu tout à la fois, c'est la derniere des absurditez: & si le ridicule est effectivement du côté de la crapule, de l'avarice, & de la poltronnerie, vous voyez la conséquence. En effet un homme qui avec tout l'esprit du monde entreprendroit de se jouër de la sagesse, de tourner la probité ou la politesse en ridicule, se rendroit sans doute fort ridicule lui-même.

Un homme parfaitement poli, quel qu'il soit d'ailleurs, est incapable de rien faire d'incivil ou de brutal. En ce cas-là, il ne délibere jamais: il ne pese point la chose par des regles de prudence, fondées sur son intérêt particulier: il suit les mouvemens de sa nature: il agit en quelque sorte nécessairement & sans réflexion. S'il en usoit autrement, il lui feroit impossible de remplir son caractere, ou de paroître, en toute rencontre perfaitement bien élevé, tel que nous l'avons supposé d'abord. Il en est de même d'un véritable *honnête-homme*. Il ne sauroit délibérer lorsqu'il s'agit d'une friponnerie évidente. (*) Une *tonne d'or* n'est

(*) Il y a mot pour mot dans l'anglois, *Une Prune* „ n'est pas une tentation pour lui. Il se considere & „ s'aime trop lui-même pour imiter ces fameux Scele- „ rats qui baptizerent entr'eux de ce nom une de ces „ grosses sommes qu'ils avoient gagné en pillant le Pu- „ blic. " C'étoient de riches banquiers de *Londres* qui

pas une tentation pour lui. Il se considere & s'aime trop lui-même pour imiter ces scélérats qui profitant du malheur des temps s'enrichissent par des rapines, aux dépens du public. Celui qui veut avoir l'esprit libre, & se posséder véritablement lui-même, doit être au-dessus de la pensée de s'abbaisser à des choses lâches & indignes; & quiconque a le cœur d'en venir-là, ne doit plus prétendre à ce qu'on nomme *Grandeur d'Ame*, *Resolution*, *Amitié*, *Mérite*, & *Dignité tant par rapport à lui-même que par rapport aux autres.* Mais vouloir allier ces avantages avec cette bassesse d'ame, & prétendre jouïr de la société & d'une vraie liberté d'esprit avec un cœur lâche & fripon, c'est un procedé aussi ridicule que celui de ces petits enfans, qui mangent leur gâteau, & pleurent ensuite pour l'avoir. Lorsque des gens commencent à déliberer sur quelque action mal-honnête, & que trouvant en eux-mêmes moins de répugnance à la commettre, ils demandent *pourquoi ils feroient difficulté de faire une bonne friponnerie pour une grosse somme*, on devroit leur dire comme aux enfans,

profitant des besoins de l'Etat durant la derniere guerre qui se termina par la paix de *Ryswick*, firent de grands profits en prêtant leur argent à gros intérêt. Quand l'un d'eux avoit gagné cent mille livres sterling, ils trouverent plaisant de dire qu'il avoit attrapé *une Prune.* Pour l'ordinaire, ces expressions burlesques qui n'ont aucun fondement dans la Nature, ne subsistent pas long-temps. Celle-ci est visiblement de cette espece. C'est pourquoi je n'ai pas trouvé à propos de la conserver dans le texte, où aussi bien elle auroit été inintelligible sans le secours de cette Note. (Note du Trad.)

IV. PART. §. I. qu'*ils ne peuvent pas avoir leur gâteau, après qu'ils l'ont une fois mangé.*

A la vérité, ceux qui ſont une fois devenus de parfaits ſcélérats, *ne pleurent plus pour avoir leur gâteau.* Ils ſe connoiſſent eux-mêmes, & ſont connus de tout le monde. Et ce n'eſt pas eux qu'on envie ou qu'on admire le plus. Ceux qui nageant, pour ainſi dire, entre deux eaux, conſervent quelques égards pour la Vertu, ſont beaucoup plus à notre goût. Cependant à ſuivre les regles du bon ſens, nous devrions juger qu'il n'y a en effet que le *parfait ſcélérat*, le coquin ſans retenuë & ſans pudeur, qui puiſſe en quelque maniere diſputer de felicité avec l'*honnête homme.* L'avantage réel eſt entiérement dans l'un ou dans l'autre de ces deux partis. Tout ce qui eſt entre-deux n'eſt qu'inconſtance, irréſolution, remords, inquiétude, agitation fiévreuſe; un paſſage continuel du froid au chaud, d'une paſſion à une autre toute oppoſée; un contraſte perpétuel, une vie pleine de dégoûts & qui eſt à charge à elle-même. Le vrai repos ne peut ſe rencontrer que dans une réſolution fixe & déterminée, à laquelle il faut ſe tenir courageuſement quand on l'a une fois embraſſée: de ſorte que les paſſions & les affections ſoient réduites ſous ſon obéïſſance, que le tempérament ſoit ſoumis à l'eſprit, & l'inclination au jugement. Ces deux choſes doivent être dans un parfait accord, ou bien tout tombera en confuſion. Ainſi, penſer en ſoi-même, *Pourquoi l'on ne pourroit pas faire cette petite baſſeſſe, ou cette trahiſon, une fois ſeulement*, c'eſt la plus folle imagination du monde & la plus contraire au ſens commun. En effet, un honnête-homme ordinaire, abandonné à lui-même, & qui n'a pas l'eſprit embarraſſe de philoſophie, & de raiſonnemens ſubtils ſur ce qui regarde ſon intérêt particulier, ne répond autre choſe, dès qu'on lui propoſe quelque baſſeſſe à faire, ſi ce n'eſt qu'il n'a pas le cœur d'y ſonger, ou de vaincre l'averſion naturelle qui l'en détourne. Et c'eſt-là juſtement ce qui eſt *naturel* & *équitable*. IV. PART. §. I.

La vérité eſt, que de la maniere qu'on raiſonne aujourd'hui ſur la morale, il n'y a pas grande apparence que la probité faſſe de grands progrès par le ſecours de la philoſophie, ou par aucune ſorte de profondes ſpéculations. En gros, le meilleur eſt de ſuivre les idées du ſens commun ſans aller plus avant. Dans cette matiere les premieres penſées des hommes valent mieux, en général, que les ſecondes; & leurs notions naturelles ſont meilleures que celles qui ont été raffinées par l'étude, ou par des conſultations avec les caſuiſtes. En langage commun, auſſi bien que ſelon le ſens commun, *l'honnêteté eſt la meilleure Politique*: mais par un rafinement de raiſon, les ſeuls habiles & bien-aviſés ſelon le monde, ſont de parfaits ſcélérats: & l'on ne compte pour gens qui ſavent faire valoir leurs intérêts que ceux qui contentent leurs paſſions, & qui ont trouvé le ſecret d'aſſouvir leurs deſirs les plus déréglés. —— Tels ſont *les Sages ſelon le Monde*: telle eſt *la prudence de ce ſiecle*.

Un homme ordinaire parlant d'une action baſſe ſelon les idées du ſens commun, dit natu-

IV. PART. §. I. rellement & de tout ſon cœur, qu'il ne voudroit point faire une telle choſe pour tous les biens du monde. Mais les gens accoûtumés à des ſpéculations délicates trouvent dans ce cas-là de grandes modifications, quantité de ſubterfuges, de remedes, & d'adouciſſemens. Un bon préſent fait à propos; une bonne méthode de ſolliciter ſa grace; des hopitaux bâtis; des fondations charitables établies en faveur des vrais fideles; un zele ardent pour l'*Orthodoxie*; tout cela peut ſuffiſamment expier une méchante pratique, ſur-tout lorſqu'elle va à mettre un homme en état de faire beaucoup de bien, & de ſervir le bon parti.

C'eſt par ce moyen que bien des gens ont fait des groſſes fortunes, & ſont parvenus à des poſtes fort conſidérables. On peut même avoir gagné quelques couronnes à ce prix-là; & ſi je ne me trompe, il s'eſt trouvé autrefois de grands Empereurs qui ont tiré de puiſſans ſecours de ces ſortes de principes; & qui en échange n'ont pas été ingrats au parti qui les avoit ſi bien ſervis. Les auteurs de cette eſpece de morale ont été très-bien rentés; & le monde a payé cher leur philoſophie; puiſque les premiers Principes d'humanité; les bons & ſimples préceptes de *Paix* & d'*Amour reciproque*, ont été ſi fort ſublimés par ces Chymiſtes ſpirituels, qu'ils ſont devenus de puiſſans corroſifs, & ont produit en paſſant par leur alambic les eſprits les plus ardens de la *haine mutuelle* & de la *perſecution maligne*.

SECTION II.

IV. PART. §. II.

MAIS, mon cher Ami, notre tempérament ne nous porte point à des réflexions mélancholiques. Laiſſons aux graves cenſeurs du vice, le ſoin de le décrier de la maniere qui convient le mieux à leur génie & à leur caractere. L'autorité de leur charge leur donne droit de tonner contre le vice; & je me réjouïs avec eux des victoires qu'ils remportent par cette méthode. Cependant je ne vois pas pourquoi l'on refuſeroit à d'autres perſonnes la liberté de tourner la folie en ridicule; & de faire valoir, s'ils peuvent, la ſageſſe & la vertu par le ſecours de la gaieté & de l'enjouement: pourquoi, dis-je, l'on n'accorderoit pas ce privilege aux poëtes ou à ceux qui ſe propoſent ſurtout en écrivant de fournir quelque honnête amuſement à d'autres perſonnes en ſe divertiſſant eux-mêmes. Et ſi nos réformateurs par état ſe plaignent qu'ils ne ſont pas ſi bien écoutés du *Monde poli*; s'ils s'emportent contre ces eſprits vifs qui ont recours à la plaiſanterie comme à une eſpece d'azyle, & qui font delà des excurſions aſſez heureuſes, pourquoi refuſeroit-on à un homme qui n'eſt que ſimple volontaire dans ce combat, d'attaquer l'ennemi aux termes qu'il propoſe lui-même, & d'en venir aux priſes avec lui à condition ſeulement qu'il ſera traité ſelon le droit du jeu.

Par le *Monde poli* j'entends ici ceux à qui un bon génie naturel, ou la force d'une bonne éducation ont donné du goût pour ce qui eſt

IV. PART. §. II.

naturellement bienséant & agréable. Les uns par un pur effet de la Nature, & d'autres par le secours de l'art, ont de l'oreille dans la musique; l'œil fin dans la peinture; une imagination heureuse pour tout ce qui regarde la grace & l'ornement; la faculté de distinguer en chaque chose la justesse des proportions; & un goût exquis par rapport à la plûpart des sujets qui font l'amusement & les délices des gens d'esprit. Que ces Messieurs-là soient aussi extravagans, & aussi irréguliers qu'il leur plaira, il faut qu'ils reconnoissent en même temps, que leur conduite est incompatible avec leurs sentimens, qu'ils ne sont point d'accord avec eux-mêmes, & qu'ils agissent directement contre ce même principe sur lequel ils fondent leurs plus grands plaisirs.

Entre toutes les Beautés que les *Amateurs* recherchent avec soin, que les *Poëtes* célebrent, que les *Musiciens* expriment par la douceur & la justesse de leurs accords, & que les *Architectes* ou les *Artistes*, quels qu'ils soient, forment ou décrivent, il n'y en a point de plus agréable, de plus touchante, & de plus pathetique que celle qui est représentée d'après la vie, & qui exprime la passion. Car rien ne touche si bien le cœur que ce qui vient du cœur même, & du fond de sa nature, comme *la beauté des sentimens*; *la grace des Actions*; *l'air des caracteres*; *les proportions*, *&*, pour ainsi dire, *les traits de l'Esprit humain*. C'est une leçon de philosophie, qu'un roman même, qu'un poëme, & une comédie nous peuvent apprendre, dans le temps que l'Auteur de ces fictions touchant adroitement les différens resforts de notre cœur, nous cause des transports si agréables; qu'il nous intéresse comme malgré nous dans les passions de ses héros ou de ses héroïnes,

> ——————— (*) *Angit*,
> *Irritat*, *mulcet*, *falsis terroribus implet*,
> *Ut magus:*

„ qu'il nous afflige, nous irrite, nous appai-
„ se, & nous remplit l'esprit de fausses ter-
„ reurs comme feroit un magicien.

Que les poëtes, & les musiciens nient cette force de la Nature; qu'ils résistent, s'ils peuvent, à cette *Magie morale*. Il n'en est pas moins vrai de dire qu'ils ont une double portion de cette espece de charme. Car premiérement, c'est l'amour même des nombres, du *Decorum* & des proportions dont ils sont passionnés; & cela, non dans un sens resserré, & par pur intérêt particulier. (car qui est-ce qui compose pour soi-même?) mais dans des vûës sociales, pour le plaisir & le bien d'autrui, & même en faveur de la posterité la plus reculée. En second lieu, il est évident que le principal sujet qui éleve le plus le génie de ces illustres artistes, & par où ils touchent si vivement les autres, c'est quelque chose qui est purement moral. Car l'effet & la beauté de leur art consiste à exprimer par des syllabes mesurées, &

(*) *Horat.* Epist. Lib. II. Epist. I. v. 211. *&c.*

IV. PART. §. II. par des sons harmonieux, l'harmonie même de l'ame humaine, à nous représenter, dis-je, les beautés de cette ame par un juste mélange de sons, quelquefois contraires, mais dont la dissonance ne sert qu'à relever davantage la beauté de l'harmonie, & à rendre cette musique des passions plus forte & plus charmante.

Les admirateurs du beau sexe riroient peut-être, s'ils entendoient dire qu'il y a quelque chose de moral dans leurs amours. Mais que signifient donc tous ces discours des amans sur le sujet du cœur, toutes ces recherches curieuses sur la délicatesse de ses sentimens, sur la tendresse de ses mouvemens, & tous ces éloges qu'ils font de la grace, de la vivacité de leur maîtresse, d'un je ne sais quoi qui les enchante, & de tous ces attraits ravissans dont ils prennent tant de plaisir à s'entretenir? Qu'ils déterminent entr'eux ce grand point: qu'ils reglent, comme ils le jugeront à propos, la juste proportion qu'il y a entre toutes ces différentes beautés. Toujours faut-il qu'ils avouent qu'il y a une *beauté de l'Esprit*, & qui est comme l'ame de leur amour. Car autrement, d'où vient qu'un air niais suffit pour dégoûter un amant, au premier coup d'œil? D'où vient qu'un regard sot & des manieres trop simples détruisent l'effet de tous les charmes extérieurs d'une belle, & la dépouillent de tout son pouvoir, quoique d'ailleurs elle ait des traits réels de beauté, & le teint le plus charmant? Quelque prévenus que nous soyons de la pensée qu'il y a dans la beauté quelque chose de solide & de substantiel qui frappe nécessairement les yeux, si nous examinions exactement cette affaire, peut-être trouverions-nous que ce que nous admirons le plus, même dans les traits du visage, n'est au fond qu'une expression mystérieuse, & une espece d'ombre de quelque chose d'intérieur qui appartient au tempérament de la personne; & que lorsque nous avons été touchés d'un air majestueux, d'un œil vif, d'un air d'amazone plein d'une noble fierté, ou d'un air doux & gracieux, c'est principalement de l'idée de ces qualités que nous avons été frappés, notre imagination étant occupée à s'en former des images agréables qui amusoient notre Esprit & le tenoient comme ravi en admiration tandis que d'autres passions étoient employées ailleurs. Les premieres insinuations, les déclarations, les confidences, les plaintes, les éclaircissemens, l'espérance d'être payé de quelque retour, des transports causés par quelque grace réelle ou imaginaire, ce sont tout autant d'ingrediens nécessaires pour l'entretien de ce commerce, qu'on appelle *Amour*; & les maîtres de l'art, en ont, pour ainsi dire, établi l'usage d'une maniere authentique.

IV. PART. §. II.

Pour les hommes dont le tempérament est plus froid & les recherches plus tranquilles, ils ne sauroient non plus résister à la puissance de la beauté sur quelque autre sujet. Chacun a en vue quelque objet plus ou moins illustre pour lequel il se passionne; chacun poursuit quelque *Grace* & quelque *Vénus* d'une ou d'autre espece. Le beau, l'honnête, le *Decorum* se feront toujours un passage dans notre esprit. Ceux qui refusent de se laisser entraîner aux charmes de

IV. PART. §. II.

la beauté dans des matieres importantes de raisonnement & de morale, sentiront sa puissance à quelque autre égard, dans des sujets d'un ordre inférieur. Ceux qui négligent de considérer les grands ressorts des actions, l'harmonie & la proportion dans la vie prise en gros, ne laisseront pas d'en être frappés dans des sujets particuliers, ou en étudiant, par exemple, des arts communs, ou en s'appliquant à cultiver des beautés purement méchaniques. Des modeles de maisons & de bâtimens, & les ornemens qui leur sont propres; des plans de jardins avec leurs compartimens; des promenades, des allées; des avenues; & une infinité d'autres especes de symmétrie succederont à la place de cette autre symmétrie d'un esprit bien réglé, mille fois plus avantageuse & plus sublime. Le beau, le grand se fera voir en mille occasions différentes. C'est un spectre qui nous suivra toujours, tantôt sous une forme, & tantôt sous une autre: & si refusant de l'admettre dans nos froides méditations, nous le chassons du *Cabinet*, il viendra nous trouver même *à la Cour*, & nous remplira la tête de grandeurs, de titres, d'honneurs imaginaires, d'une beauté chimérique, & d'une fausse magnificence: vains songes, à qui nous serons prêts de sacrifier nos plus grands plaisirs, toute la douceur de notre vie, jusqu'à devenir en leur faveur de vrais forçats, les plus vils & les plus abjects de tous les esclaves.

Les voluptueux qui semblent avoir le dernier mépris pour cette beauté philosophique, sont souvent forcés de reconnoître ses charmes. Ils sa-

ſavent louer la Vertu d'auſſi bon cœur que qui que ce ſoit; & ils ſont autant frappés que perſonne de la beauté d'une *Conduite généreuſe*. Ils admirent la choſe en elle-même, quoiqu'ils n'en admirent pas les moyens. Et ils ſeroient bien-aiſes d'aſſocier, s'il étoit poſſible, la probité avec la débauche. Mais les regles de l'harmonie s'y oppoſent. Les diſſonances ſont trop marquées. Cependant il y a plaiſir à obſerver les efforts qu'on fait pour cela. Car quoique certains débauchés ſe déclarent lâchement pour toute ſorte de baſſeſſe & de corruption, d'autres, plus généreux, tâchent de garder quelques meſures d'honnêteté: & par cela même qu'ils connoiſſent mieux le plaiſir, ils veulent l'aſſujettir à certaines regles. Cette maniere leur déplaît; & ils en approuvent une autre. *Juſques-là*, diſent-ils, *cela étoit bien; & au delà, c'étoit mal: Telle choſe étoit licite; & celle-ci ne l'eſt pas.* Ils font entrer une eſpece de juſtice & d'ordre dans leurs plaiſirs. Ils voudroient attirer la raiſon dans leur parti, juſtifier en quelque ſorte leur maniere de vivre, & mettre quelque harmonie dans leur conduite; ou s'ils trouvent la choſe impraticable à certaines conditions, (*) ils voudroient ſacrifier leurs autres plaiſirs à ceux que produit une

IV. PART. §. II.

(*) C'eſt faute de bon ſens qu'un homme manque à prendre ce parti-là, ſi nous en croyons *La Bruyere*. *Un génie qui eſt droit & perçant*, dit-il, *conduit enfin à la regle, à la probité, à la vertu: il manque du ſens à qui s'opiniâtre dans le mauvais comme dans le faux*. Chap. XI. DE L'HOMME.

IV. PART. §. II. conduite généreuse, reguliere, dont toutes les parties sont dans un parfait accord;

(*) *Et veræ numerosque modosque ediscere vitæ;*

„ & apprendre à bien vivre, à régler & à compasser toutes leurs démarches".

Bien d'autres occasions nous suggereront cette pensée, mais sur-tout la considération sérieuse d'un *Grand Mérite* dans un caractere généreux, opposé à un caractere horriblement vil & méprisable. C'est cela même qui fait que parmi les poëtes, les *Satiriques* manquent rarement de rendre justice à la Vertu. Et jamais aucun des poëtes du premier-ordre n'a donné à gauche sur cet article. Nos beaux-esprits eux-mêmes, qui tournent tant du côté de la galanterie & du plaisir, s'ils rencontrent sur leur chemin quelque insigne *lâcheté*, qui reveille dans leur esprit l'idée d'une conduite opposée, peuvent chanter d'un ton passionné les louanges de la Vertu & du véritable honneur.

Il peut nous arriver, comme à la plûpart des hommes, de mépriser cette sage maîtresse, lorsque nous sommes tout-à-fait bien avec le monde, & que nous jouïssons à souhait de quelque autre beauté. Mais lorsque nous voyons au bout du compte quelles sont les suites funestes d'une vie déréglée; & que par la débauche & un attachement infame à des intérêts sordides, des fripons sont élevés à des postes considérables, & que les plus méprisables des

(*) *Horat.* Epist. lib. II. Epist. 2. v. 144.

hommes ſont préférés aux plus vertueux, la Vertu ſe montre alors à nous dans un nouveau jour; & à la faveur de ce contraſte, nous pouvons diſcerner les charmes de la probité, tous ſes véritables attraits, qui auparavant ne nous paroiſſoient ni naturels ni fort puiſſans.

SECTION III.

AINSI, tout bien conſidéré, il n'y a point de beauté dans le monde plus naturelle que la *Probité* & la *Vérité morale*. Car toute *Beauté eſt* VÉRITÉ. Ce ſont de *véritables* traits qui font la beauté d'un viſage; & de véritables proportions qui font la beauté de l'architecture, comme de *véritables* meſures font celle de l'harmonie & de la muſique. Dans la poëſie où tout eſt fable, la Vérité y domine, & fait la perfection du tout. Quiconque eſt aſſez habile pour lire *Ariſtote*, ou ſes (*) copiſtes modernes ſur la nature du poëme dramatique & du poëme épique, entrera aiſément dans cette *penſée*.

Un peintre qui a quelque génie, comprend ce que c'eſt que *Vérité* & unité de deſſein; & ſait qu'il s'éloigne même du naturel, lorſqu'il ſuit la Nature de trop près, & qu'il copie trop exactement d'après la vie. Car ſon art ne lui

(*) Le P. *le Boſſu*, ſur-tout, qui dans ſon excellent Traité *du Poëme Epique* ne fait guere autre choſe que commenter & expliquer la *Poëtique* d'*Ariſtote*.

IV. PART. §. III.

permet pas de mettre dans sa piece la Nature entiere, mais seulement une partie. Cependant il faut que sa piece, pour être belle & vraie, fasse par elle-même, un *Tout* complet, indépendant, & en même temps aussi grand & aussi étendu qu'il peut le faire: de sorte que dans cette occasion les objets particuliers doivent être subordonnez au dessein général; & toutes choses doivent servir de support & de lustre à la principale figure, pour que le tout-ensemble puisse être parcouru de l'œil sans peine; & qu'il en résulte une vuë simple, nette, & réünie, qui seroit partagée & dissipée par l'expression d'un objet particulier, marqué trop distinctement.

Or la Nature est si variée dans ses ouvrages, qu'elle distingue chaque chose qu'elle forme, par un caractere particulier & original, qui, s'il est copié exactement, fera paroître le sujet différent de toute autre chose qui existe dans le monde. Et c'est cela même que le bon poëte & le bon peintre prennent à tâche de prévenir. Ils évitent les petits détails, & une trop grande singularité qui pourroit faire passer leurs images, ou leurs caracteres pour des idées capricieuses & chimeriques. A la vérité, le peintre qui ne s'applique qu'à faire des portraits, n'a pas grand chose de commun avec le poëte: mais semblable à un simple historien, (*) il copie ce qu'il voit, & dessine

(*) A juger de la Peinture par l'idée qu'en avoit *Nicolas Poussin*, l'un des plus célebres Peintres que la *France* ait produit, il semble que le simple faiseur de

ſcrupuleuſement chaque trait juſqu'aux moindres marques extraordinaires. Il en eſt tout autrement de ceux qui travaillent de génie, & à des pieces d'invention. C'eſt ſur les différens objets de la Nature, & non pas ſur un objet particulier que ces grands eſprits forment l'idée de leurs ouvrages. Auſſi dit-on que les meilleurs Artiſtes (*) ont étudié avec un ſoin infatigable les plus belles ſtatues antiques, perſuadés que ce ſont de meilleurs modeles que

portraits ne mérite pas même le nom de *Peintre*. *Le Pouſſin* fait conſiſter l'excellence de la peinture & le grand ſavoir d'une peintre dans le beau choix des ſujets. Il veut qu'ils ſoient nobles, c'eſt-à-dire, qu'ils ne traitent que de choſes grandes, & non pas de ſimples repréſentations de perſonnes, ou d'actions ordinaires & baſſes. Il veut encore, que, lorſque le peintre vient à mettre la main à l'œuvre, il le faſſe d'une maniere qui n'ait point encore été exécutée par un autre, afin que ſon ouvrage paroiſſe comme une choſe unique & nouvelle. Et c'eſt en conſéquence de cette idée que le *Pouſſin* ne pouvoit ſouffrir les ſujets bas, & les peintures qui ne repréſentent que des actions communes; & qu'*il avoit même du mépris pour ceux qui ne ſavent que copier ſimplement la Nature telle qu'ils la voyent.* FELIBIEN, dans ſes *Entretiens ſur les Vies & ſur les Ouvrages des Peintres* &c. Tom IV. pag. 65. Ed. de *Lond.* 1705.

(*) Cette étude a été la baſe de la grande habileté de *Raphaël d'Urbin*, de *Michel Ange*, de *Jules Romain*, d'*Annibal Carache*, du *Pouſſin*, &c. comme Mr *Felibien* le remarque dans la Vie de ces fameux Peintres. Il dit en particulier que *Raphaël d'Urbin* qui a poſſedé dans un plus haut degré qu'aucun autre Peintre les principales parties de ſon Art *envoya juſques dans la Grece deſſiner ce qui y reſtoit encore de beau & de conſidérable, ne voulant pas perdre la moindre des choſes qu'il croyoit pouvoir contribuer à le rendre plus ſavant.* Entret. II. pag. 214. Tom. I.

IV. PART. §. III. ceux que peuvent fournir les corps humains les plus parfaits. Et par la même raiſon, de grands eſprits ont recommandé (*) la lecture des plus excellens poëtes préférablement à celle des meilleurs hiſtoriens, parce qu'on voit mieux dans un poëme que dans l'hiſtoire, la vérité des caracteres, & la nature de l'homme.

Du reſte, cette *Critique* ne doit pas vous paroître trop rafinée. Car quoique peu de gens ſe ſoûmettent exactement à ces regles, il y en a peu qui n'en ſentent la juſteſſe. Quelque indulgence que nous ayons pour nos mechans poëtes, ou pour d'autres artiſtes inférieurs, nous ſavons fort bien que les ouvrages immortels des grands maîtres travaillés avec plus d'exactitude: les chefs-d'œuvres qui ſortent de leurs mains offrent une obſervation judicieuſe de ces regles naturelles de la proportion & du vrai. Toute production de leur cerveau doit reſſembler à quelque production formée par la Nature. Il faut qu'elle ait un corps & des parties qui lui ſoient aſſorties; ou bien le Peuple lui-même ne manquera pas de critiquer l'ouvrage, & de dire qu'*il n'a ni pied ni tête*. Car c'eſt ainſi que le ſens commun, d'accord avec la vraie philoſophie, juge de ces Pieces qui n'ayant point la juſteſſe d'un tout, font voir que leur auteur, quelque exact qu'il ſoit dans certaines Parties, n'eſt au fond qu'un vrai barbouilleur:

(*) Je crois avoir vû dans le *Traité du Poëme Epique* du Pere *le Boſſu*, que ce ſavant homme étoit de ce ſentiment.

(*) *Infœlix Operis summâ, quia ponere Totum Nescit:*

„ Malheureux dans l'ensemble de l'ouvrage, „ parce qu'il ne sait point faire-un-Tout bien „ assorti."

Telle est la *Verité* qui convient à la *Poësie*, à la *Sculpture* & à la *Peinture*. Pour la *Verité Historique*, elle doit être sans doute d'un fort grand prix, sur tout si nous considérons combien le genre humain a souffert faute de cette vérité, qu'il est présentement si fort intéressé de connoître. Elle fait partie elle-même de la *Verité Morale*. Pour pouvoir juger de l'une, il faut être capabe de distinguer l'autre. Nous sommes tenus d'examiner à fond les mœurs, le caractere, & le génie d'un auteur : & toute personne qui en qualité d'Historien ou de témoin oculaire nous raconte des choses dont la connoissance intéresse le genre humain, doit, quel qu'il soit, se mettre en credit dans notre esprit par bien des endroits, tant par rapport à son jugement que par rapport à sa candeur & à son désintéressement, avant que nous soyons obligés de rien embrasser sur sa parole. Et pour ce qui est de la *Vérité Critique*, c'est-à-dire, des regles qu'il faut suivre pour bien juger de ce que les commentateurs, les traducteurs, les paraphrastes, les grammairiens, &c. nous ont étalé à cette occasion, parmi une si grande varieté de style, tant de différentes leçons, d'interpolations, & de corruptions des

(*) *Horat.* De Arte Poëticâ, v. 34.

I 4

IV. PART. §. III. textes originaux, tant de copistes & d'éditeurs, & cent autres pareils accidens auxquels les anciens Livres sont exposés, la chose est enfin devenuë un point d'une fine spéculation; & sur-tout, puisque le lecteur, quelque savant qu'il soit dans les langues, doit encore être muni de plusieurs autres connoissances tirées de la chronologie, de la physique, de la géographie & d'autres sciences.

Cela étant, il est nécessaire d'examiner & d'entendre quantité de *Vérités Préliminaires* pour bien juger de la *Vérité Historique* & du récit des actions des hommes, arrivées depuis long-temps, tel qu'il nous a été transmis par des Auteurs anciens, différens de caractere & d'intérêt, & qui ont vécu en différens pays, & en différens temps. D'ailleurs, il y a certaines vérités morales & philosophiques, si évidentes par elles-mêmes, qu'il seroit plus aisé d'imaginer, que la moitié du genre humain seroit devenu fou, & tombé dans la même espece de folie, que de recevoir pour vrai quelque chose d'opposé à des principes si naturels, si raïsonnables, si conformes au sens commun.

Ce qui m'a sur-tout engagé à jetter ici cette derniere réflexion, c'est qu'aujourd'hui quelques-uns de nos zélateurs semblent ne connoître la VERITÉ, & n'en juger que par le nombre des suffrages. Suivant cette belle regle, s'ils peuvent produire un assez bon nombre de gens d'entre la populace, une troupe de païsans ou de *Fanatiques*, pour attester qu'une sorciere a été vûë percer les airs, *à califourchon* sur un balai, ils triomphent, & s'écrient ſur la preuve ſolide de ce nouveau prodige, MAGNA EST VERITAS, ET PRÆVALEBIT: *Grande eſt la force de la Vérité ; elle aura enfin le deſſus.*

La Religion eſt ſans doute fort obligée à nos partiſans de vains prodiges, qui dans un ſiecle ſi éclairé voudroient la mettre ſur le pied des traditions populaires, & l'appuyer à tout hazard ſur le même fondement que les contes de vieille, & les hiſtoires de Fées, de lutins & de fantômes, qu'on a inventées pour épouvanter les enfans, ou pour donner de la pratique aux *Exorciſtes* vulgaires, & à des *Devins* de profeſſion.

Mais il eſt temps, mon cher Ami, de mettre fin à ces réflexions, de peur qu'en tâchant d'expliquer davantage les choſes, je ne fuſſe obligé de quitter le ton enjoué pour haranguer profondément ſur ces matieres. Du reſte, ſi vous trouviez que j'ai moraliſé paſſablement bien ſelon les idées du *Sens Commun*, & ſans donner dans un jargon myſterieux, je ſerois aſſez ſatisfait de mon travail, tel qu'il eſt, ſans me mettre fort en peine du chagrin que je puis avoir cauſé à quelques graves cenſeurs de ce ſiecle, dont les diſcours & les écrits ſont d'un tour fort différent. J'ai pris la liberté, comme vous voyez, de rire en certaines occaſions ; & ſi j'ai été enjoué ſans fondement, ou ſérieux mal à propos, je ne ſerai point fâché d'être joué à mon tour, Mais ſi l'on me charge d'injures, je ſerai tout auſſi diſpoſé à rire qu'auparavant, & avec un nouvel avantage pour la cauſe que j'ai entrepris de défendre. Car quoi

IV. PART. §. III.

qu'au fond il ne s'agît de rien moins que d'exciter par là la haine, la fureur & la rage de certains zélateurs, supposé qu'ils fussent armés comme ils l'étoient il n'y a pas long-temps, cependant comme le Magistrat a pris soin depuis de leur rogner les ongles, leur emportement bien loin de faire peur a au contraire quelque chose de comique. Il rappelle dans l'Esprit l'idée de ces figures grotesques, de ces faces de dragons qu'on voit souvent sur le frontispice & dans les angles des vieux bâtimens. On diroit qu'on les a mis là pour défendre & supporter l'Edifice : mais, quelque effroyable que soit leur grimace, ils sont aussi peu de mal aux Spectateurs qu'ils sont inutiles au bâtiment. Un grand transport de colere sans effet, est un vrai sujet de farce; & rien n'est plus ridicule qu'une extrême *Fureur*, accompagnée d'une vraie & parfaite impuissance. Je suis, mon cher Ami, tout à vous.

LES MORALISTES, RAPSODIE PHILOSOPHIQUE;

OU

EXPOSÉ

DE QUELQUES CONVERSATIONS

SUR

DIVERS SUJETS

DE PHYSIQUE ET DE MORALE,

IMPRIMÉ POUR LA PREMIERE FOIS

EN L'ANNÉE M DCC IX.

—— *Inter sylvas Academi quærere verum.*

HORAT. Ep. II. Lib. II.

LES
MORALISTES,
RAPSODIE
PHILOSOPHIQUE.

PREMIERE PARTIE.

SECTION I.

PHILOCLES A PALEMON.

QUEL Mortel, Palemon, s'il lui eſt jamais I.
arrivé d'entendre parler de vous, s'imagineroit PART.
qu'un génie propre aux plus importantes affai §. I.
res, & qui s'eſt formé à la cour & dans les camps, eût tant de goût pour l'étude & la Philoſophie? Qui pourroit croire qu'un homme de votre rang & de votre autorité dans le grand monde, eût tant de liaiſon avec le monde ſavant, & qu'il s'intéreſſât ſi vivement pour des hommes ſi incommodes pour la plupart des autres, & ſi peu à la mode.

Je ſuis bien perſuadé que vous êtes le ſeul homme bien-né qui ſe ſoit aviſé de parler Philoſophie au milieu de ce cercle brillant, où nous nous trouvâmes hier dans le Parc. Comment concilier les objets que vous vîtes avec ceux de vos ſpéculations? c'eſt ce que je ne

I. PART. §. I. concevois pas. Tout ce que je pus conclure, c'est ou que vous aviez une passion extravagante pour la Philosophie, puisque vous quittiez pour elle tant de charmes séduisans; ou que quelqu'un de ces tendres objets avoit un effet extravagant, qui vous forçoit d'avoir recours à la Philosophie.

Dans l'un & l'autre cas, je vous plaignois également: je me croyois, de mon côté plus heureux, *d'avoir moins d'amour* pour la Philosophie. Il vaut mieux, admirer la beauté & la sagesse avec plus de modération. Il vaut mieux s'engager avec assez de précaution pour être sûr de retirer son cœur sain & sauf, & de conserver le même goût pour les amusemens du monde: car ce sont-là des choses, qu'on ne céderoit pas volontiers, à ce qu'il me semble, pour la belle passion d'un de ces Messieurs qu'on nomme *Virtuoses*.

Oui, je donne ce nom au Philosophe, comme à l'amant. L'un me paroît le mériter à aussi juste titre que l'autre. L'homme épris d'un objet est toujours le même, quelque soit cet objet: la Poësie, la Musique, la Philosophie, ou une Belle. C'est ce que l'on peut reconnoître, à des regards arides, une admiration outrée, un air rêveur, des distractions, un babil éternel sur un même sujet &c. Tristes symptômes!

Mais tout cela ne vous a pas effrayé, Palemon. Vous êtes un de ces Paladins que le péril anima, loin de les décourager; & à présent il faut, pour vous contenter, faire l'histoire de vos Avantures Philosophiques. Je dois vous les remettre toutes ſous les yeux; & vous en préſenter un detail complet, qui ſera, en quelque ſorte comme un Monument de cette Converſation deplacée, ſi contraire au goût regnant de la Galanterie & du Plaiſir. I. PART. §. I.

J'avoue cependant qu'il eſt à la mode chez nous de parler Politique dans quelque ſociété que l'on ſe trouve, & de mêler des entretiens ſur les affaires d'Etat à ceux qui concernent le plaiſir. Au reſte on n'approuve pas une pareille liberté en Philoſophie, & on ne regarde point la Politique comme une de ſes dépendances. On ne penſe pas même qu'elles ayent la moindre analogie, tant les Modernes ont dégradé la Philoſophie, & l'ont dépouillée de ſes principaux droits!

Souffrez, Palemon, que je la plaigne puiſque vous m'avez engagé à elle dans un tems où elle a ſi peu de crédit. Elle n'a plus d'action, & elle ne peut gueres ſe préſenter ſur le théâtre. Nous l'avons confinée dans la pouſſiere des Colleges, & autant avilie que les eſclaves condamnés à travailler aux mines. Elle a pour principaux Eleves des Empiriques & de pédans Sophiſtes. Ses plus brillantes productions ſont des Sillogiſmes & de l'Elixir. Loin de produire des Hommes d'Etat comme autrefois, à peine trouve-t-on un perſonnage diſtingué dans les affaires, qui reconnoiſſe lui avoir la moindre obligation. Si un petit nombre de gens viſitent encore ſon ſanctuaire, c'eſt de la même maniere que le *Diſciple de qualité* elle voit ſon Maître, *ſecretement & de nuit.*

Cependant quelque ſoit l'abbaiſſement de la

I. PART. §. I.

Philoſophie, ſi l'on accorde que la Morale en eſt une branche, la Politique eſt néceſſairement de ſon reſſort: car pour comprendre les mœurs & les conſtitutions des hommes *en Société*, il faut étudier l'homme individuel & le connoître en lui-même, avant qu'on l'examine comme aſſocié à d'autres, ou comme membre d'un Etat. Rien de plus ordinaire que de raiſonner ſur l'homme, en tant qu'il fait partie d'une Nation, & qu'il a rapport au corps politique par ſa naiſſance ou ſa naturaliſation. Mais conſidérer le *Citoyen du Monde*, voir ſon but & ſa conſtitution dans la Nature, c'eſt une ſpéculation qui pourra paſſer pour un peu difficile & trop ſubtile.

On alléguera peut-être contre ces *Recherches Morales*, que les Auteurs qui s'en ſont mêlés, s'en ſont acquittés d'une maniere qui doit dégoûter les plus habiles d'une pareille entrepriſe. Des pédans Scholaſtiques, qui ont traité cette matiere, ont répandu le ridicule de leur méthode ſur les ſujets mêmes. On n'épargne rien en ce genre dans les bonnes compagnies: le moindre mot philoſophique inſpire du dégoût & donne de l'humeur. Que l'Erudition ſe préſente, c'eſt une pédanterie; ſi c'eſt la Morale, c'eſt un Sermon.

Il faut convenir cependant que cette délicateſſe ſcrupuleuſe nous fait perdre les reſſources mâles du ſavoir & de la ſaine Raiſon; ce qui eſt un déſavantage réel de nos Sociétés modernes. Le Beau-Sexe, pour qui nous affectons d'avoir cette condeſcendance, pourroit nous mépriſer avec fondement, & rire de ce que des

des hommes prétendent imiter la douceur & la molesse de ses entretiens. Ce n'est pas flatter les femmes, que de nous piquer de prendre leurs mœurs, & de devenir effeminés. Les pensées, le langage & le stile, de même que le son de voix & tout l'extérieur d'un homme, doivent annoncer ce caractere mâle & cette apreté naturelle qui distinguent son sexe. Quelque politesse que l'on affecte, c'est plutôt défigurer le discours, que d'y mettre de la délicatesse.

Il n'est point d'Ouvrage d'esprit qui puisse avoir sa perfection sans cette énergie & cette hardiesse qui lui donnent du corps & des proportions. Une bonne figure, disent les Peintres, doit avoir des *muscles* aussi bien que des couleurs & de la draperie. De même tout Ecrit, ou Discours, sur un sujet de quelque importance, ne peut paroître qu'énervé, lorsqu'on n'y trouve ni force de raisonnement, ni citations de l'Antiquité, ni monumens de l'Histoire naturelle de l'Homme, ni rien qu'on puisse appeller Erudition: mais c'est le comble du ridicule quand on n'y rencontre que des idées frivoles, ou des gentillesses galantes.

Cela me fait souvenir d'une chose, dont j'ai souvent cherché la raison, savoir pourquoi nous autres Modernes, qui donnons tant de *Traités* & d'*Essais*, nous nous prêtons si rarement au stile du Dialogue, qui seroit cependant la meilleure méthode d'écrire, même sur les plus graves sujets. La vérité est que ce seroit un détestable mensonge de ce siecle, de rassembler tant de bon sens dans une Conver-

I. PART. §. I. ſation, que le tout pût ſe ſoutenir ſans la moindre inconſéquence pendant une heure entiere, juſqu'à ce que le ſujet propoſé fût bien éclairci.

Peindre, deſſiner ou décrire contre les apparences de la Nature & de la Vérité, c'eſt une licence qui n'eſt permiſe ni au Peintre ni au Poëte. Le Philoſophe peut encore moins jouir de ce privilege, & ſurtout dans ſon genre. S'il repréſente ſes principes & ſes ſpéculations, comme ſi cela figuroit réellement dans nos entretiens; s'il triomphe dans la diſpute, de maniere que ſa *Sageſſe* ſoit victorieuſe de celle du beau monde, il ſe rendra ridicule, & ſe fera peut-être perſiffler.

On dit que le Lion s'entrétenant poliment avec l'Homme, refuſa ſagement de lui céder la ſupériorité de force, lorſqu'au lieu de montrer des faits, l'Homme ne produiſit que certaines peintures des victoires de ſon eſpece ſur celle du Lion. L'Animal ſentit que ces chef-d'œuvres n'étoient que des impoſtures humaines, dont il avoit droit d'appeller. Peut-être que s'il eut été témoin de quelques combats pareils à ceux que l'Art de l'Homme lui mettoit ſous les yeux, l'expérience l'auroit ébranlé. Mais de vieilles images d'un Hercule, d'un Théſée ou de tout autre Gladiateur, ne pouvoient faire grande impreſſion ſur lui, lorsqu'il ne voyoit point d'adverſaire qui oſât lui diſputer le terrain.

Il n'eſt donc pas fort étonnant que les peintures morales en forme de Dialogues, ſoient tellement hors de mode, & qu'on ne voie plus de ces tableaux philoſophiques: car où ſont les *Originaux*? Et ſi nous avions le bonheur, vous ou moi de découvrir un Dialogue de cette eſpece & de le trouver bon, penſez-vous, Palemon, qu'il fût goûté du beau monde?

Vous ſavez de même qu'il y a dans cette Philoſophie Académique que je vais expoſer, une méthode de *doute* qui ne convient pas au génie de notre âge. Les hommes veulent prendre leur parti bruſquement; ils ne peuvent pas ſouffrir l'irréſolution. L'examen les excede, & ils cherchent à s'en tirer le plutôt qu'ils peuvent. Ils s'expoſent au courant de la Raiſon, comme s'ils alloient ſe noyer. Ils ſemblent entraînés ſans ſavoir où, & ils ſont prêts à s'accrocher à la moindre branche; après quoi ils s'arrêtent à tout hazard, plutôt que d'eſſayer leur force à ſe ſoutenir ſur les flots. Celui qui tient une *Hypotheſe*, même la plus foible, eſt fort content. Il peut réſoudre toutes les objections; quelques termes *techniques* répondront à tout, ſans qu'il ſe donne beaucoup de peine.

Ce n'eſt pas une merveille que, dans ce ſiecle, la Philoſophie des *Alchimiſtes* ait tant d'aſcendant, puiſqu'elle promet tant de prodiges, & qu'elle demande plutôt le travail des mains que celui de la tête. Nous avons une furieuſe manie d'être créateurs, ou du moins un violent deſir de connoître le ſecret de la Nature. Tous nos Philoſophes aſpirent par la théorie à ce que les Alchimiſtes attendent de la pratique. Il y en a qui ont rêvé aux moyens de faire un homme par d'autres expédiens que ceux que la

I. PART. §. I.

Nature indique. Chaque Secte à sa Recette particuliere : quand vous êtes au fait, la Nature est sous vos loix ; vous donnez la solution de tous ses phénomenes ; vous pénétrez tous ses desseins, & vous pouvez rendre compte de toutes ses opérations. Peut-être qu'au besoin vous travailleriez pour elle. On seroit tenté de croire au moins que chaque Secte moderne a cette présomption. Tous leurs partisans sont des Archimedes, chacun dans son genre ; & si cet Ancien se vanta de remuer le monde, ils en peuvent faire un autre à moindre frais.

En un mot, il y a de bonnes raisons qui nous rendent ainsi superficiels, & conséquemment dogmatiques en Philosophie. Nous sommes trop indolens, trop efféminés & même un peu trop poltrons pour oser *douter*. Le ton décisif nous va mieux ; il convient également à nos vices & à notre superstition. Tout sentiment chéri est en sureté par ce moyen. Si nous avons épousé, en faveur de la Religion, une Hypothese, dont nous nous imaginons que la Foi dépend, ce saint préjugé nous rend opiniâtres. Si des mœurs corrompues nous font rompre avec la Religion, c'est la même chose : nous craignons autant le *doute*. Il faut être sûr quand on dit *Cela ne sauroit être* ; ou *C'est une chose démontrée* : car autrement, *ne pas savoir*, *c'est accorder*.

Ainsi nous avons besoin de connoître tout, sans être obligés de rien examiner. C'est pourquoi la Philosophie la plus désagréable doit être celle qui ne roule pas sur une Hypothese établie, qui ne nous offre aucun Systême satisfai-

ſant, qui ne parle que de probabilités, de re- I.
cherches; de précautions pour ne pas s'en laiſ- PART.
ſer impoſer. Telle eſt cependant la Diſcipline §. 1.
Académique, à laquelle on formoit anciennement la jeuneſſe, lorsque non ſeulement la Gymnaſtique avoit ſes lieux d'exercice, mais que la Philoſophie avoit encore de grands Athletes. La Raiſon & l'Eſprit avoient leur Académie, & faiſoient leurs preuves, non pas pour la forme & en ſecret, mais publiquement dans une auguſte aſſemblée; & c'étoit-là un exercice qui heureuſement étoit du bon ton. Les plus grands hommes ne dédaignoient pas d'y prendre part dans le loiſir que leur laiſſoient les ſoins de l'adminiſtration, & juſqu'aux derniers momens de leur vie. De-là cette méthode de *Dialogue*, & la patience avec laquelle on diſcutoit les points controverſés; uſage, dont il ne reſte preſque pas la moindre trace dans nos entrétiens modernes.

Voyez par conſéquent, Palemon, quel ſera l'effet de notre *Tableau*, & ſurtout dans le jour déſavantageux où vous avez voulu qu'on le mît: car qui auroit imaginé de mettre l'auſtere Philoſophie en parallele avec la gaieté, l'eſprit & le caractere de notre Age? Si cela peut vous faire honneur, j'en ſuis charmé: le projet eſt à vous. C'eſt vous qui avez formé cette union inégale. Je vous laiſſe donc le ſoin du ſuccès, & je vais commencer un travail que mon mauvais ſort & vous, me faites entreprendre ſous des auſpices peu favorables, & pour lequel je puis hardiment implorer le ſecours des Muſes; car c'eſt la tentative d'un Poëte.

SECTION II.

I. PART. §. II. MISERABLE *état de l'Humanité !.... Triste Nature, d'avoir ainsi manqué son principal ouvrage !.... Quelle est la source de cette fatale foiblesse ?.... Quel hazard, quelle destinée accuserons-nous ? Ou ferons-nous attention à ce que les Poëtes rapportent de ton Prométhée, lorsqu'ils chantent ta catastrophe. Tu dérobas le feu du ciel pour animer une vile argile; tu formas en dépit des Dieux & à leur image cet homme, cet infortuné Mortel, qui fait son propre malheur & celui de tout le reste....*

Que dites-vous, Palemon ? Quelle est cette nouvelle saillie? Avez-vous oublié que vous déclamiez sur ce ton romanesque contre le genre humain, le jour même où toute la Nature brilloit du plus bel éclat, & où notre *Espece* me sembloit si belle & si excellente?

Mais ce n'étoit pas à toute la Création que vous en vouliez alors: vous n'étiez pas prévenu contre toutes sortes de beautés. La verdure des campagnes, les perspectives, un bel horison, des nuages de pourpre embellis par le soleil couchant; tout cela avoit des charmes bien capables de faire impression sur vous. Vous me permettiez de l'admirer tant que je voudrois, mais sans souffrir que je vous parlasse de certaines Beautés de notre Espece qui nous touchoient de plus près, & qu'il étoit plus naturel d'admirer à notre âge. Votre sévérité cependant ne put pas me réduire au silence sur ce sujet. Je continuai à plaider la cause du beau ſexe, & je mis leurs appas au deſſus de tous ceux de la Nature. Et quand vous tirâtes avantage de ce contraſte pour faire voir combien il y avoit d'art & peu de naturel dans ce que j'admirois, je combattis pour les Belles le mieux qu'il me fut poſſible, & tant qu'il en reſta une ſur le champ de bataille.

I. PART. §. II.

J'étois fort étonné qu'un Génie ſi porté pour la Poëſie, conçût un dégoût ſi ſoudain pour les Poëtes modernes & les autres Ecrivains galans dont je vous citois l'autorité, comme ſupérieure à celle des Anciens, en faveur du Beau-Sexe & de ſes Privileges. Vous traitâtes bien cavaliérement cette autorité, diſant avec quelques critiques, que la galanterie étoit une invention moderne ; que les Anciens connoiſſoient trop bien la vérité & la nature pour donner dans une frivolité qui les eût deshonorés.

Ce fut en vain que j'eus recours à ce moyen de défenſe. Je n'avançai pas ma cauſe en rapportant toutes les belles choſes que l'on dit pour l'ordinaire dans le ſtile des Romans, à la gloire des femmes. Vous eûtes la hardieſſe d'attaquer la Galanterie dans ſon fort, & de tourner en ridicule le point d'honneur avec tous ſes ſentimens alambiqués & ſon cérémonial. Vous proſcrivîtes mêmes juſqu'aux *Nouvelles* que vous aimez, juſqu'à ces Pieces tendres, délicieuſes & naturelles, écrites, pour la plupart, par des femmes. En un mot, vous condamnâtes abſolument ce genre d'Ecrits comme faux, monſtrueux, gothique, hors de la Nature, fruits extravagants de l'eſprit de

I. PART. §. II. *Chevalerie* : goût que vous préfériez cependant en lui-même à celui d'aujourd'hui. En effet dans un tems où le myſtere de la Galanterie étoit lié à la vaillante Chevalerie ; où les Belles étant témoins & comme parties dans les hauts faits d'armes, entroient dans tous les démêlés des Paladins, & ſe gagnoient à la pointe de la lance ; alors il n'étoit pas ſi abſurde, ſelon vous, que ſur ce grand prétexte on leur rendît des hommages, qu'on les adorât, qu'on les établît pour modeles du Bel-Eſprit & des manieres, & qu'on ſoumît le genre humain à leur empire. Mais dans un Pays, où la Religion n'admet aucune *Sainte*, où l'Autorité défend d'adorer même la plus jolie Créature, c'eſt disiez-vous, une action auſſi impertinente & abſurde que profane, de déifier le Sexe, de le mettre au deſſus du rang que la Nature lui a aſſigné, & de le traiter avec un reſpect, dont il a même lieu de ſe plaindre, comme étant contraire au véritable amour.

A l'égard des *Mœurs*, ajoutiez-vous, rien de plus ſurprenant que la licence que cette folie galante a introduite dans le monde. Vous ne conceviez pas ce que vouloient dire ces complimens flatteurs que l'on fait à tout le ſexe en *commun* ; à moins que ce ne fut pour rendre les femmes abſolument *communes*, & faire entendre à chaque Belle que le Public a droit ſur elle, & que la beauté eſt une choſe trop divine pour en faire une propriété & en jouir excluſivement.

Dans ces entrefaites, la compagnie nous laiſſa ſeuls : le beau monde que vous frondiez ſi ſévérement, ſe retira promptement; car il ſe faiſoit tard. Je pris garde alors que les objets de la nuit vous étoient plus agréables, à cauſe de la ſolitude qu'ils alloient vous procurer; je conçus enfin que la Lune & les Planettes, qui commençoient pour lors à paroître, étoient le ſeul ſpectacle qui convînt à un homme de votre caractere: & vous commençâtes à parler avec une extrême ſatisfaction des Etres naturels, & de tous les ordres de Beautés, à l'exception de l'Homme. Jamais je n'ouis une plus belle deſcription que celle que vous fîtes de l'ordre des Corps lumineux, des orbites des Planettes & de leurs Satellites. Et vous, Palemon, qui ne vouliez rien accorder à ces belles lumieres terreſtres, dont nous étions environnés; vous qui ne paroiſſiez pas faire attention à ce brillant ſpectacle, vous jettâtes les yeux avec tranſport ſur cette autre ſcene qui offroit à vos ſpéculations une foule de Mondes inconnus. Après que la premiere ardeur de votre imagination ſe fut un peu rallentie, je fis mes efforts pour vous engager à raiſonner plus tranquillement avec moi ſur cette autre partie de la création, c'eſt-à-dire votre Eſpece, pour laquelle vous marquiez tant d'averſion, qu'on vous eût pris pour un Miſantrope, pour un autre *Timon*.

I. PART. §. II.

„ Pouvez-vous, ô Philoclès! me diſiez-vous „ d'un ton pénétré; pouvez-vous croire que „ je ſois de ce caractere? Pouvez-vous ſé„ rieuſement vous imaginer qu'étant Homme, „ & ſentant ma nature, j'aie aſſez peu d'hu„ manité pour ne pas éprouver les affections

I. PART. §. II.

„ d'un Homme? Penferiez-vous que l'intérêt
„ de mon Efpece me touchât fi peu, que je
„ fuffe indifférent fur ce qui le concerne?
„ Suis-je donc un fi mauvais Patriote? Trou-
„ vez-vous que je fois un fi mauvais Ami?
„ Car les rapports des hommes ne font rien au-
„ tre chofe. Que deviennent les nœuds de
„ l'amitié particuliere, fi nous ne devons rien
„ au genre humain? Y a-t'il un lien dans la
„ Nature, fi celui-là n'en eft pas un? Ah!
„ Philoclès, croyez-moi, quand je vous dis
„ que je fens tout cela, & que l'Humanité
„ agit fortement fur moi. Ne vous imaginez
„ pas que je vouluffe rompre volontiers ma
„ chaîne. Ne vous figurez point qu'avec cet-
„ te forme & un cœur humain, je fois affez
„ dénaturé pour étouffer dans mon ame tout
„ fentiment d'amitié, de compaffion & de ten-
„ dreffe pour mes femblables.... Mais quelle
„ corruption! quels défordres! quel boulever-
„ fement! ... N'avez-vous pas obfervé, lorf-
„ que tout ce terrain étoit couvert d'une com-
„ pagnie délicieufe, comme tout paroîffoit
„ tranquille.... Quels charmes dans les affem-
„ blées publiques! Quel éclat dans les Cours!
„ Que chaque vifage femble content! Que
„ tout le monde eft civil & honnête! Quel
„ eft l'Etre capable de réflexion, qui, à ce
„ fpectacle du genre humain, fans recherches
„ ultérieures, ne prendroit notre terre pour
„ un fejour célefte? Quel eft l'Etranger (je
„ fuppofe un habitant de quelque Planette voi-
„ fine) qui voyageant chez nous, & contem-
„ plant la face extérieure des chofes, fe dou-

„ teroit de ce que couvre le masque? .... I. PART. §. II.
„ Mais qu'il s'arrête un moment; qu'il ait le loisir de regarder de plus près, qu'il suive tous les acteurs de nos assemblées dans leurs retraites particulieres, & qu'on lui permette de les examiner sous ce nouvel aspect..... Il verra ces grands Ministres, qui paroissoient si bons amis, il n'y a qu'une heure, occupés secrettement à se perdre les uns les autres, & à tramer la ruine de l'Etat pour assouvir leur ambition. Il verra des gens plus paisibles, qui négligent les conseils de l'ambition pour suivre uniquement l'amour. Cependant, Philoclès, qui croiroit.....

Vous vous souvenez qu'à cet endroit, je vous fis voir la légéreté de mon caractere, & qu'il m'échappa un éclat de rire. Je ne me serois pas flatté que vous me pardonneriez cette boutade, si je ne vous en eus point exposé la vraie raison. J'étois bien affecté de ce que vous disiez: mais je supposois qu'après avoir dit un mot de l'ambition, vous aviez un motif particulier pour tomber directement sur les pauvres amoureux. Je crus d'abord que vous aviez de la bile, & ensuite je décidai que vous aimiez si malheureusement, que vous aviez raison de vous plaindre de l'infidelité. Voilà, disois-je en moi-même, ce qui a échauffé Palemon; voilà pourquoi il trouve le monde si pitoyable: de-là cette *corruption* & ces *désordres* qu'il déplore.

Après vous avoir demandé grace pour mon indiscrétion, qui cependant occasionna, par un heureux hazard, certain changement dans

I. PART. §. II.

votre humeur, nous nous mîmes à raiſonner avec plus de ſang froid ſur la nature & la cauſe du *Mal* en général. Nous examinâmes par quelle avanture, qu'elle fatale néceſſité, quelle volonté ou quelle permiſſion, il étoit entré dans le monde; & pourquoi il s'y ſoutenoit. Cette diſcuſſion que les petits Raiſonneurs expédient bientôt, parut épineuſe à un homme de votre jugement & de votre pénétration. Elle nous conduiſit inſenſiblement à un examen ſcrupuleux de la Nature, que vous accuſiez vivement de pluſieurs ſottiſes relativement au genre humain & à ſon état particulier.

J'aurois bien voulu vous inſpirer des ſentimens plus favorables pour elle, & vous réſoudre à peſer ſes défauts avec plus d'équité. Mon principe étoit que tout le mal ne ſe trouvoit pas raſſemblé dans un ſeul endroit, comme vous le prétendiez; mais que chaque choſe avoit ſes inconvéniens. Le plaiſir & la douleur; la beauté & la difformité, le bien & le mal, me paroiſſoient mêlés partout; ce qui formoit, à mon avis, un bel enſemble, & aſſez agréable pour le fond. Je le comparois à ces riches étoffes, où les fleurs contraſtent bizarrement, & rendent l'ouvrage ſi irrégulier, que cela fait un mauvais effet dans un échantillon, quoique toute la piece ſoit très-bien.

Mais vous donniez toujours dans les extrêmes: rien ne pouvoit diſculper dans votre eſprit les défauts de cette partie de la création qu'on appelle le genre humain, quoique tout le reſte fût parfait & ſans tache. Les orages & les tempêtes mêmes excepté celles qui s'élevent dans le cœur humain, avoient des agrémens pour vous. Vous ne condamniez la Nature qu'au ſujet de la race turbulente des Mortels: & je conçois à-préſent pourquoi l'Hiſtoire de Prométhée vous a jetté dans de tels tranſports. Il vous auroit fallu un ouvrier tel que celui-là pour former l'homme tel que vous le ſuppoſez. Vous auriez bien voulu que ſes avantures fuſſent déclarées canoniques par les Théologiens, pour juſtifier l'Etre Suprême ſur un ſi mauvais ouvrage, & pour pouvoir déclamer contre ſans profanation.

Ce conte n'eſt cependant, comme je vous le diſois, qu'un foible ſubterfuge, imaginé par les Poëtes dévots de l'Antiquité. L'Hypotheſe d'un Prométhée répondoit facilement à tout. Pourquoi le genre humain avoit-il originairement tant de folie & de perverſité? Pourquoi tant d'orgueil, d'ambition & d'étranges déſirs? Pourquoi tant de maux & de diſgraces accumulés ſur ſa poſtérité? C'étoit Prométhée qui avoit cauſé tout cela: le malheureux travail de l'Artiſte offroit une ſolution à tout. C'étoit ſon invention, diſoit-on, & c'étoit lui ſeul qui en étoit comptable. On croyoit gagner beaucoup en éludant la difficulté, & en écartant la *Cauſe du mal.* Si le peuple faiſoit une queſtion, on lui donnoit une hiſtoire. Il n'y avoit que quelques Philoſophes qui fuſſent aſſez tracaſſiers pour aller plus loin, & propoſer une ſeconde queſtion.

Réellement on ne peut s'imaginer, continuai-je, de quelle utilité eſt un Conte pour amuſer de grands enfans, & combien il eſt facile de

I. PART. §. II.

payer en cette monnoie le gros des hommes, plutôt que par de ſolides raiſons. Il ne faut pas tant ſe moquer de ces Philoſophes de l'Inde, qui pour expliquer au peuple la fabrique de cet Univers, lui diſent qu'il eſt ſoutenu par un Eléphant.... *Et qui ſoutient l'Eléphant ?* Queſtion embaraſſante, & à laquelle on ne devroit nullement répondre : c'eſt dans ce point ſeul que ces Philoſophes ſont repréhenſibles. Ils devroient ſe contenter de l'Eléphant ſans aller plus loin. Mais ils ont une Tortue en reſerve, dont ils font le dos aſſez vaſte pour cela ; de ſorteque la Tortue porte ce nouveau fardeau, & en conſéquence, la ſolution eſt encore plus mauvaiſe qu'auparavant.

La Fable de Prométhée ne reſſemble pas mal à celle-ci. Les Mythologiſtes Grecs prirent ſeulement garde de ne pas paſſer la premiere hypotheſe. Prométhée ſeul ſuffiſoit pour décharger Jupiter : on ſuppoſe que ce Dieu n'étoit que Spectateur. On auroit dit qu'il avoit réſolu de reſter neutre, & de voir ce que produiroit cette fameuſe expérience, comment ce dangereux faiſeur d'hommes s'en tireroit, & quel ſeroit le réſultat de cette ſinguliere beſogne. Excellent ſyſtême pour contenter le vulgaire dans le Paganiſme. Mais comment croyez-vous qu'un Philoſophe auroit pu le digérer. „ Les Dieux, auroit-il dit, pouvoient empêcher que Prométhée ne fit le Créateur, ou ils ne le pouvoient pas. S'ils le pouvoient, ils doivent répondre des conſéquences ! s'ils ne le pouvoient pas, ils n'étoient plus des Dieux, puiſqu'ils étoient ainſi limités & contraints.

„ Soit que Prométhée défignât le *Hazard*, la „ *Deſtinée*, une *Nature plaſtique*, un *Demon*, „ ou toute autre Cauſe, c'étoit toujours faire „ la même injure à la *Toute-Puiſſance* d'un „ Etre Suprême."

I. Part. §. II.

Qu'une entrepriſe auſſi importante que celle de la Création, ait été tentée par un Etre borné dans ſon pouvoir & dans ſa prévoyance; c'eſt ce qui ne vous paroiſſoit ni ſage ni juſte. Mais vous accordiez qu'il en avoit prévu les conſéquences, lorſqu'il ſe propoſa ce travail; & quoiqu'il connût l'événement, vous niez qu'il eut mieux valu qu'il s'en diſpenſât. „ Il „ valoit mieux que le projet s'exécutât, quoi- „ qu'il pût arriver au genre humain, quelque „ dût être la ſituation du grand nombre: car „ il eſt impoſſible, diſiez-vous, que le ciel „ ait agi autrement que pour *le mieux*; de ſor „ te que de la miſere & du mal de l'Homme, „ il en réſulte quelque bien, quelque avanta- „ ge qui emporte la balance, & ſert d'un am- „ ple dédommagement."

Je fus ſurpris que cet aveu vous fût échappé: je vis bien qu'il vous gênoit. Je profitai de votre embarras pour prendre votre rôle contre vous-même; exagérant comme vous la corruption des hommes, je vous mis dans le cas de m'expliquer le bien qui pouvoit en réſulter, & les beaux effets de ces ſcenes tragiques que vous m'aviez peintes d'une maniere ſi pathétique. Il falloit que vous me diſiez s'il ne falloit pas avoir une Foi Philoſophique bien vigoureuſe pour ſe perſuader que tant d'horreurs n'étoient que les ombres néceſſaires à un beau

I. PART. §. II. tableau; ou si vous trouviez bon que la Cause suprême se réglât sur la Maxime de *Faire du mal pour faire du bien*, quoiqu'elle ne vous accommodât gueres dans les Hommes.

C'est ce qui m'a rappellé la méthode de nos modernes Prométhées, de ces Bateleurs qui opéroient tant de prodiges sur nos petits Théâtres de la terre. Ils pouvoient *créer des maladies* & *faire du mal* pour *guérir* ensuite & *réparer* tout. Mais prétendra-t'on que le ciel a employé les mêmes moyens? Oserons-nous ériger les Dieux en autant d'*Empiriques*, qui tourmentent la triste Nature pour son bien? „ Est-ce pour „ cela qu'elle est malade? Innocente comme „ elle est, d'où lui vient ce malheur, ou son „ dérangement? Si elle eût été originairement „ saine & robuste, elle auroit toujours persé„ véré dans cet état. Il n'étoit pas de l'hon„ neur des Dieux de la laisser à elle-même, „ avec des défauts qui coûteroient cher à ré„ parer. . . . "

Je voulois citer le témoignage d'Homere sur les chagrins de Jupiter au sujet de la mort de Sarpedon, & autres traverses sans nombre que les fatales Sœurs ont fait essuyer aux Dieux. Mais je vis que cette matiere vous déplaisoit. Cependant je vous avois décélé clairement par là mon inclination pour le Scepticisme; & vous m'objectâtes non seulement la Religion; mais vous fîtes encore des reproches relativement à la Galanterie que j'avois défendue quelque tems auparavant. C'est ce qui fit un double chef d'accusation contre moi, lorsque vous vous apperçûtes que je ne tenois à rien; & que j'éj'étois également prêt à déclamer contre le Beau-Sexe, comme à plaider sa cause, & à faire l'apologie de la Morale galante. C'étoit-là ma méthode, disiez-vous, dans toutes les disputes; les raisons alternatives des systêmes me convenoient également; je ne m'inquiétois jamais de la réussite de mes sillogismes, mais je riois toujours, quelle que fût leur fortune; & même lorsque je persuadois les autres, je n'avois par l'air d'être persuadé.

Je convins, Palemon, que vos reproches étoient assez fondés. Je vous dis que j'aimois surtout d'être à mon aise, & que je préférois, entre tous les Philosophes, ceux qui raisonnoient le plus à leur aise, qui ne se troubloient & ne s'aigrissoient jamais : vous convîntes que les Sceptiques étoient dans ce cas. Je vous déclarai que je regardois leur Philosophie comme le plus joli, le plus agréable & le plus vif exercice du monde; tandis que celle des autres me paroîssoit pénible & laborieuse. Quoi, rester toujours confiné dans le même cercle; tendre constamment à un certain point, & s'attacher précisément à ce que les hommes ont appellé, au hazard, la *Vérité*, & qu'il est bien difficile de déterminer ? D'ailleurs, mon goût ne nuit à personne. J'étois le premier à céder en toute occasion, & dans les matieres religieuses, il n'y avoit point de raisonneur qui s'éloignât davantage de la mauvaise doctrine & de la profanation. Je n'aurois jamais pu avoir la présomption de rompre en visiere à mes spirituels & savans Supérieurs. Personne ne comptoit moins que moi sur son intelligence; & je

I. PART. §. II. n'étois point du nombre de ceux qui mettent la Raiſon au deſſus de la Foi, & qui inſiſtent fortement ſur ce que les Philoſophes dogmatiques appellent *Démonſtration* pour l'oppoſer aux Myſteres ſacrés de la Religion. Et pour vous montrer, ajoutai-je, qu'il eſt impoſſible que des gens qui penſent comme moi, s'écartent jamais de l'Orthodoxie, je vous prie d'obſerver qu'au lieu que les autres prétendent voir avec leurs propres yeux, ce qui les accommode davantage dans la Religion; nous au contraire, ne prétendons rien voir qu'avec les yeux de nos Guides Spirituels. Nous ne préſumons pas d'ailleurs de juger ces Guides nous-mêmes: mais nous nous ſoumettons humblement à leur conduite, parce qu'ils ſont établis par le Gouvernement. En un mot, vous autres *Rationaliſtes*, qui cherchez la Raiſon en tout, vous prétendez auſſi connoître tout, tandis que vous ne croyez rien ou preſque rien. Pour nous, nous ne ſavons rien, & nous croyons tout.

Je m'arrêtai ici; & vous vous contentâtes de me demander froidement, ſi avec tout ce beau Scepticiſme, je ne faiſois pas plus de diſtinction entre la ſincérité & le défaut de candeur dans les *Actions*, qu'entre la vérité & l'erreur, le bien & le mal, dans mes *Argumens*?

Je n'oſai demander quel étoit le but de votre queſtion: je craignois de le voir trop clairement, & de vous avoir donné lieu, par le ton libre que l'on contracte dans le beau monde, de me ſoupçonner du plus déteſtable Scepticiſme; c'eſt-à-dire de celui qui n'épargne rien, & qui renverse tous les principes de la Religion & de la Morale. I. PART. §. II.

Pardon, vous dis-je, honnête Palemon; vous êtes offensé, je le vois, & ce n'est pas sans sujet. Mais que diriez-vous si je tâchois d'expier la licence que j'ai prise, en me servant de la prérogative des Sceptiques, pour soutenir hautement la cause que j'ai combattue. Ne nous figurez point que j'ose aspirer à la gloire de défendre la Religion révélée, ou les saints Mysteres du Christianisme. Je suis indigne de cette entreprise, & je profanerois le sujet. C'est de la simple Philosophie que je parle, & je ne veux que voir & recueillir ce qu'elle peut me fournir pour faire tête aux Athées, & rétablir ce que j'ai proposé de relâcher dans le Systême du Théisme.

Votre projet, me dîtes-vous, me reconcilie avec votre caractere, que je commençois à soupçonner: car quelque horreur que j'aie du Déisme en tant qu'il exclut la Révélation, je considere toutefois le Théisme comme le fondement de toute Religion. Je crois que pour être bon Chrétien, il faut commencer par être bon Théiste. Il n'y a que le Théiste qui puisse faire tête au Polythéiste ou à l'Athée; & conséquemment je ne puis souffrir qu'on oppose le Théiste au Chrétien, & que par cette opposition on décrie le plus sacré de tous les noms, le nom de Théiste; comme si notre Religion étoit une espece de culte magique, & qu'elle eut d'autre base que la croyance d'un seul Etre suprême, ou que la croyance d'un seul Etre suprême fondée sur des raisonnemens philosophiques fut incompatible avec notre Religion. Certes, ce ſeroit donner beau jeu à ceux qui, ſoit par ſcepticiſme, ſoit par vanité, ne ſont déja que trop enclins à rejetter toute Révélation.

Mais voyons, continuâtes-vous, ſi vous avez ſérieuſement deſſein de favoriſer de quelque maniere que ce ſoit l'article fondamental de la Religion, ou ſi vous ne voulez que vous jouer ſur ce ſujet, comme il vous eſt arrivé juſqu'ici. „ Quelle que ſoit votre maniere de pen-
„ ſer, Philoclés, je ſuis réſolu de vous en ar-
„ racher l'aveu. Vous ne pouvez plus m'allé-
„ guer que le tems, ou le lieu, n'eſt pas pro-
„ pre à la diſcuſſion de ces graves matieres.
„ Le ſpectacle frivole, dont nous avons été té-
„ moin, a fini avec le jour: tout le monde s'eſt
„ retiré; & l'auguſte appareil de cette Nuit
„ convient aux plus profondes méditations, &
„ aux diſcours les plus ſérieux."

C'eſt ainſi, Palemon, que vous me preſſâtes, juſqu'à ce que je fus forcé de me livrer à un *Enthouſiaſme philoſophique*, dont voici le réſultat.

SECTION III.

Vous allez voir, vous dis-je, en prenant un air grave, ſi je ſais être ſérieux, & il y a apparence que je vais le devenir dans la ſuite. L'extreme gravité que vous aviez tout à l'heure, dans une circonſtance où elle me paroiſſoit ſi déplacée, m'a entraîné peut-être dans un autre excès, en voulant combattre votre humeur mélancolique. Mais je penſe actuellement d'une maniere plus avantageuſe de votre *Mélancolie*, & malgré le tour capricieux que vous jugiez à-propos de lui donner, je ſuis ſûr qu'elle avoit un tout autre fondement que ces cauſes imaginaires que je lui prêtois. C'eſt ſans doute de l'amour dans le fond; mais un amour plus noble que celui que ces Beautés vulgaires inſpirent. . . . .

Je commençai ici à élever la voix, & à prendre le ton vénérable que vous aviez en m'inſtruiſant. „ Connoiſſant auſſi bien, continuai-je, les ordres & les dégrés de la beauté, & les charmes ſecrets des formes particulieres, vous vous élevez à ce qui eſt le plus général, & vous cherchez généreuſement ce qu'il y a de plus ſublime dans ce genre, avec un cœur & une ame auſſi ſublimes, auſſi grands que votre objet. Sans vous laiſſer captiver par les agrémens d'un joli viſage, ou par les belles proportions d'un corps humain, vous pénétrez juſqu'à l'eſprit qui releve leur éclat, & qui fait leur principal ornement.

„ Cependant la jouiſſance d'une ſeule Beauté pareille ne ſuffit pas pour remplir un cœur auſſi généreuſement ambitieux que le vôtre. Il veut combiner plus de beautés, & tâcher de former une belle Société. Votre Ame conſidere les peuples, les rapports des individus, l'amitié, les devoirs; & elle examine comment l'harmonie des eſprits particu-

I. PART. §. III.

„ liers, conſtitue l'harmonie générale, & forme la République.

„ Le bien public d'une Nation ne vous ſatisfaiſant pas encore, vous aſpirez à un plus noble but, & votre zele embraſſe tout le genre humain. Vous contemplez avec plaiſir l'ordre qui ſoutient ce grand intérêt & cette belle correſpondance. Les Loix, les Conſtitutions, les Coutumes Civiles & Religieuſes; tout ce qui polit les mœurs des hommes, les Sciences, les Arts, la Philoſophie, la Morale, la Vertu, l'état floriſſant des affaires humaines, & la perfection de notre nature, voilà les objets qui vous occupent délicieuſement; telle eſt la beauté qui vous touche.

„ Votre Ame, toujours ardente à cette pourſuite, tant elle aime l'Ordre & la Perfection, ne ſe borne pas là: la beauté d'une partie ne peut la contenter; mais étendant plus loin ſa bonté, elle cherche le bien de tous; elle fait des vœux pour le bien général de l'Univers. Fidele à ſa vraie Patrie céleſte; c'eſt là qu'elle cherche l'ordre & la perfection; elle aſpire à trouver ce qu'il y a de mieux, & les loix d'une ſage & juſte Adminiſtration. Elle ne perd jamais l'eſpoir d'en venir à bout.

„ Comme toute eſpérance de ce genre feroit vaine & frivole, s'il n'exiſtoit pas une *Intelligence univerſelle*, qui préſide à tout; puiſque ſans les ſoins d'une Providence Souveraine, le Monde confondu ſeroit livré à toutes ſortes de maux & de calamités; vo-

„ tre Ame généreuſe s'efforce de découvrir la I.
„ Cauſe bienfaiſante qui s'intéreſſe à la proſ- PART.
„ périté de l'Univers, qui l'établit ſur de fer- §. III
„ mes fondemens, qui conſerve la beauté des „ Etres & l'ordre général de la Nature.

„ Voilà, Palemon, de quoi votre Ame s'oc- „ cupe; voilà le ſujet de ſa Mélancolie, lors- „ qu'aſpirant en vain à connoître la Suprême „ Beauté, elle ne rencontre que de profondes „ ténebres qui en interceptent les rayons. Il „ s'éleve alors des monſtres, non pas tels que „ ceux des déſerts de la Libie, mais d'autres „ qui viennent d'une ſource plus féconde en- „ core, le cœur humain, & dont l'horrible „ aſpect ſemble défigurer la Nature. Comme „ on la ſuppoſe abandonnée à elle-même, & „ multipliant toujours ſes fautes & ſes bévues, „ on la mépriſe, on condamne le gouverne- „ ment de l'Univers, & on rejette la Divi- „ nité.

„ On allegue beaucoup de choſes pour dis- „ culper les erreurs de la Nature, & pour fai- „ re voir comment elle peut s'égarer, quoi- „ qu'elle ſoit dirigée par une main infaillible. „ Mais je ſoutiens qu'elle ne s'égare pas, & „ que quand elle paroît agir avec le plus d'i- „ gnorance & d'abſurdité, elle eſt auſſi ſage „ que dans ſes plus ſublimes productions: car „ les hommes ne ſe plaignent point de l'ordre „ du monde, & ne ſont pas révoltés de la fa- „ ce des choſes, lorſqu'ils voient différens in- „ térêts mêlés & unis enſemble, des êtres de „ diverſes eſpeces, ſubordonnées les unes aux „ autres dans leurs opérations. C'eſt au con-

I. PART. §. III.

„ traire, par cet ordre des êtres ſupérieurs & „ ſubalternes, que nous admirons la beauté de „ l'Univers, ainſi établie ſur des *contrariétés*: „ des principes divers & diſcordans forment „ l'*Harmonie générale*.

„ Voilà comment les différens ordres de „ choſes ſe ſubordonnent les unes aux autres „ ſur notre terre avec une réciprocité mer- „ veilleuſe & feconde: les diverſes natures des „ êtres ſe ſacrifient l'une à l'autre, & cedent „ ſans réſiſtance. Les Végétaux, ſoutiennent „ par leur deſtruction, le Regne animal; & „ les corps des animaux une fois diſſous enri- „ chiſſent la terre, & font renaître le Regne „ Végétal. La multitude innombrable des in- „ ſectes devient la proie des eſpeces ſupérieu- „ res des oiſeaux & autres bêtes; tandis que „ celles-ci ſont à leur tour victimes de l'hom- „ me. Mais l'homme ſuccombe enſuite, & „ éprouve le ſort général de toutes les choſes „ créées. Or puiſque ce ſacrifice d'intérêts „ réciproques paroît ſi juſte dans des Natures „ ſi peu élevées l'une au deſſus de l'autre, à „ combien plus forte raiſon toutes les Natures „ ou Eſpeces inférieures doivent-elles être ſou- „ miſes à la *Nature ſupérieure* du Monde; de „ ce Monde, Palemon, qui vous enchantoit „ tout à l'heure, quand la retraite du ſoleil a „ fait place à ces brillantes conſtellations qui „ éclatent ſur nos têtes, & qui offrent à vos „ ſpéculations le vaſte ſyſtême de l'Univers.

„ Il y a des Loix ſupérieures qui ne cedent „ jamais aux puiſſances de la terre. Les for- „ ces qui retiennent les corps céleſtes dans

„ leur juſte équilibre, & qui conſervent leur „ mouvement, ne ſont pas tenues de conſer„ ver des formes paſſageres, & de ſauver du „ précipice un chétif animal, dont la fragile „ conſtitution doit ſi-tôt ſe diſſoudre. L'air „ ambiant, les vapeurs qu'il renferme, les mé„ téores, ou tout ce qui ſert à l'entretien & à „ la conſervation de cette terre, doivent agir „ ſelon leur cours naturel. Tous les Etres „ doivent ſe ſoumettre à la nature du globe „ qui ſoutient tout.

I. PART. §. III.

„ Ne nous étonnons donc pas que les Etres „ animés ſoient ſouvent affligés par des trem„ blemens de terre, des tempêtes, des va„ peurs peſtilentielles, des feux, des inonda„ tions, qui peut-être enveloppent des eſpeces „ entieres dans une ruine générale. Il eſt en„ core beaucoup moins ſurprenant que des „ cauſes ennemies, extérieures ou intérieures, „ défigurent des animaux au moment de leur „ conception, lorsque la maladie infecte le ſie„ ge de la génération, bleſſe les parties qui „ doivent y concourir, & ſuſpend leurs fonc„ tions. C'eſt alors que naiſſent les monſtres: „ la Nature travaille néanmoins toujours auſſi „ réguliérement qu'auparavant, ſans faire la „ moindre mépriſe, ni ſans ſe relâcher dans „ ſes efforts; mais elle eſt ſurmontée par un „ *Rival ſupérieur* & par une autre Puiſſance „ *juſtement* victorieuſe.

„ Il ne faut pas non plus trouver étrange „ que la Forme intérieure, l'Ame ou le Carac„ tere, ſe reſſente de cette difformité acciden„ telle, & ſympatiſe avec un corps qui lui eſt,

I. PART. §. III. „ si intimement uni. Quelle merveille que le „ sentiment soit foible, ou l'esprit depravé, „ puisqu'ils dépendent d'organes si débiles & „ si sujets à se détériorer.

„ Je trouve ici la solution que vous deman„ dez: voilà la cause de ces défauts apparens „ de la Nature: elle n'a rien d'ailleurs qui ne „ soit bon & dans l'ordre. C'est le *Bien* qui „ prédomine: tout Etre corruptible & mortel, „ ne fait que céder par sa mort & sa corrup„ tion à un autre qui lui est supérieur; & tous „ en commun cedent à cette *Nature excellente* „ *& sublime*, qui est immortelle & incorrupti„ ble."

A peine eus-je fini, que vous m'interrompîtes avec un cri d'admiration, en me demandant par quel hazard mon caractere s'étoit si subitement changé, & comment j'adoptois des notions, dont le germe devoit être en mon cœur, puisque je les rendois avec tant de sentiment.

Ah! cher Palemon, répliquai-je, que n'ai je eu l'avantage de vous rencontrer l'autre jour, à mon retour de la Province, où j'avois été voir un Ami, dont l'entretien avoit fait une telle impression sur moi, que nous nous serions merveilleusement accordés. Vous m'auriez cru absolument guéri de mon Scepticisme & de ma Légéreté; vous auriez pensé que je ne plaisanterois plus témérairement sur aucun sujet, & surtout dans des matieres aussi graves & aussi importantes.

Il est vrai, reprîtes-vous, je voudrois vous avoir vu alors, vu que vous eussiez conservé jusqu'à ce moment les heureuſes impreſſions & les ſentimens philoſophiques que vous reçûtes de votre ami. II. PART. §. III.

Quels qu'ils fuſſent, Palemon, vous dis-je, je ne les ai pas tellement perdus, qu'ils ne puiſſent renaître dans l'occaſion: mais je crains... Vous craignez! pourquoi, Philoclès, je vous en conjure? Eſt-ce pour vous ou pour moi?... Pour tous deux, répliquai-je: car quoique je me cruſſe parfaitement guéri de mon Scepticisme, c'étoit parce qu'il me paroiſſoit encore pire, par un Enthouſiaſme complet. Vous ne vîtes jamais un plus agréable Enthouſiaſte.

J'aurois de la peine, me dites-vous, à traiter un Ami d'une maniere ſi cavaliere; & peut-être ne qualifierois-je pas d'Enthouſiaſme, ce que vous appellez ſi librement de ce nom. Je ſoupçonne fortement que vous faites tort à votre Ami; & je ne ſerai pas tranquille que vous ne me détailliez plus amplement cette converſation où il vous parut ſi Enthouſiaſte.

Il faut convenir, répliquai-je, qu'il n'avoit rien de cet air ſauvage des Enthouſiaſtes ordinaires: ſon aſpect étoit ſerein, doux & paiſible. Il montroit plutôt les touchans tranſports de ces anciens Poëtes qui vous plaiſent tant, que les grimaces convulſives des Zélateurs modernes, de ces fanatiques rechignés qui gardent la Religion comme les Souteneurs gardent leurs maîtreſſes, & qui nous donnent par-là une idée fort peu avantageuſe de ſon mérite, & de leur eſprit, en adorant ce qu'ils ne veulent pas que d'autres examinent, & ce qu'ils ne s'embaraſſent pas eux-mêmes de bien examiner. Je ré-

I. PART. §. III. ponds pour mon Ami : ses manieres étoient sans fard & sans déguisement : tout étoit agréable, libre & ouvert, comme la Nature même. C'étoit la Nature qu'il aimoit ; c'étoit la Nature qu'il célébroit. Et si quelqu'un pouvoit se vanter d'avoir une *Maîtresse naturelle*, il étoit certainement dans ce cas, puisque son cœur étoit si fortement engagé. Mais Je trouvai que l'Amour étoit partout le même : quoique l'objet fut ici très-beau, & la passion, qu'il excitoit, très-noble, je pensois que la Liberté étoit encore plus belle. Comme je ne m'étois jamais soucié de m'embarquer dans un autre amour, même de la plus courte durée, je craignois d'autant plus ce qui avoit tant de pouvoir sur mon pauvre Ami, qu'il sembloit le plus grand Enthousiaste du monde, excepté qu'il n'en avoit pas la mauvaise humeur. En effet il étoit singulier, que quoiqu'il eut tous les symptômes de l'Enthousiasme, il n'en eut aucun du Bigotisme. Il écoutoit tout avec douceur & satisfaction ; il me pardonnoit quand je traitois toutes ses idées de chimériques, & que je tranchois, à la maniere des Sceptiques, le nœud de tous ses Systêmes.

La description de ce caractere vous plut tellement, que vous aviez de la peine à me laisser conclure. Il me fut impossible de vous satisfaire sans vous exposer en gros ce qui s'étoit passé entre mon Ami & moi pendant les deux jours de notre entrevue. Je vous avertis plusieurs fois de vous tenir sur vos gardes. „ Vous „ ne voyiez pas de danger dans cette Passion „ philosophique ; vous ne consideriez point de

„ quelle conséquence il pouvoit être pour vous I. PART. §. II.
„ de me travestir en Auteur. J'étois déjà en-
„ gagé assez avant, & vous me pressiez en-
„ core à vos risques & dépens. "

Tout ce que je pus dire, ne fit aucune impression sur vous: mais plutôt que d'en dire davantage cette soirée, je vous promis de me faire Auteur pour l'amour de vous, & de dresser un Journal de ces Entretiens philosophiques, en commençant par ce qui s'étoit passé la veille entre nous deux; ce que j'ai exécuté par forme d'*Introduction* à mes principales Avantures.

Cependant comme il étoit tard quand nous rentrâmes en ville, vous me ramenâtes chez moi, & nous nous souhaitâmes le *bon soir*.

SECONDE PARTIE.

SECTION I.

PHILOCLES A PALEMON.

APRES une journée aussi philosophique que celle que nous passâmes hier ensemble, j'aurois pu me plaindre ce matin en m'éveillant de la parole que j'avois donnée de continuer le même sujet, & cela à des conditions plus dures que jamais: car je me trouvois seul, & je ne devois plus entendre Palemon, dont l'entretien me soutenoit. Confiné dans mon cabinet,

II. PART. §. I. obligé de réfléchir par moi-même, & réduit à faire le pénible métier d'Auteur & d'Historien, je devois m'embarquer seul dans des discussions d'ailleurs les plus épineuses.

Mais il m'a paru que le ciel vouloit en quelque sorte me secourir: car si les Songes émanent, comme Homere l'enseigne, du trône de Jupiter, je pouvois me flatter d'en avoir eu un favorable & de la bonne espece, vers le point du jour: ce songe m'a offert un tableau complet de ce que je voulois rappeller à mon souvenir.

Je me suis vu transporté dans un pays éloigné: une magnifique scene champêtre des plus magnifiques se découvroit devant moi. Une Montagne voisine de la mer avoit sa cime couronnée d'un bois antique: à ses pieds couloit une riviere qui arrosoit une plaine couverte d'habitans rustiques. La mer qui étoit au delà, bornoit l'horizon.

A ces traits j'ai reconnu le lieu délicieux où je m'étois trouvé avec Théoclés le second jour de nos entrétiens. J'ai regardé par tout pour voir si je ne rencontrerois pas mon Ami, & je me suis éveillé en appellant Théoclés. Mais l'impression que ce songe avoit faite sur moi, étoit si vive, & j'avois une idée si distincte de la personne, des discours & de l'action de mon Ami, que je pouvois me croire inspiré *philosophiquement*, comme un Sage Romain le fut par son Egerie, pour donner carriere à ma *Muse Historique*: je pouvois espérer en effet un pareil secours en faveur de Théoclés, qui chérissoit tant les Muses, & qui je pense, n'en étoit pas moins chéri.

Pour revenir à cette ſcene champêtre, & à ce Génie Héroïque, qui a été mon compagnon & mon guide dans la carriere de mes profondes ſpéculations; je le trouvai le matin du premier jour, ſe promenant dans les champs un Livre à la main; c'étoit Virgile: on m'apprit dans ſa maiſon que c'étoit-là ſon exercice ordinaire. Dès qu'il me vit, il ferma le livre & courut à moi. Après nous être embraſſés, je fus curieux de ſavoir ce qu'il liſoit, & je lui demandai ſi c'étoit quelque choſe, dont il dût me faire un myſtere. Là-deſſus, il me montra ſon Virgile, & me dit en ſouriant: Eh bien, Philoclés, ne vous attendiez-vous pas à voir un Livre plus rare que celui-ci? J'en convins, vu le goût que je lui connoiſſois pour la contemplation. Mais penſez-vous, ajouta-t'il, que ſi l'on n'eſt *contemplatif*, on puiſſe réellement goûter ces divins Poëtes. Je vous confeſſe, lui dis-je, que je n'ai pas cru qu'il fût néceſſaire de devenir *contemplatif*, ou de ſe retirer du monde pour lire Horace ou Virgile.

II. PART. §. I.

Vous venez de nommer deux Auteurs, reprit Théoclés, qui ne ſont pas abſolument ſi analogues, quoiqu'ils fuſſent Amis & bons Poëtes. Néanmoins en les uniſſant comme vous l'avez jugé à propos, je voudrois bien ſavoir s'il peut être, à votre avis, une meilleure diſpoſition pour les lire que celle où ils ont écrit eux-mêmes. Je ſuis ſûr qu'ils avoient l'un & l'autre un amour égal pour la retraite, puiſque par goût pour ce que vous appellez *Vie contemplative*, ils étoient prêts à ſacrifier les

II. PART. §. I. plaisirs, la faveur du Prince & les plus grands avantages. Je dirai de plus à la louange de la solitude, que c'est un *assaisonnement*, dont la meilleure compagnie a besoin, de même que le meilleur Auteur. On ne peut jouir comme il faut de la société, si l'on ne pense quelquefois à l'écart. Tout dévient insipide, languissant & fastidieux sans quelques intervalles de retraite. Dites-moi, Philoclés, ne l'avez-vous jamais éprouvé? Croyez-vous que les amans entendissent bien les intérêts de leur passion, s'ils ne s'éloignoient jamais de l'objet chéri? Prendriez-vous pour des amis discrets, des gens qui ne voudroient, jamais se quitter un seul instant? Quel appas auroit donc le monde, ou ces compagnies de gens rassemblés au hazard & confondus indistinctement, si l'on n'avoit recours à quelques momens de solitude; si l'on ne s'écartoit un peu de tems en tems du *chemin battu* de la vie humaine, de ce cercle fatigant, de ce tumulte bruyant qui force le cœur excédé à recourir aux plus chétifs amusemens?

Selon ce principe, répliquai-je, il n'y auroit ni bien ni bonheur dans la vie, puisque toute jouissance s'épuise si tôt; puisque dès qu'elle fatigue, on s'en distrait par un autre objet, & de celui-ci par un troisieme, & ainsi à l'infini. Je suis sûr que si la solitude est un remede en quelques cas; si l'on s'y livre pour faire diversion à l'ennui; il n'y a rien aussi dont on ne s'accommode, dans la solitude, pour faire diversion; & elle en a plus besoin que tout le reste. On ne peut donc avoir de bon-

bonheur régulier ou conſtant la félicité eſt une choſe hors du chemin, & qu'on ne peut trouver qu'en errant çà & là.

O Philoclés! reprit mon Ami, je ſuis charmé que vous cherchiez le bonheur, quelque part que vous portiez vos pas errans. Quand même vous doûteriez s'il exiſte; ſi vous raiſonnez, c'eſt aſſez pour ne pas perdre tout eſpoir. Mais voyez où vous vous êtes engagé ſans y prendre garde: car ſi vous détruiſez le fondement de tout bonheur, parceque vous ne trouvez rien qui le procure conſtamment, alors vous établiſſez pour maxime (& elle me paroît très-juſte) que *Rien ne peut être un Bien que ce qui eſt conſtant.*

Je conviens, répliquai-je, que je ne connois aucune ſatisfaction dans ce monde, qui ne ſoit inconſtante. Les objets qui en donnent, varient continuellement; & le *Bien*, quel qu'il ſoit, ne dépend pas moins de l'humeur & du caractere que de la fortune. Le temps n'épargnera pas ce que le hazard peut épargner. L'âge, le changement de l'inclination, d'autres penſées, une différente paſſion, de nouveaux engagemens, un nouveau ſyſtême de vie ou de nouvelles ſociétés; la moindre de ces choſes eſt funeſte, & ſuffit ſeule pour détruire la jouiſſance. L'objet reſte le même, le goût change, & le plaiſir éphemere expire. Mais je ſerois bien plus ſurpris ſi vous pouviez me citer quelque choſe dans la vie, qui ne fût point d'une Nature changeante, & ſujette, comme tout le reſte à engendrer la ſatiété & le dégoût.

Je vois, dit Theoclés, que la notion ordi-

II. PART. §. I. naire du *Bien* ne ſauroit vous contenter. Vous pouvez douter en Sceptique, où tout autre ne croiroit pas devoir balancer : car tout le monde parle dogmatiquement ſur ce ſujet. On décide généralement que le *Bien réel de l'Homme eſt le plaiſir*.

Si l'on vouloit nous dire, répliquai-je, *quel eſt ce Bien*, & déterminer clairement celui qui reſte conſtamment *le même*, & qu'on peut choiſir en tout tems ; cela me ſatisferoit peut-être davantage. Mais ſi la *Volonté* & le *Plaiſir* ſont ſynonimes : ſi tout ce qui nous plait, s'appelle *Plaiſir* ; ſi nous ne choiſiſſons rien *qu'autant qu'il nous plait*, il eſt frivole de dire que *Le Plaiſir eſt notre Bien* : cette ſentence eſt auſſi abſurde que celles-ci : *Nous choiſiſſons ce que nous croyons devoir choiſir* ; *Nous ſommes charmés de ce qui nous fait plaiſir*. Il s'agit de ſavoir ſi nous ſommes *charmés juſtement*, & ſi nous choiſiſſons comme il faut. Les enfans ſont enchantés de leurs babioles, & de tout ce qui affecte leurs foibles ſens, & néanmoins on n'admire pas réellement leurs plaiſirs ; on ne s'imagine point qu'ils poſſedent quelque *Bien* extraordinaire, quoique leurs ſens ſoient auſſi vifs & ſuſceptibles de plaiſir que les nôtres propres. La même réflexion peut avoir lieu à l'égard des animaux, dont la plupart l'emportent ſur nous par la vivacité & la délicateſſe de leurs ſenſations. L'Eſpece Humaine a des plaiſirs vils & abjects : or quand ces plaiſirs ſeroient les plus conſtans, & les plus agréables au goût de ceux qui en jouiſſent, je ne les honorerois jamais du nom de *Bonheur* ou de *Bien*....

Voudriez-vous donc appeller du ſentiment immédiat & de l'expérience de celui qui eſt content eſt ſatisfait de ſon plaiſir?.... II. PART. §. 1.

Oui certainement, j'en appellerois, m'écriai-je avec le même zele que Théoclés avoit employé pour m'exciter contre les *Dogmatiſtes du Plaiſir*: car l'être le plus mépriſable qui ſoit ſur la terre, ne fait-il pas cas de ſes plaiſirs? Le plus chagrin & le plus vindicatif n'eſt-il pas affecté de même? Quelques caracteres ne ſe plaiſent-ils pas extrémement dans la malice & la cruauté? N'y a-t'il pas des gens qui ſeroient au comble de leurs vœux s'ils pouvoient mener la vie des pourceaux? Vous n'exigerez ſans doute pas de moi, que j'énumere les diverſes eſpeces de ſenſations que certaines perſonnes ont adoptées, & qu'elles eſtiment comme ce qu'il y a de plus délicieux en fait de plaiſir. Il en eſt même qui ont aimé les maladies, uniquement pour la ſatisfaction de ſoulager l'ardeur d'une ſenſation irritante. Il en eſt d'autres qui approchent beaucoup de ces abſurdes Epicuriens; je parle de ceux qui s'appliquent à exciter en dépit de la Nature leur appétit par des ſtimulans; & qui pour ſe gorger de nouveau, employent l'Emetique. Je ſais qu'on dit en Proverbe que *Les goûts ſont différens, & qu'il n'en faut pas diſputer.* Je me rappelle à ce ſujet, le mot d'une Deviſe fort conforme à cette belle théorie. Une Mouche étoit ſur un tas d'ordures; ſon regal quoique très-vil, lui étoit naturel: il n'y avoit pas là d'abſurdité. Mais ſi vous me montriez dans notre eſpece une brute de ce genre, raſſaſiée de ſes plai-

II. PART. §. I. sirs; si vous me faisiez voir un sot dans ses débauches secrettes, ou un Tiran dans l'exercice de sa cruauté, & que avec ce mot pour Devise, *Qu'il ne faut pas disputer des goûts*; cela ne me donneroit guere une meilleure idée de leurs plaisirs. Je ne puis supposer qu'un misérable, qui a l'ame abjecte & la plus grande fortune du monde, soit capable d'une félicité réelle. . . . .

Cette chaleur avec laquelle vous refutez un *faux* systême, feroit soupçonner que vous en avez un *bon*; & je commence à croire que le *Bonheur* est possible. . . . .

Qu'il y ait quelque chose, qui approche du *Bonheur*, & qui lui ressemble plus qu'une autre, c'est ce que j'avoue. Mais quel est le *Bien réel*? Il faut que je le cherche encore, & que j'attende jusqu'à ce que vous m'ayez donné de justes éclaircissemens. Tout ce que je sais, c'est qu'il faut, ou que tout Plaisir soit *bon*, ou qu'il n'y en ait que quelques-uns de bons. Si tout Plaisir est *bon*, alors toute volupté sensuelle sera précieuse & désirable; s'il n'y en a que quelques-uns qui jouissent de ce privilege, nous devons alors les rechercher, & découvrir, s'il est possible, ce qui distingue un Plaisir d'un autre; ce qui rend l'un insipide, abject & désagréable, tandis que l'autre est digne de notre estime & de notre choix. Il faut voir quelle est la regle, quel est le caractere qui constitue le bien, independamment du plaisir, puisque celui-ci peut-être très-grand & en même temps très-méprisable. Personne ne peut bien juger de la valeur d'une sensation immédiate, qu'en examinant d'abord la ſituation de ſon eſprit: car ce que nous eſtimons *Bonheur* dans un tems, ne nous paroît plus tel dans un autre temps. Il faut donc examiner quelle eſt la ſituation d'eſprit la plus convenable, il faut voir comment on peut acquérir ce coup-d'œil juſte, qui fait diſcerner le *meilleur*, & comment on peut parvenir à cette heureuſe & excellente diſpoſition, où l'ame libre de toute préoccupation eſt en état de prononcer un jugement ſûr....

Ah! Philoclés, ſi c'eſt là ſincérement votre opinion; ſi vous pouvez avoir le courage de ſuſpendre votre jugement dans cette matiere, & de chercher encore, ce que les plus ignorans des hommes croyent ſi bien ſavoir; ce n'eſt point avec les Sceptiques modernes que vous avez appris à penſer de la ſorte: il n'en eſt aucûn qui en agiſſe auſſi noblement; car, ſi je ne me trompe, on ne peut guere trouver aujourd'hui de gens plus déciſifs, ou qui déliberent moins ſur le choix du *Bonheur*. Ceux qui prétendent examiner ſi rigoureuſement les autres démonſtrations, ſont les plus diſpoſés à croire ce qu'il y a de plus fourbe, c'eſt-à-dire leurs propres paſſions. Libres, à ce qu'ils ſuppoſent, parce qu'ils ont ſecoué le joug de toute Religion, ils ſe flattent de faire le meilleur uſage poſſible de cette liberté, en ſuivant les premiers mouvemens de leur *Volonté*, & en adoptant les premiers conſeils de leur imagination par rapport à l'idée qu'ils doivent ſe faire du *Bonheur*; de ſorte que leur privilege conſiſte à être amuſé, continuellement, & leur liberté

II. PART. §. I.

à s'en laisser imposer dans le choix le plus important. Je crois qu'on peut assûrer certainement que le plus grand fou d'entre les hommes, est celui qui se trompe lui-même, & qui, dans le sujet le plus important, pense connoitre infailliblement ce qu'il a le moins étudié, & qu'il ignore davantage. L'ignorant, qui connoit son ignorance est bien plus sage. Pour rendre justice à ces Beaux-Esprits à la mode, il faut avouer qu'ils ne sont pas tous assez insensibles pour ne pas se douter de leur aveuglement & de leur sottise: car quand ils réfléchissent sérieusement sur la vanité de leurs efforts, ils avouent avec franchise, qu'ils ne savent pas s'ils seront toujours d'accord avec eux-mêmes; ou si l'humeur & la passion ne leur feront point faire dans la suite un autre choix, & désapprouver les plaisirs précédens. Réflexion consolante!

Qualifier de *Plaisirs*, continua Théoclés, les satisfactions de l'Ame & de la Raison, c'est quitter le sens vulgaire de ce mot: ceux qui dans leurs loisirs philosophiques, admettent pour *Plaisir* ce qui passe si peu pour tel dans l'usage ordinaire, sont regardés comme des hommes bizarres. Le Mathématicien qui pâlit sur un problême, le Savant qui étudie, l'Artiste qui souffre volontairement toutes sortes de fatigues & de revers; aucun de ces gens-là n'est censé *suivre le plaisir*: & les gens de plaisir ne les admettront jamais dans leur nombre. Les satisfactions purement spirituelles, & qui ne dépendent que d'une *pensée*, doivent être vraisemblablement trop rafinées pour l'intelligence de nos Epicuriens modernes, qui aiment des plaiſirs plus palpables. Ceux qui ſont pleins de l'idée d'une volupté ſenſible, ne ſont gueres frappés de celle qui n'eſt qu'intellectuelle. C'eſt cependant cette derniere qu'ils vantent & exaltent dans l'occaſion pour échapper à l'ignominie dont la premiere peut les couvrir : après ce petit hommage, ils n'y penſent plus; car il eſt bon de remarquer que quand ils ont loué les ſatisfactions de l'Ame, ſous le titre de *Plaiſirs*, & qu'ils ont ainſi illuſtré le mot en lui faiſant ſignifier tout ce qu'il y a de bon & d'excellent, ils ſouffrent enſuite qu'il rentre dans ſon ſens vulgaire, d'où ils ne l'ont tiré que pour parvenir à leur but. Dès que l'on examine & que l'on attaque le plaiſir, on appelle à ſon ſecours la Raiſon & la Vertu, que l'on ſuppoſe faire partie de ſon eſſence. On voit alors un fantôme compoſé de tout ce qu'il y a de beau, de généreux & d'honnête dans la vie de l'homme. Mais après l'orage, lorſque l'on a écarté les objections, ce fantôme s'évanouit, & le Plaiſir reprend ſa premiere forme; il peut reſter tel qu'il eſt, & avoir auſſi peu de rapport avec la ſobre Raiſon, qu'il en a réellement & ſuivant l'opinion commune. En effet ſi les plaiſirs raiſonnables entrent dans la notion du *Bonheur*, comment admettre encore de plus, cette eſpece de ſenſation qui lui eſt plutôt oppoſée? Il eſt certain qu'à l'égard de l'Ame & de ſes délices, le chatouillement du *ſimple Plaiſir* eſt auſſi incommode que l'importunité de la douleur. Si l'un & l'autre tirent l'Eſprit de ſon état naturel, & l'empêchent de goûter la ſatiſ-

II. PART. §. I.

II. PART. §. I. faction attachée à l'exercice de ses facultés, il doit en souffrir; sinon, il n'y a pas d'inconvénient ni de part ni d'autre.

En attendant, répliquai-je, quoique, je demande sincérement si le plaisir est réellement un bien, mon Scepticisme ne va pas jusqu'à douter que la douleur soit réellement un mal.

Tout ce qui nuit, ne peut être que *mauvais*, continua Théoclés. Mais ce qui fait peine à l'un, n'incommode pas un autre; les gladiateurs, les soldats, les hommes courageux peuvent l'attester. Nous savons même très-bien que ce qui est un sentiment de douleur pour celui-ci, est un plaisir pour celui-là. On varie dans la maniere dont on est affecté de ces sensations, & on les confond souvent l'une avec l'autre. La Nature ne les a-t'elle pas rapprochées ensemble, & réunies si délicatement par les extrémités, suivant l'expression d'un Sage, qu'elles rentrent absolument les unes dans les autres, & qu'on ne peut les distinguer.

Enfin, repris-je, si le Plaisir & la Douleur sont ainsi mêlés, & sujets à tant de révolutions; si, selon votre théorie, ce qui est actuellement plaisir, peut dégénérer en douleur, lorsqu'il est poussé trop loin; & si la douleur procure le plus grand plaisir, lorsqu'elle est excessive, par une simple interruption, ou une espece de succession naturelle; si quelques plaisirs sont des souffrances pour certaines personnes, & quelques souffrances des plaisirs pour d'autres: tout cela, si je ne me trompe, confirme mon opinion, & fait voir qu'il n'y a rien qu'on puisse donner pour un *Bien* fixe. Car si le Plaiſir n'eſt pas un *Bien*, il n'eſt rien ; & ſi la Douleur eſt un *Mal* (comme on n'en peut diſconvenir) nous devons toujours craindre le *Mal*, ſans pouvoir eſpérer le *Bien* ; de ſorte qu'on peut légitimement douter ſi la Vie n'eſt pas une pure miſere, puiſque nous ne pouvons jamais y gagner, & que nous pouvons y perdre paſſablement pendant toute notre vie, comme cela arrive réellement. En conſéquence, ce que dit une Muſe Angloiſe, au ſujet du Bien, doit être juſte & exact : *Le Bien eſt de ne pas être né*. Donc, quelque bonheur que l'on puiſſe eſpérer dans la vie, nous pouvons demander pardon à la Nature & lui rendre ſon préſent, ſans attendre qu'elle le redemande. Qu'eſt-ce qui pourroit nous retenir ? Quel avantage y a-t'il à vivre ?

La réflexion, dit Théoclés, eſt à ſa place. Mais pourquoi aller ſi vîte, puiſque la theſe eſt douteuſe ? Vous violez ſûrement ici les loix du Scepticiſme. Il importe de décider ce qui peut arriver après cette vie. Or, pour être aſſurés que rien ne nous intéreſſera au-delà du tombeau, il faut comprendre ce qui nous intéreſſe dans les choſes préſentes. Il faut que nous nous connoiſſions bien nous-mêmes, & en quoi notre individu conſiſte. Nous devons combattre ſolidement notre *Préexiſtence*, & prouver que nous n'avons été pour rien du tout dans ce qui s'eſt paſſé avant notre naiſſance : mais il faut en donner une meilleure raiſon que celle de dire ſimplement que nous ne nous en ſouvenons pas, ou que nous n'en avons point le ſentiment ; car nous avons eu

II. PART. §. I.

part à bien des choses, dont nous avons perdu la mémoire ou le sentiment. Il peut donc se faire que nous reparoissions à diverses reprises, & cela à perpétuité, malgré tout argument contraire. Tout est *Révolution* dans nous, nous ne sommes pas aujourd'hui le même systême de matiere, que nous étions hier. Nous ignorons ce qui peut arriver dans la suite; puisqu'à-présent même nous n'existons que *successivement*, & que nous périssons pour revivre un instant après. C'est en vain que nous nous flatterions que tout finira pour nous, avec une certaine forme. Nous ne savons pas quel a été notre premier rôle, ni ceux qui lui ont succédé, ni ceux qui nous sont reservés; puisque nous formions un assemblage de parties si passageres. Qui peut dire ce que le Hazard ou la Providence, ordonnera de nous après cette vie? Et s'il y a une Providence, nous sommes tenus de considérer encore davantage pourquoi nous voulons disposer de nous-mêmes. Il convient, surtout à un Sceptique, de balancer, lorsqu'il s'agit d'un échange. Quoiqu'il ne reconnoisse ni bien, ni plaisir dans la vie, il faut qu'il soit sûr cependant d'améliorer sa condition, avant qu'il entreprenne d'en changer. Mais un point qui n'est pas encore déterminé entre nous, c'est de savoir s'il n'est pas de *Bien réel* dans la vie présente. . . .

Soyez donc mon Maître, sage Théoclés, & montrez-moi quel est ce Bien, & où il est; ce qui peut procurer une satisfaction toujours égale sans variation ou diminution. Quoique dans certaines circonstances, & dans certains sujets, l'Efprit puiffe être tellement fixé, & la paffion portée à un tel point, qu'aucune fouffrance corporelle ne fe faffe fentir pour le moment; cela arrive néanmoins rarement, & on ne peut compter fur la durée de cet état; puifqu'une paffion, qui n'eft traverfée par aucun inconvenient, s'épuife bientôt; l'Ame fe relâche, & le cœur fatigué, ne goûte plus de plaifir, & cherche enfuite quelque nouvel objet. . . . .

II. PART. §. I.

Ecoutez-moi donc. Quoique je ne prétende pas vous expofer la nature de ce que j'appelle *Bien*, cependant je ferai charmé de vous en laiffer entrevoir quelque chofe *en vous-même*; & vous avouerez que cela eft naturellement plus fixe & plus conftant que tout ce que vous vous êtes imaginé jufqu'ici. Dites-moi, mon Ami, vous êtes-vous jamais laffé de faire du bien à ceux que vous aimiez? Quand eft-ce que vous avez regardé comme défagréables les fervices que vous rendiez à un Ami? La premiere fois que vous avez éprouvé ce généreux plaifir, ne vous fut-il pas moins fenfible qu'à-préfent, après une fi longue expérience? Croyez-moi, Philoclés, ce plaifir eft plus féduifant que tous les autres. L'Ame ne fait jamais de bien, qu'elle n'y revienne avec plus d'ardeur qu'auparavant. Les actes d'amitié, de reconnoiffance & de bonté fe pratiquent toujours avec une nouvelle fatisfaction; plus ils fe répetent, & plus on s'y attache. Vous, Philoclés, qui êtes un fi bon juge de la Beauté, & qui avez un fi bon goût en fait de plaifir, y a-t'il quelque chofe qui excite autant vo-

II. PART. §. I.

tre amour & votre admiration que l'Amitié? Y a-t'il quelque chose d'aussi charmant qu'une Action généreuse? Que seroit-ce donc, si toute la vie n'étoit qu'un exercice continuel d'Amitié, si elle ne formoit qu'un grand acte de cette douce vertu? Vous conviendriez alors que le *Bien*, qui fait l'objet de vos recherches, est fixe & constant. Demanderiez-vous quelque chose de plus? . . . .

Peut-être que non. Mais je ne veux pas courir après une chimere. Quoiqu'un Poëte puisse remplir un Drame entier d'une seule Action, je ne conçois guere comment on peut soutenir ce sublime sentiment de l'Amitié dans toutes les scenes de cette vie mortelle. D'ailleurs je ne saurois où trouver l'objet d'une passion si héroïque.

Peut-il être une Amitié aussi héroïque, s'écria Philoclés, que celle qui a pour objet le genre humain? Croyez-vous que l'amour des Amis en général & de son pays, ne soit rien? Pensez-vous que l'Amitié particuliere soit bien compatible avec ce vaste sentiment qui doit embrasser toute la société? Pouvez-vous être Ami, & haïr votre Patrie? Pouvez-vous vous intéresser pour un camarade, & trahir la société? Quand même vous le diriez, pourriez-vous le croire? Pourriez-vous refuser le titre d'*Ami*, en renonçant à l'*humanité*? . . . .

Que l'on doive quelque chose au genre humain, c'est ce qu'un homme, qui reclame le nom d'Ami, ne sauroit contester. Oui, j'aurois peine d'honorer du nom d'Homme celui qu'on ne pourroit traiter d'Ami. Mais celui qui fait voir qu'il eſt Ami, eſt aſſez Homme; & il ne manque point à la ſociété. Une ſeule Amitié peut l'acquitter. Il a mérité un Ami, & il eſt l'Ami de l'Homme; quoiqu'il ne ſoit pas à la rigueur, & dans votre ſens ſublime, l'Ami du genre humain: car pour dire vrai, au ſujet de cette eſpece d'Amitié, quoiqu'elle puiſſe paſſer chez des hommes plus ſages pour un ſentiment noble & *héroïque*, ſelon que vous le prétendez; pour moi je trouve que le genre humain vaut ſi peu, & j'ai tant d'indifférence pour le public, que je ne puis guere avoir de plaiſir à l'aimer. . . . .

Mais regardez-vous la Bonté & la Reconnoiſſance comme des actes d'Amitié & de Bonnaturel? . . . . Sans doute; ils en ſont les principaux. . . . Suppoſez donc que vous trouviez pluſieurs défauts dans la perſonne qui vous a obligé: cela vous diſpenſe-t'il du devoir de la reconnoiſſance? . . . . Nullement . . . . Mais cette conſidération vous rend-elle l'exercice de la gratitude moins agréable? . . . . Je penſe que c'eſt tout le contraire: car ſi je n'avois aucun moyen de reconnoître un ſervice, je ſerois toujours bien aiſe de pouvoir témoigner ſûrement ma gratitude, en ſupportant les défauts de mon Bienfaiteur, comme ceux de mon Ami. . . . Quant à la *Bonté*, dites-moi, je vous prie; ne devez-vous faire du bien qu'à ceux qui le méritent? Ne devons-nous ſervir qu'un bon Voiſin, ou un bon Parent, un bon Pere, un bon Frere ou un bon Enfant? La Nature, la Raiſon & l'Humanité ne nous enſeignent-elles pas mieux,

II. PART. §. I. c'eſt-à-dire, à faire du bien à un Pere, parce qu'il eſt Pere, & à un Enfant, parce qu'il eſt notre Enfant? cela s'applique à tous les rapports entre les hommes.... Je trouve cela très-raiſonnable.

O Philoclés, s'écria alors mon Ami, faites donc réflexion à ce que vous avez avancé, quand vous vouliez vous diſpenſer d'aimer le genre humain à cauſe de la foibleſſe humaine, & que vous ſembliez le mépriſer à cauſe de ſes malheurs. Ce ſentiment eſt-il compatible avec cette humanité, que vous montrez partout ailleurs. Où trouverez-vous à exercer votre généroſité, ſi ce n'eſt ici? ou l'amitié, ſi non dans cet important ſujet? Pourquoi ferons-nous fideles & bienfaiſans dans le monde, ſi ce n'eſt en faveur du genre humain, & de cette Société à laquelle nous devons tant? Quels défauts pourroient excuſer cette indifférence? Qu'eſt-ce qui peut affoiblir dans une Ame bienfaite la fatisfaction qu'il y a à aimer le genre humain? N'eſt-ce que par un effet de l'éducation, ou de votre caractere naturel, que vous êtes charmé d'être civil, obligeant, poli, de trouver des objets de pitié & l'occaſion de rendre ſervice, même à des inconnus? Quand vous apprenez que dans les pays étrangers ou dans votre patrie, on a ſecouru & obligé de la maniere la plus généreuſe, quelques malheureux; de pareils traits verſent-ils dans votre ame un ſentiment délicieux & touchant? Votre pays, je dis plus, votre eſpece, exigent-ils moins de tendreſſe de votre part, méritent-ils moins d'attention que ces objets du hazard.....

O Philoclés! que vous connoissez peu l'étendue & le pouvoir du *Bon-Naturel*, & à quel héroïsme l'Ame peut s'élever, lorsqu'elle en sent toute la force, lorsque par une distribution exacte, elle forme en elle-même une Amitié juste, égale & universelle. II. PART. §. I.

Théoclés en étoit là, lorsqu'un domestique vint nous dire qu'il étoit arrivé compagnie & qu'on nous attendoit pour dîner. Nous reprîmes donc le chemin de la maison. Je dis à Théoclés, en chemin faisant, que je craignois bien de n'être jamais *Ami* selon sa méthode; que je me croyois capable d'aimer une *seule personne* dans l'un ou l'autre sexe; mais que cette amitié *complexe & universelle* étoit hors de ma portée. J'ajoutai que je pouvois aimer l'individu, mais non pas l'espece; qui étoit un objet trop métaphysique pour moi; qu'en un mot, je ne pouvois rien aimer, dont je n'eusse quelque image sensible & matérielle....

Quoi, reprit Théoclés, ne pouvez-vous jamais aimer que de cette maniere, tandis que je sais que vous admiriez & aimiez un Ami longtems avant que vous connussiez sa personne? Le caractere de Palemon ne faisoit-il aucune impression sur vous, lorsqu'il vous engagea dans cette longue correspondance qui a précédé votre derniere entrevue?.... Je dois vous avouer le fait. Il me semble que je vous entens actuellement, & je conçois comment il faut me préparer à votre systême. En commençant à aimer Palemon, j'étois obligé de m'en former une image sensible, qui étoit toujours présente à mon esprit, à chaque fois que

II. PART. §. I. j'y penſois. Il s'agit de faire la même choſe dans le cas préſent, & de voir ſi par votre moyen, je puis me former une pareille image de cet *Etre* étrange que vous voulez que j'aime.

Il me paroît, dit Théoclés, que vous pourriez avoir la même indulgence pour la *Nature* ou le *Genre Humain*, que pour le peuple de l'ancienne Rome, que vous aimiez de pluſieurs manieres malgré ſes défauts. Vous l'admiriez ſurtout ſous la figure d'un beau jeune Homme, appellé le *Génie du Peuple Romain*: car je me ſouviens que conſidérant un jour quelques Antiques, où des hommes étoient ainſi repréſentés, vous avouâtes que cela n'étoit point deſagréable....

Il eſt vrai que ſi je pouvois me repréſenter une figure comme celle, dont vous parlez, ſoit que ce fût le *Genre Humain*, ou la *Nature*, elle me plairoit peut-être; de ſorte que je deviendrois *Ami* à votre mode, ſurtout ſi vous pouviez tellement arranger les choſes, que tout fût réciproque, c'eſt-à-dire, me faire accroire que ce *Génie* pût être ſenſible à mon amitié, & capable de retour; car ſans cela, je ne ſerois qu'un bien triſte Amant, même de la plus parfaite Beauté du Monde.

C'eſt aſſez, dit Théoclés; j'accepte cette condition; & ſi vous promettez d'*aimer* je tâcherai de vous montrer cette *Beauté* que je regarde comme la plus complette & la plus digne d'amour. Demain, lorſque le ſoleil embellira de ſes premiers rayons, comme le diſent les Poëtes, le ſommet de cette colline; nous

nous irons errer dans les bois, si vous le jugez à propos, pour chercher cet objet de notre *Amour* par le secours des Nymphes champêtres & du Génie du lieu, nous ferons nos efforts pour obtenir au moins une idée foible du *Génie Universel* & de la *Suprême Beauté*. Si vous les contemplez une fois, je répons que toutes les tâches & les irrégularités de la Nature ou du Genre Humain disparoîtront à vos yeux dans un instant, & que vous sentirez ce précieux sentiment que je souhaite. Mais finissons. Il faut rentrer entreprendre un entretien plus convenable à nos Amis & à la circonstance. Ces sujets sont trop relevés pour des propos de table.

SECTION II.

VOILA, Palemon, le prélude de l'*Enthousiasme*, dont je vous ai parlé, & qui m'a paru de la plus dangereuse espece, parce qu'il étoit si étrange & si singulier. Mais je me suis apperçu que vous êtes curieux, comme je l'avois été. Après notre premiere conversation, je ne desirois rien tant que cette promenade que nous devions faire dans le bois, au lever de l'aurore.

Nous n'eûmes qu'un Ami ou deux à dîner; on parla assez long-tems de Nouvelles & de choses indifférentes. Comme j'avois la tête remplie d'autres objets, je fus charmé de dire

II. PART. §. II.

un mot au hazard touchant l'Amitié; & je déclarai que quoique je me fusse flatté jusqu'à ce jour de connoître ce sentiment, & d'être un *bon Ami*, j'étois bien sûr de n'en être encore qu'aux *Elémens*, puisque Théoclés m'avoit presque persuadé, que pour être Ami d'un Individu, il falloit l'être d'abord de tout le genre humain. J'ajoutai de plus que je n'étois pas moins embarassé de parvenir à ce sentiment universel.

Mais dit Théoclés, vous donnez une mauvaise idée de vous-même en parlant de la sorte. S'il s'agissoit de l'amitié de quelque Grand, ou d'une Cour, & si vous vous plaigniez de la difficulté qu'il y a à réussir à cet égard; nous aurions conclu en votre faveur qu'il y a certaines conditions que vous ne pouvez accepter, & qui sont indignes de vous. Mais pour bien mériter du Public, & porter justement le titre d'*Ami des Hommes*, il ne faut qu'être *bon* ou *vertueux*; ce que l'on doit naturellement ambitionner....

D'où vient donc qu'on a si peu d'égard pour ces justes *Conditions*, & qu'on exige quelque chose de plus pour les accepter? Oui, la Vertu, en *elle-même*, passe pour un mauvais marché, & je ne connois gueres de gens, même des plus dévots, qui la prennent autrement que les enfans font une médecine; c'est-à-dire que la verge & les friandises sont les puissans motifs qui déterminent....

Ces hommes sont réellement des enfans, & devroient être traités comme tels, s'il faut employer la force ou la persuasion pour les engager à faire ce qui eſt pour leur bien & leur ſanté. Mais pourquoi, je vous prie, la Vertu tomberoit-elle dans un ſi funeſte diſcrédit ? N'eſt-ce pas que vous croyez qu'elle vous interdira les orgies de nos Sibarites modernes ; & que vous tremblez d'être toujours réduit à manger auſſi chétivement qu'aujourd'hui, de n'avoir qu'un plat ou deux, & pas plus?

Je proteſtai à Théoclés que cette ſuppoſition faiſoit tort à mes ſentimens, & que je ne déſirerois jamais de meilleure table que la ſienne, qui, pour le dire en paſſant, me paroiſſoit reſſembler davantage à celle d'*Epicure*, que celles qui portoient fauſſement ce nom parmi les Modernes ; puiſque ſelon ſes principes, les plus grands plaiſirs de la vie étoient le fruit de la modération & de la tempérance.

Si donc le grand Diſciple du Plaiſir, Epicure même, répliqua Théoclés, a ſi bien parlé de la tempérance ; s'il en a eu une idée ſi différente de celle de nos voluptueux à la mode, qu'il a aſſuré hardiment qu'avec le ſimple produit d'un petit jardin, il pouvoit diſputer de plaiſir avec les Dieux-mêmes, comment oſera-t'on dire de cette partie de la Vertu générale, qu'on ne peut la prendre qu'à condition? Si la pratique immédiate de la tempérance eſt ſi innocente, ſes conſéquences ſeroient-elles nuiſibles? Affoiblit-elle la vigueur de l'Ame, conſume-t'elle le corps, juſqu'à les rendre moins capables de s'acquitter de leurs fonctions reſpectives, de goûter les plaiſirs de la Raiſon ou des ſens, & de remplir les emplois de la vie civile? Un homme tempérant en eſt-il plus mal diſpoſé pour ſes Amis ou le Genre-

II. PART. §. II.

Humain? Le plaindra-t'on comme s'il étoit à charge à lui-même & aux autres, comme si tout le monde devoit naturellement l'éviter, comme s'il étoit mauvais Ami, corrupteur de la Société & des bonnes mœurs? S'il paroît sur la scene, revêtu d'une charge de confiance, S'en acquittera-t-il mieux s'il est modéré? ou sera-t'il plus incorruptible & plus sûr, s'il aime violemment ce que nous appellons *Plaisir*? Considérons le Soldat à un siege ou dans un camp: quel est celui qui nous défendra, qui nous servira le mieux? Quel est le meilleur Officier pour le Soldat; le meilleur Soldat pour l'Officier; la meilleure Armée pour une Nation? Qui prendriez-vous pour *compagnon de voyage*? Un homme tempérant seroit-il un mauvais choix? Y auroit-il plus d'agrément à avoir un camarade, qui, en cas de disette & de nécessité, seroit avide, insatiable, uniquement occupé de lui-même & de ses goûts? S'il s'agit de l'amour de la *Beauté*, peut-être que nos gens à bonnes fortunes, & les plus délicats en ce genre, ont tellement rafiné leur goût, que malgré leurs plaisirs ordinaires, ils peuvent y renoncer plutôt que de violer l'honneur, la foi ou la justice. En un mot, on supposera à la fin qu'un caractere sobre, patient & modéré, ne vaut pas grand'chose. L'homme tempérant n'est pas plus propre à un poste de confiance qu'un élégant Sibarite: on peut aussi bien remettre aux soins de celui-ci l'innocence, la jeunesse & la fortune; il seroit aussi bon tuteur, dépositaire & gardien que bon ami. La famille qui s'en serviroit, n'auroit rien à craindre selon toute apparence;

l'honnête Partisan du Plaisir n'est pas capable de la moindre bassesse..... II. PART. §. II.

Le sérieux avec lequel Théoclés parloit, rendoit cette tirade encore plus plaisante, & cela engagea le reste de la compagnie à dire plusieurs bonnes choses sur le même sujet, pour louer la tempérance, de sorte que le vin ayant été apporté sur la fin du dîner selon l'usage, je vis bien qu'on ne se disposoit guere à faire débauche. Chacun but sans cérémonie, ni sans observer l'ordre des santés: licence que le Beau-Monde auroit certainement condamnée comme une odieuse incongruité, & une violation détestable des loix de la bonne compagnie.

J'avoue dis-je alors que je suis bien éloigné d'avoir une idée si défavorable de la tempérance, il me paroît, au contraire qu'elle n'a pas besoin d'une autre recommandation que de l'avantage d'échapper aux suites de l'intempérance, & au desir des choses superflues.

Quoi; reprit Théoclés, êtes-vous si avancé que cela? Et pouvez-vous appliquer votre principe jusqu'aux biens & aux honneurs de la terre, en l'opposant à l'Avarice & à l'Ambition? Alors, vous avez déjà fait des progrès; vous avez passé le détroit, & vous avez fait plus de la moitié du chemin dans la mer dangereuse de la vie humaine. Vous ne pouvez plus vous défendre d'embrasser la vertu, à moins que vous ne vous déclariez vous-même *Poltron*, ou que vous ne pensiez que c'est un bonheur d'être né tel. Si d'ailleurs vous pouvez être *modéré* à l'égard de la vie, & si vous jugez qu'il n'importe gueres qu'elle soit plus ou moins longue, de ſorte que content de la portion de jours qui vous ont été comptés, vous puiſſiez vous retirer comme un convive reconnoiſſant que l'on a bien regalé; n'eſt-ce pas là le reſultat de tout, le dernier trait & la perfection de la vertu? Dans cette diſpoſition d'Ame, qui nous empêche de nous former un caractere auſſi héroïque que nous le jugeons à propos? Y a-t'il quelque choſe de grand, de bon & de généreux, qui ne découle pas naturellement d'une ſi modeſte *tempérance*? Obtenons ſeulement cette ſimple diſpoſition, & nous verrons ſi les plus brillantes vertus n'y prennent pas leur ſource; nous verrons ce que l'Ame produira, lorſqu'elle aura obtenu ſa liberté par le moyen de cette importante *Légiſlatrice*. Vous, Philoclés, qui êtes un ſi grand admirateur de la *Liberté civile*, & qui vous la repréſentez comme accompagnée de tant de graces & d'avantages, ne trouvez-vous aucun éclat dans cette *Liberté naturelle*, qui nous affranchit d'une foule de tirans intérieurs, qui nous rend à nous-mêmes, & qui nous procure l'indépendance? C'eſt là une eſpece de *propriété*, qui nous eſt auſſi importante, à ce que je crois, que celle qui garantit nos terres & nos revenus. Je me figure qu'on pourroit faire un portrait auſſi avantageux de cette *Dame Morale*, que de ſa *Sœur Politique*, que vous admirez. On peint celle-ci en Amazone avec un air mâle & libre qui lui ſied bien: ſes gardes ſont les loix, dont les Tables écrites l'environnent comme un bouclier. La richeſſe, l'abondance & le commerce la ſervent &

l'accompagnent partout; les Arts & les Sciences, ses enfans, marchent sur ses pas, & embélissent son triomphe. Le reste du tableau est facile à imaginer, ce sont ses victoires sur la tirannie, & sur le gouvernement arbitraire du vice & des passions. Mais quels seroient les trophées de sa Sœur! Quels monstres ne subjugueroit-elle pas? La féroce Ambition, la Débauche, le Tumulte, les Désordres intestins de l'Ame, & toutes les furies qui dévorent le cœur humain, seroient sûrement enchaînées. Lorsque l'on verroit la Fortune & la Mort même attachées au char de triomphe de la *Liberté intérieure*, dont je parle; il seroit bien naturel que la Force, la Magnanimité, la Justice, l'Honneur & toutes les vertus généreuses la suivissent comme ses fideles compagnes. Semblable à une nouvelle Déesse, elle orneroit le char de sa Mere, & avoueroit qu'elle tient sa naissance de l'humble *Tempérance*, cette nourrice de toutes les vertus, qui, comme la Mere des Dieux, l'ancienne Cibele, pourroit être représentée sur un char tiré par des lions, & portant sur la tête un ornement semblable à une tour, simbole du pouvoir défensif & de la force d'esprit.

Je m'apperçus que cette Description avoit intéressé la compagnie: de cette simple ébauche, nos Amis passerent à d'autres tableaux sur le même sujet, qu'ils dessinerent à la maniere ancienne, jusqu'à ce qu'ils eussent épuisé *Prodicus*, *Cébès* & tous les Anciens.

Messieurs, dis-je alors, tout cela est sans doute le plus beau du monde. Mais après tout,

II. PART. §. II. quelque triomphante & glorieuse que soit la Vertu sous vos pinceaux, je vais lui opposer un portrait authentique d'une autre espece, où vous verrez le contraire de ce triomphe; la Vertu même captive à son tour, vaincue, dégradée, dépouillée de ses honneurs & tellement défigurée par un fier Vainqueur, qu'il lui reste à peine un seul trait de beauté.

Je voulois continuer: mais nos deux convives se récrierent si violemment contre mon dessein, qu'il fallut l'abandonner. Ils protesterent qu'ils n'avoueroient jamais une si abominable Description. L'un deux, homme empésé & déjà d'un certain âge, me regardant fixement, me dit d'un ton chagrin, qu'il avoit jusqu'alors un peu espéré de moi, malgré ma *Liberté de penser*, & la réputation que j'avois d'aimer si passionnément cette Liberté; mais qu'il gémissoit de voir que mon *principe* s'étendît jusqu'à l'affranchissement de tous *principes*: telles furent ses expressions. Il ajouta qu'il n'y avoit qu'un Libertin qui pût approuver une peinture de la Vertu, qu'un Athée seul auroit l'impudence de faire.

Théoclés gardoit le silence, quoiqu'il vit bien que je ne faisois aucune attention à mes adversaires; mais que j'avois les yeux constamment fixés sur lui, dans l'attente de ce qu'il diroit. Il s'écria enfin avec un profond soupir: O Philoclés! que vous maniez bien la cause que vous entreprenez de défendre! Que vous connoissez bien la maniere de vous servir, à l'avantage de la plus mauvaise, de l'imprudence de ceux qui défendent la meilleure! Je ne puis prendre ſur moi d'aſſurer avec mes dignes Amis, qu'il n'y a qu'un Athée qui ſoit capable d'avilir ainſi la Vertu, & de la peindre ſi déſavantageuſement. Non. Il y a d'autres mains trop officieuſes & moins ſuſpectes, qui lui font peut-être plus de tort, quoique ſous un plus ſpécieux prétexte.

Que la Vertu, continua-t'il, en ſe tournant vers ſes Convives, ſoit immolée avec une appareil de raiſons, c'eſt ce qui doit vous avoir paru étrange, lorſque Philoclés la propoſée avec tant d'aſſurance. Vous ne pouviez pas concevoir comment il l'auroit fait: vous penſiez peut-être qu'il alloit mettre ſur le trône le Vice ou le Plaiſir, le Bel-Eſprit, la fauſſe Philoſophie, ou quelque image fantaſtique de la Vérité & de la Nature. Vous ne comptiez gueres que cette cruelle ennemie de la Vertu, ſeroit la Religion même. Mais rappellez-vous que la Vertu eſt ſouvent maltraitée, même innocemment & ſans perfidie, par ceux qui exagerent à l'excès la corruption du cœur de l'homme, & qui penſent élever la Religion ſur les débris de la Vertu humaine. Combien de pieux Auteurs, & d'Orateurs ſacrés dirigent tous leurs efforts de ce côté-là, & attaquent la *Vertu Morale* comme ſi elle étoit rivale de la Religion! *Il ne faut pas citer la Morale; la Nature n'a aucun droit; la Raiſon eſt une ennemie; la Juſtice commune eſt folie, & la Vertu une pure miſere. Qui ne ſeroit pas vicieux, s'il oſoit choiſir? Qui s'abſtiendroit du mal, s'il n'étoit obligé de le faire. Qui feroit cas de la Vertu, s'il ne penſoit à l'avenir?*

II. PART. §. II. Il eſt vrai, interrompit mon vieil Antagoniſte, que ſi c'eſt-là le triomphe de la Religion, il eſt tel, que ſon plus grand ennemi ne voudroit pas le lui refuſer; & je ſoutiens encore avec la permiſſion de Philoclés, que ce n'eſt pas s'intéreſſer beaucoup pour la Religion, que de l'honorer aux dépens de la Vertu?

Cela peut-être, répliquai-je. Mais qu'il y ait de pareils Zélateurs dans le monde, c'eſt ce que vous devez reconnoître. Qu'il y ait d'ailleurs une certaine analogie entre le Zele & celui de l'Athéiſme; Théoclés en eſt convenu. Au reſte, écoutons-le, & voyons s'il oſera nous découvrir ce qu'il penſe de la plupart de nos Auteurs Religieux, & de la maniere dont ils attaquent les Athées, leurs ennemis communs. C'eſt là un ſujet qui exige une plus ample diſcuſſion: car il eſt notoire que les principaux Adverſaires de l'Athéiſme, écrivent ſur des principes oppoſés entr'eux, de ſorte qu'ils ſe refutent réciproquement. Il en eſt qui ſoutiennent avec chaleur la Vertu, & qui ſont *Réaliſtes* à cet égard. On peut avancer qu'il y en a d'autres qui ne ſont que des Moraliſtes *Nominaux*, puiſque ſelon eux, la Vertu n'eſt rien en elle-même; ils la donnent pour un *être arbitraire*, un *mot* conſacré par la mode. C'eſt la même choſe dans la Philoſophie Naturelle: ceux-ci prennent une hypotheſe, ceux-là une autre. Je ſerois bien aiſe de découvrir une bonne fois le vrai principe qu'il faut ſuivre, de ſavoir diſcerner ceux qui refutent efficacement tous leurs adverſaires, Athées ou autres, &

qui défendent ſolidement la cauſe combinée de la Vertu & de la Religion. II. PART. §. II.

J'obtins ce que je ſouhaitois, & j'engageai inſenſiblement Théoclés à s'expliquer ſur cette matiere, qui ſervoit comme de préambule à ce que nous avions à diſcuter le lendemain, que j'attendois avec une extrême impatience. En cas que ſes ſpéculations portaſſent ſur des principes raiſonnés, ce prélude devoit m'aider à les ſaiſir; & ſuppoſant que ce ne fuſſent que des chimeres agréables, je me préparois à m'en amuſer davantage.

Il commença donc à faire la critique des Auteurs, ce qui forma enſuite un Diſcours continu & ſuivi, qui, dans une Univerſité, auroit fait paſſer Théoclés pour un grave Profeſſeur de Théologie ou de Morale.

SECTION III.

Ce ſeroit ſans doute, dit-il, une heureuſe Cauſe que celle qui auroit des Avocats qui ne laiſſeroient jamais prendre le moindre avantage ſur elle. Je voudrois que celle de la Religion pût ſe vanter d'une pareille prérogative. Mais puiſqu'il n'eſt pas impoſſible d'écrire mal, même ſur le plus beau ſujet, je penſe que les intérêts de la Religion ont couru d'auſſi grands hazards que tous les autres; puiſque ceux qui veulent la défendre, prennent généralement d'autant moins de précautions, qu'ils ſont plus à l'abri des critiques. Ils s'aſſurent de leur Ad-

II. PART. §. III.

versaire, qu'ils peuvent impunément appeller dans la lice, & qui n'oseroit s'y présenter ouvertement comme tel. Ses armes lui sont particulieres, & il peut souvent frapper jusqu'à la Cause même, sans offenser ceux qui la défendent, lorsqu'il ne les dépouille point de leur victoire imaginaire par aucune attaque directe. Ils triomphent *pour eux-mêmes*, & ils se flattent toujours qu'on approuvera leur zele, quoique la Cause ait pu souffrir entre leurs mains.

Ce qu'un homme qui paroissoit zélé pour la Religion, dis-je à Théoclés, avança un jour, est peut-être assez vrai; c'est que *Personne n'écrit bien contre les Athées que le Greffier qui dresse l'Arrêt pour les faire exécuter.*

Si c'étoit-là *la bonne maniere d'écrire*, répliqua Théoclés, elle finiroit toute dispute & toute querelle: car la raison n'a rien à faire, où la force fait tout. Mais d'un autre côté, si l'on a besoin de la raison, il faut écarter la force, puisqu'on ne peut appuyer la raison que par la raison. Conséquemment, s'il faut raisonner avec les Athées, il faut les traiter à cet égard comme d'autres hommes; parce qu'il n'y a pas absolument d'autre moyen de les convaincre. . . . .

Cela paroît convenable & juste: mais je crains bien que la plupart des Dévots ne soient disposés à abandonner le *Malade* à une méthode plus expéditive, & quoique la force sans raison puisse sembler un peu dure, je crois que la raison sans force n'eût guere d'admirateurs. . . .

Mais peut-être que ce n'est qu'un simple mot

qui vous gêne. Le nom d'*Athée* peut occasionner quelque embarras, parce qu'on l'applique en deux ſens bien différens, ſavoir à celui qui nie abſolument un Dieu, & à celui qui ne fait qu'en douter. Or celui qui *doute*, peut déplorer ſon malheur, & ſouhaiter d'être convaincu. Celui qui *nie*, eſt un inſolent préſomptueux, qui établit une opinion contraire à l'intérêt du genre humain, & aux principes de la Société. On voit auſſitôt que le premier peut avoir le reſpect qui eſt dû aux Loix & aux Magiſtrats: mais l'autre n'eſt point de même; comme il leur eſt nuiſible, il eſt conſéquemment puniſſable. Il n'eſt pas facile de décider comment le premier eſt puniſſable *de la part de l'Homme*; à moins que le Magiſtrat n'ait pouvoir ſur les Eſprits; comme il en a ſur les actions & la conduite; & qu'il n'ait droit de ſcruter & d'examiner les plus ſecrettes penſées de l'Ame. . . . .

Je vous entens; & comme ſelon vous, il y a deux ſortes d'Athées, il y a de même deux différentes méthodes d'écrire contr'eux, dont on peut ſe ſervir à part, mais qu'on ne peut pas ſi bien réunir enſemble. Vous voudriez écarter ce qui n'eſt que menace, & ſéparer le travail du *Philoſophe* de celui du *Magiſtrat*; en ſuppoſant que la plus raiſonnable partie des Incrédules, qui ſont expoſés à la méthode conciſe des Magiſtrats, ne peuvent être ébranlés que par la méthode plus douce & plus réfléchie des Philoſophes. Or, je vous avoue que le langage du Magiſtrat n'a pas grand choſe de commun avec celui du Philoſophe. Rien ne

II. PART. §. III. va plus mal à l'autorité Souveraine qu'un ſtile philoſophique; & rien de ſi peu philoſophique qu'un ſtile de Souverain. Le mélange même de ces deux ſtiles gâteroit tout. C'eſt pourquoi, ſi, dans la queſtion préſente, on peut dire que quelque autre que le Magiſtrat *écrit bien*, c'eſt celui qui, d'après vos maximes, écrit en Philoſophe, qui laiſſe la liberté des diſcuſſions, & qui en agit en galant homme avec ſon adverſaire.

Quoi de plus équitable, réprit Théoclés?... Rien: mais le monde penſera-t-il de même? Adoptera-t-on, ſuivra-t-on exactement cette *méthode d'écrire*? .... On le peut certainement, & l'Antiquité nous offre pluſieurs exemples que nous pouvons citer pour preuve. Cette liberté philoſophique n'a jamais paſſé pour injurieuſe à la Religion, ou préjudiciable au peuple, puiſque les grands hommes, dans des pays vertueux & religieux, l'ont priſe dans leurs entrétiens & dans leurs écrits; les Magiſtrats mêmes qui ſacrifioient aux autels, & qui étoient les gardiens du culte public, prenoient part à ces diſputes....

Pardonnez-moi, Théoclés, ſi j'oſe vous dire que cela ne fait rien au ſujet préſent. Il faut conſidérer les ſiecles Chrétiens. Vous n'ignorez pas quel eſt ordinairement le ſort de ceux qui oſent écrire en honnêtes-gens. Qu'eſt-il arrivé au pieux & ſavant auteur du *Syſtême intellectuel de l'Univers*? Certainement quelque choſe de bien ſingulier; & j'avoue qu'il vit fort plaiſant que tandis que tout le monde a également rendu juſtice à ſon habileté, à ſon ſavoir & à la droiture de ſes intentions dans la Défenſe des intérêts de Dieu, on n'a pas laiſſé de l'accuſer d'avoir fait triompher l'Athéiſme, uniquement parce qu'il a propoſé ſans detour, les raiſons des Athées, auſſi bien que celles de leurs adverſaires (1).

Rappellez-vous encore comment, entr'autres Ecrits de ce genre, une certaine *Recherche honnête*, comme vous l'appelliez, fut reçue, & quel ſcandale elle excita..... (2)

Je ſuis bien fâché de cela. Mais vous avez touché une corde qui me forcera peut-être de m'étendre ſur cet article. Je ſuis prêt à entrer dans la lice pour défendre un Ami injuſtement accuſé.

(1) Il eſt vrai: un Eccléſiaſtique nommé Jean Turner, Auteur d'un *Traité du Meſſie*, dit dans l'Epitre Dédicatoire de cet ouvrage „ qu'on doit conclure que „ Mr. Cudworth eſt lui-même Trithéite, ſecte pour laquelle je préſume, dit-il, qu'il doit avoir de la tendreſſe aimant autant qu'il fait les expreſſions dures: „ ou peut-être qu'il eſt quelque choſe de pis, que je „ ne nommerai point, parce qu'il prétend avoir écrit „ ſon livre contre ces gens-là." Dans un autre endroit il dit que „ tout ce que la charité elle-même peut „ faire en faveur du Docteur, s'il s'agit de faire ſon „ portrait & de le depeindre à ſon avantage, c'eſt de „ dire qu'il étoit Arrien, Socinien ou Déiſte."

Dryden s'eſt contenté de dire que Cudworth a propoſé contre l'exiſtence de Dieu & de la Providence des objections ſi fortes que bien des gens prétendent qu'il n'y a nullement répondu. (Note du Trad.)

(2) Peut-être s'agit-il ici des Recherches ſur la Vertu ou le mérite, ou de l'Eſſai ſur la Raillerie, deux Pieces de Notre Auteur qui firent beaucoup de bruit lorſqu'elles parurent pour la premiere fois. (Note du Trad.)

II. PART. §. III.

Je confeſſai à Théoclés & à la compagnie, que j'avois eu déja deſſein de m'expliquer avec lui à ce ſujet, & que je ne m'étois porté pour accuſateur de cet Ecrivain, ainſi que de tant d'autres qui ont affecté la même modération & le même ſang froid, que parce que je les croyois coupables de profanation, à cauſe de la patience & de l'air indifférent qui paroiſſent dans leurs ouvrages, où ils ne montrent pas le moindre zele pour les intérêts de la Divinité & la doctrine d'un Etat futur.

Pour moi, reprit Théoclés, je ſuis au contraire pour cette méthode de raiſonner tranquille & paiſible. Je tâcherai donc de juſtifier mon Ami à cet égard, ſi vous avez aſſez de patience pour m'écouter dans un ſujet auſſi étendu.

Chacun répondit pour ſoi, & il commença de la ſorte,

De tant d'Ecrivains qui veulent défendre la Religion, il me ſemble que la plupart s'occupent, ou à ſoutenir la vérité de la Foi Chrétienne en général, ou à refuter les ſyſtêmes particuliers que l'on regarde comme des nouveautés dangereuſes. On ſuppoſe qu'il n'y a pas beaucoup de gens qui ſoient indécis ſur les fondemens & les principes de toute Religion; & nous voyons en effet qu'il n'y a pas beaucoup d'Auteurs qui en veulent à ceux-là. Ils croiroient peut-être s'avilir, & manquer à leur dignité, s'ils raiſonnoient tranquillement avec des hommes que l'on ne conſidere partout qu'avec horreur. Mais comme notre Religion nous ordonne d'avoir de la charité pour tous les

les hommes, nous ne pouvons pas nous dispenser de compâtir au sort de gens qui sont livrés à la plus dangereuse de toutes les erreurs, & que l'on ne guérit qu'avec une peine extrême, comme l'expérience le démontre. D'ailleurs la prudence ne permet peut-être pas de traiter avec si peu d'égards des hommes, dont le nombre quoique petit, s'augmente, dit-on, plutôt qu'il ne diminue, & cela parmi des citoyens considérables. Il seroit donc bon d'examiner si dans ce siecle & dans ce pays, les mêmes remedes que l'on a employés jusqu'à présent, peuvent être utiles, ou s'il n'en faudroit point d'autres plus convenables à un siecle où l'on est moins strict en matiere de Religion, & à des lieux moins sujets à l'autorité extérieure.

Cela peut suffire pour engager un Auteur à imaginer une méthode de raisonner avec ces victimes de l'erreur, qui soit plus efficace & plus propre à les convaincre que ces exclamations réitérées & ces invectives qui relevent la plupart des Ecrits publiés contr'eux. Il n'y a pas tant d'absurdité à croire que l'on peut tenter une recette absolument différente; par laquelle on leur présenteroit la raison avec tant d'avantage, qu'ils jugeroient aussitôt que leur Adversaire est sans préjugé, & qu'il veut peser tout avec la plus grande indifférence: car il est à craindre qu'ils ne pensent toujours que *ce qui n'a jamais été mis en question, n'a jamais été prouvé*; & que tout sujet qui n'a pas été examiné, dans un tems ou dans une autre, avec un parfait désintéressement, n'a jamais été examiné *comme il faut*, & ne peut-être *cru*

II. PART. §. III.

comme il convient. Un Traité a beau être annoncé pour une Recherche libre & impartiale, on n'y trouvera point ce ton de liberté & d'impartialité si nécessaire dans les discussions de ce genre, si, au lieu de se rendre à toutes les conséquences que la suite du raisonnement peut amener, un Auteur commence par affecter d'avance de la prédilection pour les conséquences de son propre systême, & de l'horreur pour toute autre contraire.

Il peut se faire que certains Ecrivains aient jugé nécessaire & convenable à leur caractere, en différentes situations, de détester hautement les principes des Incrédules & leurs personnes. L'Auteur que je défens, au contraire, qui n'est qu'un Laïque, tâche d'en agir honnêtement, & il prend toutes les précautions possibles pour ne pas les revolter: il leur cede tout ce qu'il peut leur céder, & il raisonne avec une indifférence absolue même sur le fait de la Divinité. Il propose de ne rien conclure de lui-même; mais il laisse aux autres à tirer les conclusions de ses principes; car il n'a pour but principal que de reconcilier ces rebelles avec les Principes de la Vertu, pour leur ouvrir ensuite une route vers la Religion, en écartant les plus grands obstacles, pour ne pas dire les seuls, qui s'y opposent, & qui prennent leur source dans les vices & les passions des hommes.

Voilà pourquoi il entreprend surtout d'établir la Vertu sur des principes qui le mettent en état de disputer avec ceux qui ne reconnoissent pas encore un Dieu ou un Etat futur. S'il n'en vient pas à bout, il compte n'avoir rien fait: car comment ceux qui ne sentent pas ce que c'est que la Bonté, concevront-ils la *Suprême Bonté*? Comment comprendre que la Vertu est digne de récompense, tant que son mérite & son excellence sont inconnus? C'est certainement s'y prendre à rebours, que de vouloir prouver le *mérite par la faveur*, & *l'ordre par la Divinité*. Voilà ce que notre Ami tâche de corriger: car étant à l'égard de la Vertu, ce que vous appelliez tout à l'heure un *Réaliste*, il s'efforce de faire voir qu'elle est réellement *quelque chose en elle-même*, qu'elle n'est ni arbitraire, ni *factice*, ni dépendante de la coutume, de l'imagination ou de la volonté, ni même de la Volonté Souveraine, qui ne peut la diriger arbitrairement: au contraire, c'est la Vertu qui dirige cet Etre Suprême, parce qu'il est *nécessairement bon*. Quoique l'Auteur traite principalement de la Vertu, & à certains égards, d'une maniere indépendante de la Religion, je crois cependant qu'il pourra paroître aussi sublime Théologien que Moraliste.

II. PART. §. III.

Je n'oserois assurer comme un fait certain que ceux qui réduisent la Vertu à un simple *mot*, en font autant de la Divinité, & ne sauroient défendre sans affectation les principes de la Religion: mais j'ose soutenir que quiconque défend sincérement la Vertu, & qui est un *Réaliste* en Morale, est par une conséquence nécessaire, un *Réaliste* en Théologie.

Toute affectation, je l'avoue, me paroît impardonnable, surtout en Philosophie. Et vous

II PART. §. III.

Philoclés, qui ne sauriez faire de grace aux mauvais raisonnemens, ni souffrir aucune Hypothese mal tissue vous aurez, j'en suis sûr, assez de candeur pour rejetter le *Déïsme moderne*, & recuser ceux qui usurpent un nom, que leur Philosophie ne leur donne pas le moindre droit de prendre.

Parlez-moi de l'honnête Epicure qui relegue ses Dieux dans les espaces imaginaires & qui les plaçant hors de l'univers & de la nature des choses, les réduit à un *mot*. Ce procédé est franc & sincere; car tout le monde, qui se mêle de philosopher, peut entendre aisément ce que cela veut dire.

Ces Philosophes, que vous semblez favoriser, Philoclés, ont la même candeur. Quand un Sceptique doute si l'on peut tirer une *Théologie réelle* de la seule Philosophie, sans le secours de la Révélation, ce n'est qu'un beau compliment qu'il fait à l'Autorité & à la Religion reçue. Celui qui raisonne profondément, ne peut en imposer à personne: car à ce prix-là la Théologie n'auroit aucun fondement, puisque la Révélation même est fondée sur la connoissance préalable de l'Etre Suprême: or c'est à la Philosophie à *prouver* ce que la Révélation ne fait que *supposer*.

Je regarde donc comme fort indécent de la part de ceux qui veulent *édifier* & *prouver*, de jetter des fondemens qui ne suffisent pas pour soutenir l'édifice. L'art de supplanter & de miner peut passer pour être de bonne guerre en d'autre cas: mais il n'est pas permis, dans les discussions philosophiques, de travailler sous terre, & d'aller à la ſappe comme dans les sieges. Rien de moins convenable que de parler magiſtralement & avec vénération d'une Nature Suprême, d'un Etre infini & d'une Divinité, tandis qu'on ne dit pas un mot de la Providence, ni du gouvernement d'une Intelligence. Lorſque l'on comprend tout ceci, & que l'on reconnoît une *Divinité* réelle; ces notions ne ſont point ſeches & ſtériles, mais elles amenent des conſéquences néceſſaires qui nous déterminent à l'action, & qui trouvent de quoi occuper les plus vives affections de l'Ame. Tous les Devoirs de la Religion découlent manifeſtement de ces principes, & il ne reſte plus aucun nuage ſur les grandes maximes que la Religion a établies. Or notre Ami eſt-il ſans feinte du nombre de ces Réaliſtes; c'eſt ce que vous déduirez des conſéquences de ſon hypotheſe. Vous verrez ſi au lieu de ſe réduire en derniere analyſe à de pures ſpéculations, elle mene à la pratique; & vous ſerez certainement content de voir s'élever un édifice, qui paſſeroit chez la plupart des hommes, pour une *ſublime Religion*, & chez quelques-uns pour de l'*Enthouſiaſme*.

II. PART. §. III.

En effet, j'en appelle à vous, Philoclés: y a-t'il quelque point en Théologie, qui vous paroiſſe avoir plus l'air de l'Enthouſiaſme, que la notion de l'*Amour Divin*, en tant qu'il nous interdit toutes vues mondaines, ſenſuelles, ou baſſement intéreſſées. C'eſt un *Amour* qui eſt ſimple, pur & ſans mêlange; qui n'a d'autre objet que l'excellence de l'Etre Souverain, & qui n'admet d'autre idée de bonheur que ſa

II. PART. §. III.

ſimple jouiſſance. Je ne crains point de dire que ſi l'on vous montre que mon Ami a adopté cette notion, & qu'il penſe à en faire le grand principe de ſa Théologie, par des argumens familiers à ceux-mêmes qui rejettent la Religion, vous ne douterez point alors qu'il ne ſoit bien éloigné de l'incrédulité.

Suivant donc ſon Hypotheſe, il déclare d'abord par proviſion que l'*Amour Divin* déſintéreſſé eſt le grand principe par excellence: il n'ignore cependant pas qu'il a été pouſſé trop loin, & peut-être même, juſqu'à un enthouſiaſme extravagant, par le zele indiſcret de quelques Dévots bien-intentionnés: telle fut la manie des Myſtiques de la primitive Egliſe, que les Modernes ont ſuivis. D'un autre côté, il reconnoît qu'il y a eu d'autres gens, qui pour s'oppoſer à cette dévotion myſtique, & à ce qu'ils appelloient *Enthouſiaſme*, dont ils ſe déclaroient ennemis ont tellement décrié cette vie extatique, & dépouillé leur Religion Raiſonnable de zele, d'affection & de chaleur, qu'on les a ſoupçonné de n'en point avoir du tout. Mon Ami vous diroit que quoiqu'il fût aſſez naturel, pour un ſimple Ecrivain *politique*, de fonder ſon grand argument de la Religion ſur la néceſſité de la croyance d'une Recompenſe ou d'une Punition à venir; cependant c'eſt une fort mauvaiſe preuve de ſincérité dans la Religion, & ſurtout dans le Chriſtianiſme, de le réduire à une Philoſophie, qui rejette le principe de l'Amour Divin, & le traite d'Enthouſiaſme, lorſqu'il eſt *déſintéreſſé*, lorſque l'on aſpire à aimer

Dieu ou la Vertu pour Dieu ou la Vertu même. II. PART. §. III.

Il y a donc deux ſortes de gens, qui donnant dans des extrémités oppoſées, expoſant la Religion aux inſultes de ſes Adverſaires : car autant il eſt difficile d'une part de défendre le principe de cet Amour ſublime que les Myſtiques revendiquent avec tant de chaleur, autant il eſt difficile de l'autre, dans le ſyſtême des Indifférens, de laver la Religion du réproche d'eſprit mercenaire & ſervile. En effet, qui oſera nier que ſervir Dieu par contrainte & par intérêt uniquement, ce ne ſoit un eſprit ſervile & mercenaire ? N'eſt-il pas évident que le vrai culte de l'Etre ſuprême, doit porter ſur l'eſtime ou l'amour, ſur un ſentiment de devoir ou de reconnoiſſance, ſentiment qu'il faut chérir, comme bon & *aimable en ſoi-même.* Quelle eſt l'injure que cela peut faire à la Religion ? Qu'y a t'il à craindre pour la croyance des châtimens & des récompenſes à venir, en avouant que le culte fondé ſur ce motif, n'égale pas celui qui eſt volontaire, & que l'inclination accompagne; mais qu'il eſt plutôt bas & mercenaire ? Ne faut-il pas toujours, pour le bien du genre humain & du monde rendre obéiſſance aux loix de la juſtice, au moins par le motif imparfait de la crainte ? N'eſt-il pas toujours certain que le ſervice de la Crainte, quelque lâche & bas qu'il ſoit, eſt indiſpenſable : que la Religion étant une diſcipline & un progrès de l'ame vers la perfection, le motif de la récompenſe & de la punition, eſt de la plus grande importance pour nous,

II. PART. §. III. jusqu'à ce qu'instruits dans des voies plus sublimes, nous passions de cet état servile au culte généreux de l'Amour & de l'Affection ?

C'est à ce terme que nous devons tous aspirer, selon les maximes de notre Ami, & faire ensorte d'avoir pour motif l'*excellence de l'objet*, & non la rétribution. Mais si par la perversité de notre Nature, ce premier motif étoit insuffisant pour nous exciter à la vertu, il faudroit avoir recours au second, sans le mépriser, ni le négliger.

Cela posé, comment la Religion seroit-elle plus longtems exposée au reproche d'être mercenaire, comme elle l'est souvent? La piété, dit-on, est un *grand gain*, & on ne sert pas Dieu *pour rien*? N'est-ce pas là un vrai reproche? N'est-ce pas avouer qu'il y a un culte plus noble, un amour plus généreux? Voilà sur quel fondement l'Auteur regarde comme une tâche fort aisée de défendre la Religion, & même cette *dévotion extraordinaire* qui passe pour un si grand paradoxe dans la Foi: car si la Nature admet un culte d'amour & d'affection, il ne s'agit plus que de considérer l'objet, & d'examiner si l'Etre Suprême que nous supposons, existe. S'il y a une Excellence divine dans l'Univers, s'il y a une *Intelligence Souveraine*, en un mot, une *Divinité*, il existe donc un *Objet complet & parfait*, qui renferme tout ce qu'il y a de *bon* & d'*excellent*. D'ailleurs, cet Objet doit être nécessairement le plus aimable, & sa possession doit être la plus délicieuse. Or que ce grand Objet existe dans l'univers, l'univers seul le démontre par l'ordre

& la sagesse qui y regnent. Si cet ordre est réellement parfait, il exclut tout le mal réel. Que cela soit ainsi, c'est ce que l'Auteur soutient fortement, lorsqu'il donne la meilleure solution possible de ces phénomenes étranges, de ces apparences sinistres que la Providence laisse échapper relativement au sort inégal de la Vertu dans ce monde.

Au reste, avec quelque force que les apparences déposent contre la Vertu, & en faveur du Vice, l'objection qui en resulte contre l'existence d'un Dieu, se resout facilement: la supposition d'un Etat futur arrange tout. Cela suffit, aux yeux d'un Chrétien, ou d'un homme convaincu de ce grand principe, pour éclaircir tous les nuages, dont s'enveloppe la Providence: car celui qui compte surement sur un avenir, n'a pas besoin de tant s'inquiéter sur le sort de la Vertu dans ce monde. Mais il n'en est pas de même avec ceux qui pensent différemment. Ils sont embarassés sur la Providence, qu'ils tâchent de trouver dans le gouvernement de l'univers. L'accroissement des désordres apparens de ce monde, & le spectacle odieux de la Société & de la Nature Humaine, ne faciliteront point cette recherche. Il ne leur sera pas aisé de reconnoître là la Providence. L'aspect peu avantageux des choses d'*ici-bas*, ne leur donnera pas une idée favorable de celles qui sont *au-dessus*. Ils seront tentés de juger de la *Cause* par les *Effets* qu'ils voyent, & de la Providence par le sort de la Vertu. Cependant s'ils étoient une fois convaincus d'un Ordre & d'une Providence

II. PART. §. III.

dans les *choses présentes*, ils se reconcilieroient peut-être bientôt avec un *état futur*: car si la Vertu n'est point pour *elle-même* une petite Récompense; & si le Vice se punit *lui-même* en grande partie, nous sommes fondés à aller plus loin. Le simple principe d'une Justice distributive, & de l'ordre de ce monde, peut nous donner l'idée d'un autre systême à venir. Nos vues s'étendent, & nous sentons pourquoi tout ne se consomme pas dans l'état présent, & pourquoi cela est remis à une époque future. Si les hommes bons & vertueux avoient toujours joui d'une complette prospérité dans cette vie, si la probité n'avoit jamais trouvé d'obstacle, & si le mérite n'avoit pas été sujet aux orages de l'adversité, qu'elle seroit l'épreuve, la victoire ou la couronne de la Vertu? Quel seroit le théâtre des Vertus, & comment se caractériseroient-elles? Qu'est-ce que seroit la tempérance, ou le renoncement à soi-même, la patience, la douceur, la magnanimité? D'où tireroient-elles leur être? Où est le mérite, sinon dans les disgraces? Qu'est-ce que la Vertu sans combat avec nos ennemis tant intérieurs qu'extérieurs?

Mais quelques difficultés que la Vertu ait à combattre dans ce monde, sa force leur est toujours supérieure. Quoiqu'exposée, elle n'est cependant pas abandonnée à un état misérable. Elle a assez d'avantages qui la mettent au dessus de la pitié, quoique non pas au dessus de nos vœux; & comme nous la voyons heureuse dans ce monde, nous pouvons nous flatter de quelque chose de plus pour l'avenir. Son partage actuel suffit pour montrer que la Providence la favorise; & puisqu'il y a *ici-bas* une Providence pour elle, qui lui accorde des prérogatives, qu'il est probable qu'elle s'étendra jusqu'à une *vie future!*

Voilà, selon notre Ami, ce que l'on peut dire, en faveur d'un état à venir, à ceux qui doutent de la Révélation: c'est ce qui doit rendre la Révélation probable, & ce qui assure le premier pas qui y conduit, savoir la croyance d'un Dieu & d'une Providence. La Providence se prouve par ce que nous appercevons de l'ordre des choses présentes. Il s'agit de démontrer l'existence de l'ordre, & surtout dans ce qui concerne la Vertu. Il ne faut pas tout renvoyer à un *avenir*. Si le monde étoit plongé dans l'anarchie; si aucun Pouvoir supérieur n'en prenoit soin; si le Vice triomphoit impunément au mépris de la Vertu; ce désordre seroit un vrai *Chaos*, & nous réduiroit aux atômes, au hazard & à la confusion que les Athées protegent avec tant d'intérêt.

Y a-t'il donc rien de plus mal, dans la question de l'existence d'un Dieu, que d'exagérer tellement, comme font quelques zélés, le désordre qui regne dans le monde, & les disgraces de la Vertu, qu'on la fait passer pour un malheureux choix dans l'état présent? C'est une étrange erreur que de prétendre attacher les hommes à une autre vie, en leur donnant si mauvaise opinion de celle-ci. Déclamer de cette maniere contre la Vertu en présence de ceux qui croient difficilement; c'est les engager à ajouter moins de Foi à la Divinité, sans

II. PART. §. III. qu'ils soient plus convaincus d'un état futur. Il n'est personne qui pense sincérement qu'un homme, qui a la plus haute opinion de la Vertu & du bonheur qu'elle procure, soit pour cela moins disposé à croire un avenir. Au contraire, on observera toujours que comme les fauteurs du vice sont les plus mal-intentionnés pour ce principe, de même les amis de la vertu, adoptent avec plus d'empressement, une opinion qui la rend si illustre, & qui fait triompher sa cause.

Ainsi chez les Anciens, le grand motif qui portoit les plus sages à croire une doctrine qui ne leur étoit pas révélée, étoit le pur amour de la Vertu: c'étoient de grands hommes, fondateurs & gardiens de la Société, des Législateurs, des Patriotes, des Héros qui pensoient de la sorte, & qui desiroient que leurs vertus fussent immortelles. Il n'est rien de nos jours, qui rende cette croyance plus précieuse & plus douce pour des Ames vertueuses que le zele de l'Amitié, qui inspire le desir de n'être pas entierément séparé par la mort de ce que l'on aime, afin qu'on puisse jouir ci-après des délices d'une touchante société. Pourquoi donc traiter un Auteur d'ennemi d'un Etat futur, pour avoir célébré uniquement la Vertu? Comment peut-on l'accuser d'être traitre à sa Religion, parce qu'il défend un principe sur lequel la notion même d'un Dieu & de la Bonté, est établie. Le sommaire de toute sa doctrine est qu'en fondant un Etat futur sur la ruine de la Vertu, on trahit la Religion en général & la cause d'un Dieu; & qu'en donnant la récompenſe & le châtiment comme les principaux motifs de nos devoirs, on renverſe la Religion Chrétienne en particulier, on rejette & on expoſe ſon grand principe, celui de l'*Amour*. II. PART. §. III.

On peut donc juſtement & charitablement conclure que le vrai deſſein de l'Auteur, en s'adreſſant avec tant de bonne foi aux Latitudinaires, eſt de leur donner une idée de la conſtitution humaine & du cours ordinaire des affaires de ce monde, qui leur faſſe ſentir la réalité de l'*Ordre de la Nature*, afin qu'ils reconnoiſſent en conſéquence la Sageſſe, la Bonté, & la Beauté ſuprême: cette premiere démarche les prépare à ce *divin Amour*, que la Religion enſeigne lorſque l'on embraſſe ſes préceptes, & que l'on ſe conforme à ſon ſacré caractere.

Voilà ce que j'ai à dire pour la défenſe de mon Ami: il vous paroît peut-être à-préſent bon Moraliſte; & je me flatte que vous ne le prendrez point pour un adverſaire de la Religion. Mais ſi vous croyez qu'il ne ſoit pas encore auſſi *Théologien*, que je vous avois promis de le faire voir, je ne puis guere vous ſatisfaire dans une converſation de ce genre. Si j'allois plus loin, je pourrois m'engager dans des matieres *ſpirituelles*, qui ameneroient peut-être enſuite une eſpece de Sermon ſur ſon Syſtême de Théologie. Au reſte, je compte que tout ceci n'approche pas mal d'une Homelie; c'eſt pourquoi j'eſpere que vous me tiendrez quitte du reſte.

SECTION IV.

II. PART. §. IV. COMME Théoclés achevoit, il vint des visites qui changerent le sujet de la conversation, & on parla d'autre chose le reste de l'après-midi. Enfin tout le monde s'étant retiré, à l'exception du vieux Gentilhomme & de son Ami, qui avoient diné avec nous, nous recommençâmes sur de nouveaux frais: on pressa Théoclés d'en venir à son Sermon, & à la partie théologique du Systême de son Auteur. Il se plaignit qu'on le traitoit comme un fameux Musicien que l'on persécute pour le faire chanter, non point par goût pour son art, mais pour satisfaire une maligne curiosité qui aboutit à la fin à une Critique & à l'ennui.

Nous lui déclarâmes que malgré toutes ses raisons, nous étions résolus de l'emporter. J'assurai ensuite les deux autres auditeurs que s'ils vouloient bien me seconder, je viendrois à bout de vaincre son opiniâtre résistance.

Eh bien, reprit Théoclés, je cede à condition que puisque je vais faire le rôle de *Théologien* & de *Prédicateur*, ce sera aux dépens de Philoclés, qui tiendra ici la place d'*incrédule* à convertir.

Sérieusement, dit le vieux Gentilhomme, le rôle que vous lui donnez, lui convient tellement, que je ne doute point qu'il ne le remplisse sans se contraindre. J'aimerois mieux que vous vous fussiez dispensé de le faire souvenir de son propre caractere. Il étoit de lui-même assez capable de vous interrompre par ſes chicanes éternelles. C'eſt pourquoi, comme vous nous avez aſſez entrétenu juſqu'ici par la voie du Dialogue, je ſerois charmé que vous ſuiviſſiez à la rigueur la loi du Sermon, & qu'il n'y eut pas de réplique à tout ce que vous pourrez avancer.

J'acceptai la condition que l'on propoſoit, & je dis à Théoclés que je la remplirois volontiers; que d'ailleurs ſi j'étois réellement cet *incrédule* qu'il alloit entreprendre, je ne me tenois pas pour malheureux, puiſque j'étois bien ſûr qu'il me perſuaderoit entiérement, s'il daignoit le vouloir.

On propoſa alors de ſortir; le tems étoit beau, & le grand air convenoit davantage, au jugement de Théoclés, à un Diſcours de ce genre.

Nous allâmes donc faire notre promenade du ſoir: le laborieux villageois ſe retiroit déja. Nous tombâmes naturellement ſur l'éloge de la vie champêtre, & nous diſcourûmes un peu ſur l'économie rurale & la nature du ſol. Nos Amis admirerent quelques plantes qui y croiſſoient à merveille, & comme j'eus le bonheur de dire quelque choſe ſur la nature des ſimples, qui fut extrêmement goûté, Théoclés ſe tournant alors vers moi, s'écria: „ O mon ingé- „ nieux Ami! vous, dont la Raiſon eſt ſi *ſure* „ & ſi heureuſe à d'autres égards, comment „ ſe peut-il qu'avec ce jugement ſain & la „ juſte idée que vous avez des détails de la „ Nature & de ſes opérations, vous ne jugiez „ pas mieux de l'édifice général, de l'ordre & „ de la conſtitution de l'Univers? Qui peut

II. PART. §. IV.

„ mieux que vous montrer la ſtructure des „ plantes & des animaux, caractériſer les fonc- „ tions de chaque partie & de chaque orga- „ ne, découvrir leur uſage, leur fin & leurs „ avantages? Pourquoi êtes-vous ſi mauvais „ *Naturaliſte* à l'égard de ce grand *Tout*, pour- „ quoi entendez-vous ſi peu l'*anatomie* de l'U- „ nivers & de la Nature, que vous ne diſcer- „ niez point le même rapport de parties, la „ même conſiſtance & la même uniformité „ dans le Syſtême général?

„ Il y a peut-être des hommes, dont les „ idées ſont ſi confuſes, & qui penſent ſi irré- „ guliérement, qu'il leur eſt bien naturel de „ trouver des défauts, & d'imaginer mille mé- „ priſes dans ce grand Univers. On peut pré- „ ſumer que l'objet abſolu ou l'intérêt de la „ Nature, n'étoit pas de rendre chaque indi- „ vidu infaillible & ſans défauts; elle vouloit „ nous laiſſer une idée de l'imperfection dans „ ces Eſprits intraitables qui ſont agités par le „ tumulte de leurs penſées abſurdes. Mais „ vous, mon Ami, qui avez un plus noble „ Eſprit, vous ſentez en vous-même un ordre „ plus exact, vous voyez dans vous & dans „ les autres parties de la création du deſſein, „ de l'intelligence & un plan auſſi ſavant que „ ſublime. Si vous accordez tout cela, pour- „ quoi n'accordez-vous pas le reſte? Pouvez- „ vous jamais croire ou penſer qu'un *Tout*, où „ les *parties* ſont ſi diverſement combinées, & „ ſi bien adaptées les unes aux autres, n'ait „ ni union ni cohérence? Vous imaginez-vous „ que des *Natures* inférieures & privées, étant

ſou-

„ ſouvent ſi parfaites, la *Nature Univerſelle* II. PART. §. IV.
„ puiſſe avoir des défauts, être monſtrueuſe,
„ groſſiere imparfaite, & tout ce que l'on
„ peut ſe figurer à ce ſujet?

„ Etrange chimere! Quoi, il exiſteroit dans
„ la Nature une idée d'ordre & de perfection,
„ dont la Nature même manqueroit! Des êtres
„ qui ſortent de la Nature, ſeroient aſſez par-
„ faits pour découvrir de l'imperfection dans
„ ſon Syſtême, & ſeroient aſſez ſages pour
„ corriger la Sageſſe qui les a faits!

„ Il n'y a rien de plus fortement imprimé
„ dans nos Eſprits, ou de plus intimement lié
„ à notre Ame, que l'idée ou le ſentiment de
„ l'ordre & de la proportion. De-là la force
„ des *Nombres*, & ces Arts puiſſans qui ſont
„ fondés ſur leurs regles & leur uſage. Quelle
„ différence entre l'harmonie & la diſſonan-
„ ce, entre la cadence & la convulſion, entre
„ un mouvement régulier, & celui qui ſe fait
„ au hazard, entre l'ouvrage uniforme d'un
„ excellent Architecte & un monceau de ſable
„ ou de pierres, entre un corps organiſé, &
„ un nuage qui eſt le jouet du vent.

„ Outre que le Sentiment intérieur ſaiſit
„ auſſitôt cette différence, la Raiſon pronon-
„ ce encore que toutes les choſes qui mar-
„ quent de l'ordre ont une unité de deſſein, &
„ concourent à un Tout, dont elles ſont les
„ parties conſtituantes; ou ſont en elles-mê-
„ mes des ſyſtêmes complets. Tel eſt un ar-
„ bre avec toutes ſes branches, un animal
„ avec tous ſes membres, un édifice avec tous
„ ſes ornemens extérieurs & intérieurs. Qu'eſt-

II. PART. §. IV.

„ ce qu'un air, une ſimphonie, ou un excel-
„ lent morceau de Muſique, ſinon un certain
„ ſyſtême de ſons proportionnés?

„ Dans ce que nous appellons l'Univers, „ quelque perfection qu'aient les *ſyſtêmes particuliers*; ou quelle que ſoit la proportion, „ l'unité ou la forme de chaque *partie*, s'ils ne „ ſe réuniſſent pas tous en général dans *un* „ *ſeul ſyſtême* (*); mais qu'au contraire, ils „ ſoient réciproquement l'un à l'égard de l'autre, ainſi que la pouſſiere, les nuages ou les „ vagues de la mer; alors comme il n'y auroit „ pas de cohérence dans le Tout; on ne pourroit y appercevoir ni ordre, ni proportion,

(*) LOCKE: *Eſſai ſur l'Entendement Humain.* L. 4. c. 6.

Ac mihi quidem Veteres illi majus quiddam animo complexi, multo plus etiam vidiſſe videntur, quàm quantum noſtrorum ingeniorum acies intueri poteſt: qui omnia hæc quæ ſupra & ſubter, unum eſſe, & una vi, atque una conſenſione Naturæ conſtricta eſſe dixerunt. Nullum eſt enim genus rerum, quod aut avulſum à cæteris per ſeipſum conſtare, aut quo cætera ſi careant, vim ſuam atque æternitatem conſervare poſſint. Cic. de Orat. L. 3.

Omne hoc quod vides, quo divina atque humana concluſa ſunt; unum eſt: membra ſumus corporis magni. Senec. Ep. 95.

Societas noſtra Lapidum formationi ſimillima eſt; quæ caſura, niſi invicem obſtarent, hoc ipſo ſuſtinetur. Ibid.

Eſtne Dei ſedes, niſi terra & pontus & æther,
Et cælum & virtus? Superos quid quærimus ultra?
Jupiter eſt quodcumque vides, quocumque moveris.

Lucan. L. 9.

„ni deſſein. Mais s'il n'y a rien d'indépen- „dant, & que tout paroiſſe uni, alors le Tout „eſt un ſyſtême complet ſuivant un Deſſein „ſimple, conſéquent & uniforme.

II. PART. §. IV.

„Ce qu'il faut principalement conſidérer, „c'eſt que ni l'Homme ni tout autre Animal, „quelque complet que ſoit ſon *ſyſtême propre*, „ne peut-être regardé comme également com- „plet à l'égard de ce qui eſt *hors de lui-même*: „il a une relation ultérieure au ſyſtême de ſon „eſpece; & le ſyſtême de cette eſpece au ſyſ- „tême animal; celui-ci à notre terre; notre „terre à tout l'Univers.

„Tout eſt uni dans ce monde. Comme la „branche, par exemple, eſt unie à l'arbre, l'ar- „bre eſt uni auſſi immédiatement à la terre, à „l'air & à l'eau, qui le nourriſſent. Autant „que le fertile terroir eſt propre à l'arbre, & „que le tronc du chêne & de l'orme eſt pro- „pre à ſoutenir les branches entrelaſſées de la „vigne & du lierre; autant les feuilles, la ſe- „mence & les fruits de ces arbres ſont propres „à diverſes eſpeces d'animaux, qui convien- „nent elles-mêmes enſuite à d'autres & aux „élémens où elles vivent, & auxquels elles „ſont unies comme des dépendances néceſſai- „res; à l'air par les *aîles*, à l'eau par les *na- „geoires*, à la terre par les *pieds*, & par d'au- „tres parties internes & correſpondantes qui „ſont d'une forme encore plus admirable. Ain- „ſi tous les Etres que nous offre la terre ou no- „tre monde, ne doivent point être conſidérés „chacun à part, mais tous enſemble & dans „un ſeul ſyſtême. Il en eſt de même de l'U-

„nivers entier: on y apperçoit la dépendance „réciproque des êtres, leurs rapports, tels que „celui du soleil à notre terre, & celui de la „terre & des autres planetes au soleil: l'ordre „l'union, la cohérence se font remarquer par- „tout. Oui, mon Ami, ce spectacle vous „obligera de reconnoître le *Système Universel*, „& d'avouer qu'il est établi sur de fortes preu- „ves capables de convaincre tout observateur „équitable des ouvrages de la Nature. Si l'on „ne contemploit point cette scene immense, „à peine croiroit-on une union, qui se démon- „tre d'une maniere si évidente par tant de tra- „ces d'une correspondance mutuelle depuis les „ordres d'êtres les plus chétifs jusqu'aux sphe- „res les plus éloignées.

„Or si dans ce vaste ensemble des choses, „il y a des rapports que l'on ne découvre pas „aisément; si le but & l'usage des choses créées „ne paroît point toujours; il n'y a rien là de „merveilleux, puisque ces apparences sont né- „cessaires. La Sagesse Suprême ne pouvoit „pas en ordonner autrement: car dans une *in-* „*finité* d'êtres, tous relatifs, un Esprit qui n'est „pas *infini*, ne peut rien voir *complettement*; & „puisque chaque être se rapporte au Tout en „général, il n'y a rien, dont on puisse *parfai-* „*tement* connoître les vrais rapports dans un „monde qui n'est pas *parfaitement* connu.

„On peut observer la même chose dans l'a- „nalise d'un animal, d'une plante ou d'une „fleur. Un homme, qui n'est ni Anatomiste, „ni Botaniste; conçoit en général que chaque „partie correspond au tout; c'est ce que l'on

„ faifit du premier coup-d'œil. Mais celui qui, „comme vous, mon Ami, connoît les ouvra- „ges de la Nature, & qui a étudié le Regne „ animal & végétal, peut feul indiquer les jus- „ tes rapports de toutes les parties l'une avec „ l'autre, & leurs divers ufages.

„ Si vous voulez fuivre plus loin cette ré- „ flexion, & fentir que nous devons non feule- „ ment nous contenter de cette apparence des „ chofes, mais même admirer fa clarté, fup- „ pofez feulement un homme qui ne connoiffe „ abfolument rien dans la navigation, & qui „ ignore la nature de la mer & des eaux: quelle „ feroit fa furprife, fi fe trouvant à bord d'un „ vaiffeau qui eft à l'ancre dans un tems calme „ & en pleine mer, il voyoit la pefante machi- „ ne ferme & immobile au milieu de l'océan! „ après avoir confidéré la cale, l'intérieur, les „ cordages, les mâts & les voiles, il s'apperce- „ vroit fans peine que le tout forme un édifice „ régulier, dont toutes les parties font mutuel- „ lement dépendantes les unes des autres; il re- „ marqueroit l'ufage des chambres, des maga- „ fins, des provifions &c. Mais ignorant l'ob- „ jet de toutes les pieces qui font au deffus de „ la machine, décideroit-il auffitôt que les mâts „ & les cordages font inutiles & embaraffans, „ & mépriferoit-il en conféquence le travail & „ la perfonne du Conftructeur? Ah! mon A- „ mi, ne trahiffons pas notre ignorance; mais „ confidérons où nous fommes & dans quel U- „ nivers? Penfez aux innombrables parties de „ cette vafte *Machine* que nous connoiffons fi „ peu, & dont il eft impoffible de pénétrer le

II. PART. §. IV.

„ but & l'uſage, puiſqu'au lieu de pouvoir por„ ter la vue juſqu'au *pavillon*, nous n'appercevons que le *tillac* tout au plus, & que nous „ ſommes confinés dans le fond de cale.

„ Convenant une fois du rapport & de l'uni„ formité qui éclate dans le ſyſtême de l'Uni„ vers, nous devons reconnoître en conſéquen„ ce une Intelligence Univerſelle, qu'aucun „ homme ſincere ne ſera tenté de rejetter, à „ moins qu'il ne ſe figure que le monde n'eſt „ que déſordre & confuſion. En effet, peut„ on ſuppoſer que s'il étoit relegué, par exem„ ple, dans le fond d'un déſert, & qu'il enten„ dît une ſymphonie exquiſe, ou qu'il vit un „ morceau régulier d'architecture s'élever gra„ duellement de la terre avec tous ſes ornemens „ & ſes proportions; peut-on, dis-je, ſuppo„ ſer qu'il n'y reconnût aucun deſſein, aucune „ vue, aucune Intelligence? Parce qu'il ne „ verroit aucune main, prétendroit-il nier l'ou„ vrage? Suppoſeroit-il qu'un ſyſtême com„ plet & parfait s'eſt ainſi raſſemblé, avec une „ juſte & exacte ſymmétrie, par le ſoufle for„ tuit des vents, ou l'éboulement des ſables."

„ Qu'y a-t'il donc qui pourroit troubler à „ nos yeux la vue de la Nature, juſqu'à faire „ diſparoître l'unité de deſſein & l'ordre d'une „ Intelligence, qui ſeroient autrement ſi ſenſi„ bles. Tout ce que nous pouvons voir de la „ terre & des cieux démontre l'harmonie & la „ perfection, & fournit les plus nobles ſujets de „ contemplation à des Eſprits, qui comme le „ vôtre, ſont éclairés par les lettres & l'érudi„ tion. Tout eſt délicieux, aimable, enchan-

„ teur, excepté ce qui regarde l'Homme ſeul, „ dont le ſort paroît inégal. Voilà la ſource „ du mal ; voilà pourquoi on renverſe cet au- „ guſte édifice. Tout périt, & l'ordre de l'U- „ nivers, qui eſt d'ailleurs ſi ferme, ſi integre, „ ſi immobile, eſt ſacrifié à une ſimple conſi- „ dération, par laquelle nous rapportons tout „ à nous-mêmes, en ſoumettant l'intérêt du „ *Tout* à l'intérêt de la plus chétive *Partie*. II. PART. §. IV.

„ Mais pourquoi vous plaignez-vous de „ l'inégalité du ſort de l'Homme, & du petit „ nombre d'avantages qu'il a ſur les animaux? „ Que peut exiger une Créature qui en diffe- „ re ſi peu, & qui ne paroit avoir d'autre pri- „ vilege que la Sageſſe & la Vertu, dont on „ fait généralement ſi peu de cas? L'Homme „ peut être vertueux, & c'eſt là ſon bonheur. „ Son mérite eſt une recompenſe: c'eſt par la „ Vertu qu'il eſt digne de quelque choſe, & „ c'eſt dans la vertu ſeule qu'il peut trouver le „ bonheur qu'il mérite. Mais ſi la Vertu eſt mal „ partagée, & ſi le Vice, plus heureux, eſt „ plus digne de notre choix ; ſi cela eſt, com- „ me vous le ſuppoſez dans la Nature des cho- „ ſes, alors tout ordre eſt réellement interver- „ ti, & il n'y a point de Souveraine Sageſſe ; „ car l'imperfection & l'irrégularité paroiſſent „ trop dans le Monde Moral, ſelon votre ma- „ niere de juger de la Nature.

„ Mais avant que de prononcer ſi déciſive- „ ment avez-vous bien conſidéré l'état de la „ Vertu & du Vice, relativement à cette vie „ ſeule? Pouvez-vous dire avec aſſurance „ quand, juſqu'à quel point, en quoi & com-

II. PART. §. IV.

„ ment, l'un ou l'autre eſt *bien* ou *mal*. Vous „ qui êtes ſi inſtruit ſur les autres ouvrages de „ l'Art & de la Nature, avez-vous conſidéré „ la fabrique de l'Eſprit, la conſtitution de „ l'Ame, le lieu & la nature des paſſions & „ des affections, pour connoître en conſé„quence l'ordre & la ſimétrie de l'Ame hu„maine, ſes progrès ou ſes pertes, ſa force „ quand elle ſe ſoutient naturellement dans ſon „ intégrité; ou ſon deſtin quand elle tombe „ dans la corruption? Juſqu'à ce que vous „ ayez bien examiné tout cela, mon Ami, „ comment juger de la force de la Vertu ou „ du pouvoir du Vice? Comment ſavoir de „ quelle maniere ils peuvent contribuer à no„tre bonheur ou à notre infortune?

„ Voilà donc le premier pas qu'il faudroit „ faire. Mais quel eſt celui qui peut procé„der à cette recherche comme il faut? Si „ nous ſommes heureuſement nés; ſi une bon„ne éducation a formé notre caractere & l'a „ rendu ſuſceptible de diſpoſitions généreuſes; „ ſi nos appetits ſont bien réglés, & nos pen„chans vertueux: à la bonne heure. Mais „ quel eſt l'homme qui s'efforce d'être ſa„ge de cette maniere, & d'augmenter ſa „ portion de bonheur ſur ces principes? Qui „ penſe à accroître, ou même à conſerver, ſon „ partage dans un monde, où il court néceſ„ſairement tant de hazards, & où un honnê„te caractere ſe corrompt ſi aiſément? Nous „ veillons avec ſoin ſur toutes les autres choſes „ qui nous regardent; chacune s'entretient „ par un art ou une économie qui lui eſt par-

„ ticuliere. Mais ce qui nous touche de plus „ près, & dont notre félicité dépend, eſt ſeul „ remis aux caprices du hazard. Le *caractere* „ qui gouverne tout, eſt la ſeule choſe que l'on „ ne gouverne point.

II. PART. §. IV.

„ C'eſt ainſi que nous examinons ce qui flat- „ te nos appétits, ſans nous embaraſſer de con- „ noſtre les appétits qui nous ſont bons & „ convenables. On obſerve ce qui eſt confor- „ me à l'intérêt, à la politique, à la mode & „ à l'uſage; mais on regarde comme une re- „ cherche déplacée celle de ce qui convient à „ la Nature. La balance de l'Europe, du „ Commerce & du Pouvoir, nous occupe vi- „ vement: mais il en eſt peu qui s'inquiétent „ de celle de leurs paſſions, ou qui penſent à „ la conſerver dans l'égalité. Il en eſt peu „ qui ſoient au fait de ceci, & qui ſentent „ l'importance de cette diſcuſſion. Cepen- „ dant ſi l'on étoit un peu initié dans cette ſa- „ lutaire méthode, on verroit de la beauté & „ de l'élégance ici comme dans tout le reſte „ de la Nature; l'ordre de l'Univers Moral, „ paroîtroit égaler celui du Naturel. Nous „ diſcernerions la beauté de la Vertu, & con- „ ſéquemment la *Suprême & Souveraine Beau-* „ *té*, qui eſt l'original de tout ce qui eſt bon „ & aimable.

„ Mais de crainte que je ne vous paroiſſe „ peut-être un peu trop enthouſiaſte, je veux „ m'expliquer & conclure cette Homélie Phi- „ loſophique par les paroles d'un de ces anciens „ Philologues que vous eſtimez: *Quant à la* „ *Divinité même*, dit-il, *elle eſt certainement*

II. PART. §. IV.

„ *Belle, & c'est la plus éclatante de toutes les „ Beautés, quoiqu'elle ne soit pas un beau corps, „ mais ce dont la beauté des corps dérive. Ce „ n'est pas une belle plaine, mais c'est ce qui fait „ que la plaine paroît belle. La beauté des rivie- „ res, des mers, des cieux & des constellations „ célestes, tout en découle comme d'une Source „ éternelle & incorruptible. Tant que les Etres „ y participent, ils sont beaux, florissans & heu- „ reux: quand ce rapport cesse, ils se défigurent „ & périssent.*"

Nos deux convives complimenterent Théoclés sur l'éloquence & la justesse de ses raisonnemens. J'allois en faire autant: il s'en apperçut & m'arrêta, disant que ce n'étoit pas une vaine louange qu'il attendoit de moi, mais une critique raisonnée de quelque partie de son discours, conformément à mon caractere.

Eh bien, s'il le faut, répliquai-je, permettez-moi donc d'abord de vous marquer ma surprise sur une chose: vous avez éloigné cette foule d'argumens, dont on se sert d'ordinaire pour prouver la Divinité, & vous vous êtes réduit à un seul. Je m'attendois que vous parleriez selon la coutume d'une *Premiere Cause*, d'un *Premier Etre* & d'un *Commencement de mouvement*. Quoi de plus net que l'idée d'une *Substance Immatérielle*! Quoi de plus décisif que de dire que dans un tems ou dans un autre, *la Matiere doit avoir été créée*! Mais vous gardez le silence sur tout cela. Quant à ce qu'on dit qu'*une Substance matérielle, qui ne pense pas, n'est jamais capable d'en avoir produit une imma-*

térielle qui pense; je l'accorde volontiers, mais à condition que cette grande maxime, *Rien ne se fait de rien*, sera pour moi comme pour mes adversaires. Dans ce cas, je présume que tant que le monde subsistera il ne sera pas facile d'assigner un commencement à la matiere, ou d'indiquer de quelle maniere il seroit possible de l'anéantir. Les Immatérialistes peuvent me représenter tant qu'ils voudront, avec toute l'éloquence dont ils sont capables, que „ La „ Matiere considérée sous mille différentes for- „ mes, unies & séparées, variées & modi- „ fiées à l'infini, ne peut jamais fournir d'elle- „ même une seule pensée, ni donner naissan- „ ce à aucunes connoissances humaines." Cet argument est bon contre un Démocrite, un Epicure, ou tout autre *Atomiste* ancien ou moderne. Mais un Académicien le retorquera bientôt: si l'on met à part les deux Substances, & si l'on veut bien supposer qu'elles sont de différente nature, on raisonnera aussi fortement au sujet de la *Substance Immatérielle*, en disant que „ Quoique l'on en fasse ce que l'on „ voudra, qu'on la modifie en mille manie- „ res, qu'on la purifie, qu'on l'exalte, qu'on „ la sublime, qu'on la tourmente, *à force de* „ *penser*, il ne sera jamais possible de produire „ ou d'en arracher la Substance contraire." La vile & chétive Matiere ne peut pas plus émaner de la Substance pure, simple, pensan- & immatérielle, que la sublime Raison s'extraire de la pesante masse de la Matiere. Ainsi que les Dogmatistes fassent ce qu'ils peuvent de cet argument.

II. PART. §. IV.

II. PART. §. IV. Mais pour vous, continuai-je, la queſtion, telle que vous l'avez établie, ne roule pas ſur l'Etre qui a été le *premier*, ou qui a précédé; elle regarde ce qui eſt *actuel* ou dans *cet inſtant*. En effet ſi la Divinité exiſte à *cette heure*, s'il paroît par de bonnes preuves qu'il y a *à-préſent* une Intelligence Univerſelle, on accordera ſans peine qu'elle a *toujours* été. Voilà votre argument. Vous procédez, pour ainſi dire, ſur les *faits*, & votre but eſt de montrer que les choſes ſont actuellement dans un état qui termine toute diſpute, s'il eſt réel. Votre *Union* eſt votre grande baſe. Cependant comment la prouvez-vous? Quelle démonſtration avez-vous apportée? Qu'avez-vous de plus à offrir qu'une ſimple probabilité? Vous êtes ſi loin de prouver quelque choſe, que ſi votre ſyſtême de l'*Harmonie univerſelle*, eſt votre grand raiſonnement pour démontrer la Divinité, comme vous en convenez tacitement, vous ſemblez plutôt avoir fait voir que c'eſt une theſe qu'on ne peut démontrer: *car* dites-vous, *comment une Intelligence étroite concevra-t'elle toute choſe*? Cependant ſi, dans la réalité, nous ne voyons pas *tout*, il vaut autant ne *rien* voir. Vous êtes toujours auſſi éloigné de votre but. En effet, que j'accorde même que tout ce qui eſt à la portée de notre vue & de notre connoiſſance, eſt auſſi bien uni & ordonné que vous le dites; tout cela, quelque immenſe qu'on le ſuppoſe, n'eſt pourtant encore qu'un *point*, un *rien* en comparaiſon du reſte. On pourra dire que ce n'eſt qu'un Monde, parmi un million d'autres épars dans l'immenſité de l'eſpace, auſſi affreux & défigurés que le nôtre eſt régulier & bien proportionné. Les êtres, après une infinité de ſecouſſes & d'agitations, ont pu expulſer cet étrange Monde, qui a acquis quelque forme: car qu'eſt-ce qu'une infinité de *chances* n'eſt pas capable de produire? Mais le reſte de la Matiere à un tout autre aſpect. *Le vieux Chaos*, comme diſent les Poëtes regne deſpotiquement dans l'immenſité de l'eſpace; & c'eſt là qu'il conſerve l'empire des ténebres. Il preſſa vivement notre frontiere, & peut-être qu'un jour il renverſera tous les obſtacles; peut-être qu'on le verra rétablir ſes droits, ſubjuguer ſon Etat rebelle, & nous rejetter dans le ſein de la confuſion.

Voilà, Théoclés, tout ce que j'oſe oppoſer à votre Philoſophie. Il me ſemble que vous auriez pu me donner plus de matiere: mais vous vous êtes retranché dans des bornes étroites. En un mot, à vous dire vrai, votre Théologie me paroît à peine auſſi franche & ouverte que celle de nos Docteurs en général. Je conviens qu'ils ſont ſéveres ſur les *mots*, mais ils ſe relâchent ſur les *choſes*. Ils ſouffrent de mauvaiſe grace qu'on les attaque dans leur fort, & qu'on combatte directement la cauſe de la Divinité; mais en revanche, ils vous livrent galamment la Nature, qui doit, ſelon eux, répondre de ſes bevues. Elle peut s'égarer librement, & nous pouvons auſſi librement la cenſurer; il ne faut demander aucun compte à la Divinité, mais à la Nature. Au reſte, c'eſt là un point, où vous êtes plus précis. Vous

II. PART. §. IV. avez fait intervenir ſans néceſſité la Nature, & vous défendez ſon honneur avec tant de zele, que je ne ſais pas s'il ſeroit bien ſûr pour moi de l'accuſer.

Que cela ne vous inquiete point, reprit Théoclés: frondez librement la Nature, quelle qu'en puiſſe être la conſéquence; ce n'eſt que mon Hypotheſe qui peut en ſouffrir. Si je la défens mal, mes Amis n'ont pas beſoin de ſe ſcandaliſer. Ils ſont ſans doute pourvus de meilleurs argumens en faveur de la Divinité, & ils ſavent manier ces armes méthaphyſiques qui vous ſemblent ſi peu redoutables. Je leur laiſſe à diſputer le terrain avec vous, quand ils le jugeront à propos. Pour mes raiſons, ſi elles peuvent faire partie de cette défenſe, qu'on les regarde, à la bonne heure, comme des Lignes éloignées, ou des ouvrages extérieurs qu'on peut aiſément forcer, ſans qu'il y ait le moindre danger pour le corps de la place.

Quoique vous me permettiez, répliquai-je, d'attaquer la Nature dans les formes, je veux bien l'épargner en tout, excepté dans ce qui regarde l'Homme ſeul. D'où vient, je vous prie, qu'elle paroît ſi foible & ſi impuiſſante dans la plus noble des Créatures & la plus digne de ſes ſoins; tandis qu'elle a tant de reſſort & de vigueur dans les Brutes? Pourquoi s'épuiſe-t'elle ſi tôt dans l'Homme qui eſt plus ſujet aux maladies, & dont l'exiſtence eſt plus courte que celle de pluſieurs animaux? Ils ſont à l'abri de toutes les injures des ſaiſons; ils n'ont pas beſoin des ſecours de l'art; mais ils vivent au contraire dans le loiſir, ſans travail,

& ſans les embarras de tout l'attirail néceſſaire à l'Homme. Ils s'aident mieux dans l'enfance; ils ſont plus vigoureux dans la vieilleſſe : c'eſt avec des ſens plus vifs & plus de ſagacité naturelle, qu'ils s'appliquent à leurs intérêts, à leurs plaiſirs & à leurs amuſemens; ils ſe nourriſſent & ſe ſoutiennent à bien moins de frais. Ils ſont vêtus & armés par la Nature même, qui leur fournit le couvert & le logement. Tel eſt le privilege des animaux; telle eſt leur force & leur vigueur; Pourquoi n'en eſt-il pas de même de l'Homme?

Quoi, vous vous arrêtez en ſi beau chemin, dit Théoclés? Il me ſemble qu'il vous étoit facile de continuer, puiſque vous voilà embarqué: au lieu de réclamer un *petit nombre* d'avantages des animaux, vous pouviez auſſi bien prétendre à *tous*, & vous plaindre que l'Homme ne jouiſſe pas de tous les avantages & prérogatives poſſibles. Ne vous contentez pas de demander ſimplement pourquoi l'Homme eſt nud, pourquoi il n'a point le ſabot du cheval, pourquoi il marche peſamment? Demandez encore pourquoi il n'a pas d'aîles pour voler, de nageoires pour nager &c. afin qu'il puiſſe prendre poſſeſſion de tous les Elemens & regner partout.....

Je n'en veux pas tant: ce ſeroit donner à l'Homme un trop grand prix, comme ſi la Nature l'avoit établi Maître de *tout*: mes prétentions ne vont point juſques là.....

C'eſt aſſez accorder: car ſi l'on convient une fois qu'il doit être ſubordonné; ſi la Nature n'eſt point pour l'Homme, mais l'Homme

II. PART. §. IV. pour la Nature; il faut alors que l'Homme se soumette de bon gré, aux *Elemens* de la Nature, & non pas qu'il prétende s'asservir les *Elemens*: il en est peu qui lui soient absolument propres, & aucun parfaitement. S'il est abandonné dans l'air, il tombe la tête en bas; car il n'a point d'asles: dans l'eau, il va bientôt à fond; au sein de la terre, il suffoque......

Quant à l'empire que l'Homme pourroit avoir naturellement sur tous les Elemens, excepté un, je ne m'en mets guere en peine; puisque son art peut surpasser les avantages que la Nature a donnés aux animaux. Mais pour l'air, il me semble que cette Nature en auroit agi d'une maniere bien obligeante, si elle lui avoit accordé des asles.....

Eh qu'y auroit-il gagné? Il lui auroit fallu une autre forme: voyez si dans les oiseaux, toute la structure de leurs corps n'est pas adaptée à cet objet, & si tous les autres avantages ne sont pas sacrifiés à ce seul but. Leur anatomie fait voir qu'ils sont, pour ainsi dire, *toute asle*: le tronc est composé de deux muscles exorbitans, qui épuisent la force de tous les autres, & qui occupent en quelque sorte toute l'économie de leur organisation. Voilà pourquoi les oiseaux sont capables de fournir un mouvement si rapide & si vigoureux, en comparaison de celui des autres especes d'animaux: cette force excede infiniment celle qu'ils ont partout ailleurs, parce que les muscles en question l'emportent tellement sur le reste, qu'ils le font en quelque maniere dépérir. Or si la Nature avoit attaché au corps de l'Homme de pareils

reils ressorts, les autres membres en souffriroient, & les organes multipliés se mineroient les uns les autres: que deviendroit la tête en pareil cas? ne s'épuiseroit-elle pas, ou voudriez-vous qu'elle se soutînt à aussi grands frais que les aîles, & qu'elle tirât sa nourriture aux dépens de tout le reste?.....

Je vous entens, Théoclés; la tête s'épuise extrêmement, & la partie pensante du monde, les Philosophes & les *Virtuoses* surtout, doivent se contenter d'une portion médiocre dans les avantages du corps, pour obtenir ce qu'ils appellent *talens* & *capacité* dans un autre sens. Il semble que les avantages relatifs de ces deux genres s'accordent mal ensemble. Mais pour y mettre l'égalité, tournons la médaille, & il en sera de même avec nos *Milons*, avec ces hommes dont le corps a tant de force & d'adresse. Pour ne pas faire mention d'une espece commune, savoir des Lutteurs, des Voltigeurs, des Coureurs & des Chasseurs, que dire de nos Messieurs à la mode, de nos jolis Cavaliers, Escrimeurs, Danseurs, Joueurs de paume & autres? Il est certain que c'est le corps qui épuise le reste dans cette circonstance; & si la tête fait tant de ravage & use pour ainsi-dire tous les ressorts de la machine, chez les *Virtuoses*, le corps à la même activité chez les autres.

S'il y a donc une telle différence entre l'Homme & l'Homme; que seroit-ce. Si l'Homme étoit une toute autre créature? Si l'équilibre tient à si peu de chose, qu'il ne faut presque rien pour le déranger, dans les créatu-

II. PART. §. IV.

res mêmes d'une ſeule eſpece, quels funeſtes effets n'entraîneroit pas le changement d'ordre, s'il ſe faiſoit quelque altération eſſentielle dans la conſtitution même? Pourquoi donc ſe plaindre de la Nature comme on fait ſi ſouvent? Pourquoi, dit l'un, ne m'a-t'elle pas fait auſſi fort qu'un cheval? Pourquoi, dit l'autre, ne ſuis-je pas auſſi robuſte & hardi que tel animal; auſſi agile & actif que tel autre? Cependant conſidérez ce qui arrive quand une force, une ſoupleſſe, une vigueur extraordinaires ſe réuniſſent dans notre eſpece! Un admirateur de la force de Milon, & qui ſouhaiteroit de l'égaler, feroit mieux, à ce qu'il me ſemble, de demander modeſtement pourquoi la Nature ne l'a pas fait *Brute*: car cela lui conviendroit davantage....

Je penſe volontiers que la perfection de l'Homme eſt un peu différente de celle d'une Bête, & que ceux de notre eſpece, qui ſont *plus hommes*, devroient naturellement aſpirer à des qualités humaines, & laiſſer aux Brutes celles qui leur ſont propres. Mais je vois que la Nature a bienfait de mortifier l'homme à cet égard, en le pétriſſant d'une argile ſi frêle, en lui donnant une ſi foible conſtitution, que cela eſt merveilleuſement commode pour mieux penſer & raiſonner, mais non pour d'autres vues, auxquelles ſes facultés ſont miſérablement inhabiles. En un mot, on diroit que ſon deſſein a été de nous empêcher d'aſpirer ridiculement à ce qui eſt indigne de notre caractere.

Je m'apperçois, dit Théoclés, que vous n'êtes pas un de ces timides chicaneurs qui tremblent à toute objection que l'on forme contre leur systême, & qui sont tellement occupés de ce qu'ils ont à soutenir, qu'ils n'osent rien accorder à leurs adversaires. Votre génie veut se divertir de tout ce qui se présente dans la dispute; & vous pouvez renchérir plaisamment sur ce que votre Antagoniste produit en faveur de son Hypothese. Il est certain que c'est là en agir plus honnêtement qu'on ne fait aujourd'hui: mais cela n'est que convenable à votre caractere; & si je ne craignois pas de vous faire un compliment au milieu d'une querelle philosophique, je vous avouerois peut-être ce que je pense du ton décent de votre Scepticisme en comparaison de celui des enthousiastes de votre Secte, qui trahissent leurs prétentions à la sagesse philosophique, & qui sont à peine ce que l'on appelle de *bons compagnons*. Mais ne quittons pas notre these. La distribution admirable de la Nature est donc telle quelle adapte non seulement la matiere à la forme, & de plus la forme à la circonstance, au lieu, à l'élement; mais qu'encore elle rapporte les affections, les appétits, les sensations les unes aux autres, de même qu'à la matiere, à la forme & à l'action &c. Tout est arrangé pour le mieux, avec reserve & économie: la Nature n'est prodigue pour aucun être, mais elle est bienfaisante pour tous; elle ne s'occupe jamais d'une chose qu'autant qu'il faut: elle retranche ce qu'il y a de superflu, & affermit ce qu'il y a de principal dans chaque créature. Or la Pensée & la Raison ne sont-elles point ce qu'il

II. PART. §. IV.

y a de principal dans l'Homme? N'y auroit-il pas d'exception pour cela? La même argile, les mêmes inſtrumens ou organes ſerviroient-ils également à diverſes fins; & une once équivaudroit-elle à une livre? C'eſt une choſe impoſſible. Quels merveilleux effets l'Homme peut-il donc ſe promettre de quelques onces de ſang dans un vaiſſeau ſi étroit; & qui tient ſi peu de place dans la Nature? Ne doit-il pas au contraire ſe former une idée ſublime de cette Nature qui a fixé ſon partage de la maniere la plus avantageuſe pour lui, & qui lui a donné une prérogative excluſive & ſi importante, en cas qu'il ſache en uſer; prérogative par laquelle il tire plus de parti de ſes organes que toute autre créature, par laquelle enfin il eſt homme, il jouit de la raiſon, & n'eſt pas une bête?.....

Mais les Bêtes ont des inſtincts que l'Homme n'a pas.....

Il eſt vrai qu'elles ont des perceptions, des ſenſations; & des *præſenſations*, ſi j'oſe hazarder ce terme, que l'Homme n'a point dans un degré proportionné. Les femelles qui ſont pleines, ont, avant qu'elles mettent bas, une *præſenſation* claire de leur état; elles ſavent de quoi elles doivent ſe pourvoir, comment, de quelle maniere & en quel tems. Que de choſes n'examinent & ne peſent-elles pas! Combien d'objets n'embraſſent-elles point à la fois! la ſaiſon de l'année, le pays, le climat, le lieu, l'aſpect, la ſituation, la baſe de leur édifice, les matériaux, l'architecture, le régime de leurs petits, en un mot toute l'économie de l'éducation ! Tout cela s'exécute du premier coup & sans expérience, auſſi bien que dans la ſuite. Mais pourquoi l'Eſpece Humaine, dites-vous, n'a t'elle pas cet avantage ? Je demande au contraire pourquoi elle l'auroit ? Quelle occaſion d'en uſer ? Quelle néceſſité ? A quoi bon cette ſagacité pour les hommes ? N'ont-ils pas ce qui vaut mieux dans un autre genre ? N'ont-ils pas la raiſon & la parole. Cela ne ſuffit-il point pour les inſtruire ? A quoi ſerviroit donc l'inſtinct ? Quel ſeroit l'uſage de la prudence ?

Les petits de la plupart des animaux, continua Théoclés, s'aident auſſitôt eux-mêmes ; ils ſont ſenſibles & vigoureux ; ils ſavent éviter le danger, & chercher ce qui leur eſt utile. Mais un enfant eſt foible, infirme, ſans reſſources. Cependant pourquoi n'en ſeroit-il pas ainſi ? Qu'eſt-ce que notre eſpece perd à cela ? L'Homme qui a tant d'avantages, eſt-il plus à plaindre à cauſe de ce défaut ? Ce défaut ne le lie-t'il pas plus fortement à la Société, & ne prouve-t'il point qu'il a été créé exprès, & non par hazard, raiſonnable & ſociable ; & qu'il ne peut croître ou ſubſiſter que dans le commerce ſocial qui forme ſon état naturel ? N'eſt-ce pas de-là que l'affection conjugale, l'amour naturel des parens, l'obéiſſance aux magiſtrats, le zele de la patrie, & les autres devoirs de la Vie Civile, tirent leur ſource. Quoi de plus favorable qu'une imperfection qui occaſionne tant de bien ? Qu'y a-t'il de mieux qu'un défaut qui eſt ſi utilement compenſé par tant d'avantages ? S'il y a parmi le genre humain quelques mortels qui, au milieu de leurs beſoins, ne rou-

II. PART. §. IV.

giſſent pas d'affecter le droit d'indépendance, & qui nient qu'ils ſoient *naturellement ſociables*, quel ſeroit leur opprobre ſi la Nature avoit autrement ſuppléé à ces beſoins? Quel reſpect auroient-ils pour leurs parens, leurs magiſtrats, leur pays, ou leur eſpece? Leur état, qui ſe ſeroit ſuffi à lui-même ne les auroit-il pas déterminés plus fortement à ſe dépouiller de la Nature, & à nier la fin & l'Auteur de leur création?

Tandis que Théoclés péroroit ainſi ſur la Nature, le vieux Gentilhomme, mon adverſaire, prenoit beaucoup de plaiſir à me voir réfuter, à ce qu'il s'imaginoit: car il croyoit bonnement que j'étois attaché à mes objections, & que j'avois expoſé mes vrais ſentimens. Il voulut confirmer l'attaque par différens lieux-communs pris des Scholaſtiques & des Juriſconſultes; après quoi il ajouta qu'il valoit mieux que je déclaraſſe mes ſentimens avec franchiſe, parce qu'il étoit ſûr que j'étois fortement entêté de ce principe, que *l'Etat de la Nature eſt un Etat de Guerre*. Vous accordez vous-même, répliquai-je, que ce n'eſt pas un *Etat de Gouvernement & de Police publique*.... J'en conviens.... Eſt-ce donc un *Etat de Société*? .... Non: car quand les Hommes commencerent à ſe former en ſociété, ils paſſerent de l'*Etat de Nature* à cet autre qui eſt fondé ſur un *Contract*.... Mais ce premier Etat étoit-il *ſupportable*?.... S'il eut été abſolument *inſupportable*, il n'auroit jamais exiſté; & il ne ſeroit pas poſſible de donner le nom d'*Etat* à ce qui n'auroit pu ſe ſoutenir pendant le plus court intervalle.... Par conséquent, si l'Homme a pu *souffrir* de vivre sans Société ; & s'il a réellement vécu de la sorte, quand il étoit dans l'Etat de Nature, comment peut-on dire qu'il est *naturellement sociable* ?

II. PART. §. IV.

Le vieux Gentilhomme parut un peu dérouté de ma question : mais s'étant remis, il déclara que l'Homme n'étoit peut-être pas porté d'inclination à la Société ; mais que plutôt des circonstances particulieres l'y avoient déterminé.

Dans ce cas, répliquai-je, la *Nature* de l'Homme ne paroît pas absolument si bonne, puisque sans *affection naturelle*, sans *penchant social*, il a été forcé à entrer dans l'Etat de Société *contre sa volonté.* D'ailleurs, ce n'est pas qu'il eût des besoins extérieurs qui l'y forçassent : car vous êtes convenu qu'il subsistoit d'une maniere *supportable* : il y a donc apparence que c'étoient des inconvéniens, dont il portoit principalement la source en lui-même, & qui étoient un vice de son caractere & de ses principes. En effet, il n'eut pas été surprénant que des créatures naturellement insociables, fussent aussi naturellement méchantes & nuisibles. Si selon leur Nature, elles pouvoient vivre sans société, & sans aucune affection les unes pour les autres, il n'est pas probable qu'elles se fussent épargnées dans l'occasion. Si elles étoient assez atrabilaires pour ne pas être susceptibles d'amitié, il est plus que vraisemblable qu'elles se seroient battues par intérêt. Je conclus donc de votre raisonnement que selon toute apparence *l'Etat de Nature ne différoit pas beaucoup d'un Etat de Guerre.*

III. PART. §. IV.

J'étois menacé d'une réponse un peu violente, comme je m'en apperçus aux regards de mon adversaire: mais Théoclés dit qu'ayant occasionné cette dispute, il demandoit qu'on lui permit de la terminer en mettant la question dans un jour plus avantageux. Vous voyez, dit-il, au vieux Gentilhomme, de quel artifice Philoclés s'est servi pour vous engager à accorder que l'Etat de Nature & celui de la Société étoient parfaitement distincts. Mais entreprenons-le à notre tour, & voyons s'il peut nous démontrer qu'il puisse exister naturellement un Etat humain qui ne soit pas social.

Qu'est-ce donc que l'*Etat de Nature*, demanda le vieillard.

Ce n'est point, répondit Théoclés, cette condition grossiere & imparfaite que quelques-uns s'imaginent; mais c'est ce qui, s'il eut jamais existé dans la Nature, n'auroit pu se soutenir durant le moindre intervalle; & ce qui n'auroit été en aucune maniere *supportable* ou suffisant pour le soutien de la Race Humaine? Une pareille situation ne peut proprement se nommer un *Etat*; car si je parlois, par exemple, d'un enfant qui vient au monde, pourrois-je justement qualifier d'*Etat* le moment de sa naissance?....

J'avoue que cela ne pourroit guere se dire....

Tel étoit précisément l'*Etat*, où nous supposons l'Homme avant qu'il entrât en société, & qu'il devint réellement une créature humaine. Ce n'étoit qu'une rude ébauche de l'Homme, l'Essai ou le premier effort de la Nature, une efpece encore informe, un être qui n'étoit point dans fon *état naturel*, mais dans un *état de violence*, toujours agité jufqu'à ce qu'il atteignit fa perfection naturelle. II. PART. §. IV.

C'eft ainfi, continua Théoclés en s'adreffant d'une maniere plus particuliere au vieux Gentilhomme; c'eft ainfi qu'il faut pofer la question, en fuppofant même qu'il exifta jamais un *Etat*, où les hommes n'étoient pas encore affociés, ne fe connoiffoient point, & n'avoient conféquemment ni langage, ni aucun art. Mais que ce fût leur Etat naturel de vivre ainfi féparément, c'eft ce qu'on ne peut foutenir fans abfurdité: car vous dépouillerez plutôt l'Homme de toute autre affection, que de celle qu'il a pour la Société ou fes Semblables. En fuppofant néanmoins que vous pouvez l'en dépouiller à votre gré, altérer même toutes les parties de fa conftitution, l'appelleriez-vous toujours un Homme après cette transformation? Cela feroit pourtant plus facile que de le dépouiller de fes affections naturelles, de le féparer de fon efpece, de le confiner comme un infecte folitaire dans une coquille, & de le nommer toujours un Homme. Vous pourriez de même traiter d'Homme, l'œuf ou l'embrion humain. Le cocon, qui engendre le papillon, quoique fans aîles, feroit plutôt une mouche, que cet être imaginaire ne feroit un homme. Quand même une Créature ifolée auroit la figure humaine, fes paffions, fes appétits, fes organes, doivent être complettement différens: fon économie intérieure doit être renverfée, pour qu'il puiffe être propre à un état folitaire.

II. PART. §. IV.

Pour éclaircir ceci encore davantage, ajouta Théoclés, examinons ce soi-disant *Etat de Nature*, pour voir comment & sur quels fondemens il est établi. Ou l'Homme a été de toute éternité, ou non. S'il est de toute éternité, il n'a pu y avoir d'autre Etat primitif ou original, d'autre Etat de Nature que celui que nous voyons à-présent. S'il n'est pas de toute éternité, il a paru d'abord *complet*, tel qu'il est actuellement, ou il l'est devenu par dégrés, au moyen des différentes situations qui ont précédé celle où il se trouve à-présent depuis tant de siecles.

Supposons, par exemple, qu'il est sorti, suivant les fictions des anciens Poëtes, de quelque chêne; il paroît qu'il devroit dans ce cas, ressembler plutôt à la *Mandragore* qu'à un Homme. Supposons encore qu'il n'eut d'abord pas plus de vie que l'on n'en découvre dans cette plante que l'on nomme *Sensitive*. Mais après la *délivrance* du chêne, & lorsque son fruit bâtard eut acquis une forme par quelque étrange incident, il faut donc que les membres se soient alors pleinement developpés, & que les organes des sens ayent commencé à s'ouvrir: là on vit éclore une oreille; ici un œil se mit à lorgner; peut-être y eut-il aussi une queue; car il est bien difficile de déterminer de combien de superfluités on accusa d'abord la Nature. Il semble qu'elles ont disparu avec le tems; & à la fin les choses ont acquis une bonne situation, & sont enfin devenues par un prodige étonnant, telles qu'elles doivent être.

Voilà certainement l'idée la plus basse que

l'on puiſſe ſe former du premier état de l'eſpece humaine. Si c'eſt une Providence, & non pas le Hazard, qui a fait l'Homme, ſa Nature ſociale eſt alors établie ſur de plus fortes preuves. Mais en admettant que ſon origine ſoit telle que certains Philoſophes le ſouhaiteroient, dans ce cas la Nature n'avoit aucune intention, aucun but dans ſon travail; de ſorte que je ne ſais pas comment on peut parler ici d'un Etat que l'on nomme *Etat de Nature*, ou plus conforme à la Nature qu'un autre.

II. PART. §. IV.

Continuons cependant, & voyons quel Etat, dans leur Hypotheſe, peut mieux s'appeller Etat de Nature. Elle a par hazard & après pluſieurs changemens, produit une créature, qui ſortant d'abord des rudes élemens de la matiere, s'accrut juſqu'à ce qu'elle devint ce qu'elle eſt actuellement depuis nombre de générations. Dans cette longue ſuite, que je ſuppoſe auſſi immenſe que l'on voudra, je demande où cet Etat de Nature a pu commencer? L'Homme a dû ſouffrir pluſieurs changemens, & chaque changement, durant ſa croiſſance, étoit auſſi *naturel* l'un que l'autre; de ſorte qu'il faut compter des centaines de différens Etats de Nature: ou s'il n'y en a qu'un, ce ne peut être que celui où la Nature étoit parfaite, & complette. Voilà où elle s'eſt fixée, & où elle a atteint ſon objet: c'eſt ici que doit être ſon véritable Etat, & nulle part ailleurs.

Mais penſez-vous qu'elle put ſe borner à ce miſérable Etat avant la Société? Pouvoit-elle maintenir & propager l'eſpece, telle qu'elle

II. PART. §. IV.

eſt aujourd'hui, ſans un commerce mutuel? Qu'on me le démontre par de bons faits! Je conviens qu'il y a des créatures qui peuvent nous reſſembler beaucoup par la forme extérieure: mais ſi elles different le moins du monde dans leur conſtitution, ſi leurs parties internes ſont d'une diverſe texture, ſi leurs peau ou leurs pores ſont autrement formés; ſi elles ont des excreſcences que nous n'avons pas, un autre tempéramment, d'autres habitudes ou affections qui tiennent à leur nature; elles ne ſont point véritablement de notre eſpece. Si d'un autre côté, leur conſtitution eſt comme la nôtre, ſi leurs facultés intérieures ſont auſſi énergiques, & leur corps auſſi foible que dans l'homme; ſi elles ont de la mémoire, des ſens, des affections comme nous; il eſt évident qu'ils ne peuvent pas plus s'abſtenir volontairement de la Société, que ſe ſoutenir ſans elle.

Rappellons-nous ici, mes Amis, ce que Philoclés même a avancé, il y a quelques momens, au ſujet de la foibleſſe du corps humain & de l'état précaire de l'Homme, en comparaiſon de toutes les autres créatures. Conſidérez ſa longue & triſte enfance, cette organiſation, fragile qui le rend plus propre à être la proie des autres qu'à vivre de proie. Cependant il lui eſt impoſſible de ſubſiſter en broutant l'herbé comme certaines eſpeces. Il lui faut une nourriture plus choiſie que des herbes crues; un lit meilleur que la terre nue en plein air. De combien d'autres choſes n'a-t'il pas beſoin? Quelle exacte ſociété n'eſt pas néceſſaire entre les deux ſexes pour nourrir & élever les enfans? On ne refuſera pas ſans doute ce genre de ſociété à l'Homme, puiſqu'il eſt propre & naturel aux animaux. Mais ſe bornera-t'on à cela? Eſt-il poſſible qu'il vive avec une compagne, aime ſes enfans, & qu'il reſte toujours ſauvage, muet, ignorant & ſans induſtrie pour des choſes qui lui ſont certainement auſſi naturelles qu'au caſtor, à la fourmi ou à l'abeille? Comment donc déſerteroit-il la ſociété, après en avoir fait l'eſſai? car la ſociété à commencé avec la propagation, & dès-lors il connut le menage & l'économie domeſtique. Bientôt il ſe forma une Tribu, & cette Tribu devint une Nation: quand même elle ſeroit reſtée Tribu, n'eſt-ce pas toujours une Société pour la défenſe mutuelle & l'intérêt commun? En un mot, ſi la génération eſt naturelle, ſi l'amour & le ſoin de ſa race ſont naturels, les choſes étant comme elles ſont avec l'homme, qui eſt d'une telle forme ou conſtitution; il s'enſuit que la Société doit lui être auſſi naturelle, & que jamais il n'a ſubſiſté, ni pu ſubſiſter ſans elle.

Pour conclure, ajouta Théoclés, en s'adreſſant à nos deux Amis, j'oſerai dire un mot en faveur de Philoclés; c'eſt que depuis que les Savans ſe ſont entêtés de cette opinion, & qu'ils vantent la chimere de cet *Etat de Nature*, je crois que c'eſt une charité d'en dire autant de mal qu'il eſt poſſible. Que ce ſoit un Etat de guerre, de rapine & d'injuſtice: puiſqu'il n'eſt pas *ſocial*, qu'il ſoit auſſi affreux & déſeſpérant qu'il ſe puiſſe. En parler avantageuſement, c'eſt inviter les Hommes à ſe ren-

II. PART. §. IV.

dre Hermites. Faisons ensorte qu'on le regarde au moins pour infiniment plus mauvais que le plus mauvais gouvernement de la terre. Plus nous serons effrayés de l'anarchie, plus nous serons patriotes, plus nous estimerons nos Loix qui nous protegent contre les barbares violences de cet Etat contre Nature. J'entre de bon cœur dans l'idée de ces Ecrivains, qui considérant la Nature par abstraction, & indépendamment du gouvernement de la Société, représentent les hommes comme des Dragons, des *Leviathans* & autres monstres atroces. Ils auroient cependant bien fait de s'exprimer plus exactement sur leur grande maxime: car dire, au mépris de l'humanité, que *L'Homme est un Loup pour l'Homme*, c'est une invective un peu absurde, quand on considere que les loups sont fort bons pour les loups: chez eux, les deux sexes concourent également à nourrir & à élever le petits; & cette union subsiste toujours. Ils s'avertissent par leurs hurlemens pour s'attrouper, & de-là ils vont chercher, attaquer leur proie; ou ils se rassemblent à la découverte d'une carcasse &c. Les pourceaux mêmes ne manquent pas des affections communes; ils accourent en troupes au secours de leurs camarades qui souffrent. Donc la signification de cette fameuse maxime, si toutefois elle a aucun sens, doit être que *L'Homme est naturellement pour l'Homme, comme le Loup pour un animal paisible*, pour le mouton, par exemple. Mais tout cela ne veut pas dire davantage que si l'on avançoit qu'il y a différentes sortes d'hommes, divers caracteres; qu'ils ne sont pas tous des loups, mais qu'au moins la moitié est douce & tranquille. Par là cette pompeuse Sentence se réduit à rien : car on ne peut, sans démentir la Nature, l'Histoire, les Faits, & le cours des choses, adhérer à cette brutale assertion, lors même qu'on a fait de son mieux pour l'adoucir. Mais tels sont les Hommes ! Et la Nature Humaine se montre même en ce point, telle qu'elle est ; ce n'est pas qu'elle paroisse alors parfaite, mais elle a un but direct, & elle se conduit sur des principes qui lui sont propres. Il en est donc ici comme dans les conversations du monde. Quelques avides que les Hommes soient de la société, & incapables d'être heureux sans elle ; ils sont néanmoins étrangement portés à la Satire ; & comme une maligne censure adroitement conçue & exprimée avec assurance, passe pour un bon mot piquant ; de même une maxime envenimée, rendue par des expressions hardies, quoique sans justesse, est toujours une *bonne* Philosophie.

SECTION V.

Le temps se passoit rapidement & agréablement dans ces entretiens philosophiques : la nuit approchoit : nous prîmes le chemin de la maison & terminâmes notre promenade. Théoclés parla peu à souper, & le reste de la soirée. Nos deux convives firent presque tous les fraix de la conversation & s'engagerent dans une

II. PART. §. V. nouvelle sorte de Philosophie, dont vous me permettrez, Philemon, de ne vous pas entretenir trop longtems.

On dit beaucoup de choses, & avec un grand étalage d'érudition, sur la nature des *Esprits* & des *Apparitions*. Nos deux Amis raconterent des prodiges merveilleux qui leur plaisoient à proportion qu'ils étoient plus surprenans; ils tâchoient de se surpasser dans ce genre admirable, & ils vinrent à bout de s'étonner furieusement l'un l'autre. Rien ne les enchantoit davantage que ce qui étoit absurde & bizarre: rien ne les touchoit plus que ce qui excitoit l'horreur. En un mot, tout ce qui étoit raisonnable, clair & facile, leur sembloit insipide; & ils ne goûtoient que ce qui heurtoit la nature, ce qui n'avoit ni ordre, ni proportion, ni harmonie. Des productions monstrueuses, des prodiges, des enchantemens, des guerres entre les élemens &c.: voilà de quoi on nous regaloit. On eut dit que la Providence & la Nature étoient en dispute sur le pas, & qu'on vouloit rendre la derniere aussi difforme qu'il étoit possible, afin que sa laideur relevât la beauté de la Providence: car pour rendre justice à nos Amis, je crois sincérement que leurs intentions étoient fort pieuses. Mais ce n'étoit pas une apparence de Religion, qui pouvoit me tourner la tête; je ne craignois point qu'elle me rendît jamais *enthousiaste* ou *superstitieux*. Je sentois que si je devois le devenir un jour, c'étoit plutôt à la maniere de Théoclés. Les tombeaux & les cimetierres ne m'offroient pas des scenes aussi frappantes que

que les montagnes, les plaines, les bocages & les antiques forêts, dont j'aimois mieux entendre les habitans que ceux de l'autre monde. J'étois plus disposé à croire réelles les fictions poëtiques dont Théoclés faisoit usage, qu'aucune histoire de Revenans, avec quelque emphase & quelque ton imposant qu'on me la débitât.

Vous comptez bien, Palemon, que ce *Scepticisme*, que vous m'avez si souvent reproché, ne m'abandonna pas dans cette conjoncture; il ne pouvoit manquer d'inquiéter nos Amis, & surtout le vieux Gentilhomme qui s'étoit mesuré avec moi un peu auparavant. Il souffrit quelques momens. Enfin perdant patience: Il faut, dit-il, une passable dose de suffisance pour s'obstiner contre l'avis général de tout le monde, & nier des choses qui sont connues par le rapport de la partie la plus considérable du genre humain.

Je n'en suis pas logé là, répondis-je, il s'en faut beaucoup: vous ne m'avez pas encore entendu rien nier, quoiqu'il y ait grand nombre de choses dont je doute. Si je suspens mon jugement, c'est parce que j'ai moins de suffisance que les autres. Il y a des gens, je le sais, qui ont tant d'égard pour toutes les chimeres qui leur passent par la tête, qu'ils peuvent croire jusqu'à leurs songes mêmes. Mais pour moi, qui n'ai jamais tant de déférence pour mes rêveries, je suis assez disposé à discuter les pensées de la *veille*. J'examine si ce ne seroient pas aussi des rêves, puisqu'il y a des hommes qui ont le talent de rêver les yeux ou-

II. PART. §. V.

verts: Vous conviendrez que ce n'eſt pas un petit plaiſir pour eux de faire paſſer leurs *ſonges* pour des *réalités*, & que l'amour de la vérité n'eſt pas de moitié auſſi vif que cette paſſion pour la nouveauté & les prodiges, jointe au deſir de faire impreſſion, & d'être admiré. Je ſuis cependant ſi charitable que je crois qu'il y a plus d'illuſion involontaire dans le monde que d'impoſture volontaire, & que ceux qui en ont le plus impoſé au genre humain, ont eu d'abord l'honneur de s'en impoſer à eux-mêmes: par là ils ont une eſpece de *ſaufconduit* pour leurs conſcience, & ils réuſſiſſent d'autant mieux, qu'ils peuvent jouer leur rôle plus au naturel. Ce n'eſt pas un phénomene que les ſonges ayent quelquefois la gloire de paſſer pour des vérités, puiſqu'en certaines circonſtances, ce qu'on n'a jamais penſé donner pour vrai, vient enſuite à être cru par celui qui l'a ſouvent répété.

Sur ce pied-là, reprit mon adverſaire, le plus grand Impoſteur du monde peut paſſer pour ſincere.

Cela ſe peut, répliquai-je, quant au fond, malgré quelques fraudes pieuſes dont on ſe ſert de tems en tems pour favoriſer des maximes que l'on croit bonnes & ſalutaires. C'eſt ce que je tiens pour ſi naturel, que dans toutes les Religions, excepté la vraie, le plus grand zele eſt, à mon avis, accompagné de la plus grande diſpoſition à tromper: le but eſt la Vérité, & on n'a pas coutume de balancer ou d'être ſcrupuleux ſur les moyens. Que ce que je dis ici ſoit exact ou non, j'en appelle à l'expérience du dernier siecle, où il n'est pas difficile de trouver des exemples très-frappans de caracteres qui ont réuni l'imposture & le zele, le bigotisme & l'hypocrisie. II. PART. §. V.

Quoiqu'il en soit, reprit mon crédule vieillard, je suis fâché de vous voir si *incrédule.*

Il est juste, lui dis-je, que vous me plaigniez de perdre un plaisir dont tant d'autres jouissent: en effet quel plus grand plaisir pour les hommes que celui d'apprendre & de raconter des choses incroyables & étranges! Qu'y-a-t'il qu'ils sachent de meilleure heure, & qu'ils retiennent plus longtems! Qu'il est merveilleux d'être étonné & d'étonner les autres! Les délices des enfans sont d'entendre des Contes qui les font frissonner; & la manie de la vieillesse est de savoir une foule d'Histoires du tems passé. En entrant dans le monde, nous commençons par nous étonner de tout; & quand les objets vulgaires sont épuisés, nous cherchons du nouveau pour exercer cette surprenante sensation. Notre dernier rôle est de raconter des merveilles de nous-mêmes à quiconque veut les croire; & c'est un grand bonheur si la vérité échappe parmi tout cela avec une petite perte.

C'est un grand hazard, dit mon opiniâtre adversaire, si avec une *Foi* aussi *modérée*, vous pouvez croire quelques *Miracles.* . . . .

Il n'importe à quel point je suis incrédule sur les *Miracles modernes*, si j'ai la foi réquise pour les anciens, en respectant comme je le dois, les Ecritures. C'est dans cette source que je prens des armes contre la Crédulité j'y

II. PART. §. V.

vois qu'il ne faut jamis croire aux plus grands Miracles mêmes que l'on pourroit faire pour combattre la doctrine déjà révélée, & c'est là une défense à laquelle je me conforme si volontiers, que je puis donner parole de conserver toujours la même Foi, & de ne jamais croire *à tort*......

Mais pouvez-vous bien faire une pareille promesse?.....

Si je ne le puis, & si ma croyance ne dépend point réellement de moi, comment en serois-je responsable? Je suis justement punissable pour des actions où ma volonté est libre: mais avec quelle justice pourroit-on m'interpeller pour ma Foi, si je n'ai pas de liberté à cet égard. Si la crédulité & l'incrédulité, ne sont que des défauts du jugement, & si l'homme le mieux intentionné peut s'égarer tandis qu'un autre beaucoup moins estimable, qui seroit plus habile, jugeroit plus sainement, pourquoi punir le premier, à moins que vous ne regardiez la foiblesse comme un crime, & que vous ne trouviez juste de punir les hommes de leurs malheurs & non pas de leurs fautes.....

Je penserois volontiers que parmi ceux qui sont punis pour leur *incrédulité*, il n'en est guere qui souffrent pour leur *foiblesse*....

Eh bien supposant donc que les hommes crédules ont plus de simplicité & de foiblesse que les incrédules, je trouve qu'ils sont aussi exposés à souffrir par leur foiblesse que ceux-ci par trop d'esprit: car si nous ne pouvons être maîtres de notre croyance, comment nous garantir de ces faux Prophetes & de ces faux Miracles, contre lesquels on nous a tellement prévenus? Comment échapper à l'Hérésie & aux fausses Religions, puisque la crédulité nous livre à toutes les impostures de ce genre, & retiens encore tant d'Idolâtres & de Musulmans dans une aveugle superstition? Il faut donc, ou qu'il n'y ait pas de punition pour la fausse croyance, parce que nous ne pouvons croire comme nous le voudrions bien; ou s'il est possible de croire comme l'on veut, pourquoi ne promettrois-je point de ne jamais croire *de travers*. Or le meilleur moyen de ne jamais se tromper sur les miracles à venir, c'est de n'en jamais croire aucun. Les anciens Miracles démontrent suffisamment la vérité de notre Religion, & il n'en faut point d'autre pour appuyer notre Foi; la croyance des nouveaux peut nous faire beaucoup de tort & jamais de bien. Ainsi comme la plus grande marque d'un bon Croyant, est de ne pas chercher de *signes*, ni de *miracles*; de même l'état le plus sûr dans le Christianisme, est de n'être jamais ébranlé par ces sortes de prodiges; car si le Miracle favorise la Foi, il est inutile, elle n'en a pas besoin; s'il est contre la Foi, quelque étonnant qu'il puisse être, le vrai Chrétien n'en fera pas le moindre cas; il criera à l'imposture, quand même ce seroit un Ange qui auroit opéré la merveille. C'est pourquoi de quelque *incrédulité* dont vous m'accusiez si sévérement, je n'en suis que meilleur & plus fidele Chrétien. Je suis au moins plus sûr que vous de rester tel, puisque votre crédulité peut se laisser séduire par des gens qui ne seroient rien moins que

II. PART. §. V.

II. PART. §. V. des Anges. Avec de telles diſpoſitions, ce ſeroit une merveille ſi vous ne veniez pas à croire les Miracles de toute Secte; car chacune a les ſiens. Je ſuis donc perſuadé que la meilleure Maxime à ſuivre actuellement, c'eſt de croire que *les Miracles ont ceſſé*; & je ſuis prêt à défendre cette opinion comme la plus probable en elle-même & la plus conforme au Chriſtianiſme.

Cette diſcuſſion qui fut pouſſée vivement, mit aux priſes nos deux Amis. Le vieux ſoutint que ma theſe donnoit un grand avantage aux Athées; l'autre craignoit fort que l'opinion contraire ne favoriſât autant les Enthouſiaſtes & les Sectaires contre l'Egliſe Nationale; & il penſoit qu'elle étoit plus dangereuſe pour la Religion & l'Etat. Il ajouta qu'il étoit réſolu d'examiner à l'avenir les Miracles modernes avec autant d'attention qu'il en avoit eu autrefois pour les chercher. Il nous dit plaiſamment ſes avantures à ce ſujet: il avoit été engagé en différens partis avec des gens qui étoient toujours à la piſte des nouveaux Prodiges & des Apparitions, des Révélations & des Prophéties. C'eſt ce qu'il regardoit comme le vrai *Fanatiſme errant.* Il avoit aſſez pourſuivi ces chimeres, & il ne vouloit plus courir dans de ſombres réduits avec des chercheurs de Revenans ou de Sorciers, qui abondoient en contes de l'Enfer ou des Diables. Il n'étoit pas néceſſaire ſelon lui, d'avoir correſpondance avec l'Enfer pour prouver le pouvoir du Ciel & l'exiſtence d'un Dieu. Il ſentoit à la fin le ridicule de faire fond ſur ces ſottiſes, comme ſi la Providence en dépendoit, & que la Religion fût en péril lorſque l'on doutoit de ces étranges merveilles. Il n'ignoroit point qu'il y avoit pluſieurs bons Chrétiens qui protégeoient avec chaleur cette mauvaiſe cauſe, ce qui le ſurprenoit beaucoup, à-préſent qu'il commençoit à réfléchir.

Les Payens, ajouta-t'il, qui n'avoient pas le bénéfice de l'Ecriture, pouvoient avoir recours aux Miracles: peut-être même que la Providence leur avoit accordé les *oracles* & les *prodiges* comme une eſpece de *Révélation* imparfaite. De même les Juifs, qui avoient le *cœur dur* & l'intelligence encore plus *dure*, jouiſſoient de ce privilege, lorſqu'ils s'obſtinoient à demander des *ſignes* & des *prodiges*. Mais les Chrétiens ont eu une meilleure Révélation, des Oracles plus clairs, une Loi plus raiſonnable, une Ecriture plus nette, ſi énergique, & ſi bien atteſtée qu'elle n'admettoit aucune diſpute. Si j'avois à aſſigner, continua-t'il, le tems précis où les Miracles ont probablement ceſſé, je ſerois tenté de m'imaginer que ce fut lorſque les Livres Saints ſe trouverent complets.

C'eſt en effet une imagination, répliqua notre grave Adverſaire, & très-dangereuſe pour cette Ecriture que vous prétendez être ſi bien atteſtée par elle-même. Le témoignage des hommes morts en faveur des miracles paſſés, ne ſauroit certainement égaler la force des miracles préſens; & je ſoutiens qu'il s'en eſt toujours fait aſſez pour garantir l'exiſtence d'un Dieu. S'il n'y avoit pas de miracles de nos jours, le monde pourroit croire qu'il n'y en eut

II. PART. §. V. jamais. Le présent doit répondre du passé : dans ce cas, c'est Dieu qui porte témoignage pour lui-même, & non pas les Hommes pour Dieu : car qui autorisera les Hommes, si en fait de Religion, le témoignage du ciel ne confirme pas leur déposition.

Quant à ce qui peut rendre croyable le rapport des Hommes, reprit mon Second, c'est une autre question. Mais pour les seuls Miracles, il me semble qu'on ne sauroit proprement dire qu'ils portent témoignage pour Dieu ou pour les Hommes : car qu'est-ce qui attestera les Miracles mêmes. Quelle garantie avons-nous qu'ils ne soient point opérés par les Démons? Quelle preuve y a-t'il qu'ils ne se fassent pas par Magie? En un mot comment croire à aucune chose du ciel ou de la terre, si les signes & les prodiges n'annoncent que la *puissance* & non point la *bonté* ?

Avez-vous donc tellement profité à l'école de votre Maître de *Scepticisme*, s'écria le vieux Docteur en me montrant, que vous puissiez si-tôt rejetter tous les Miracles comme inutiles?

Cette grossiéreté déconcerta un peu le jeune Athlete, & on l'alloit charger de nouvelles invectives, lorsque je pris moi-même la parole : Je dois répondre, lui dis-je, pour mon prétendu Disciple ; & puisque sa modestie ne lui permet pas de continuer ce qu'il a si bien commencé, je tâcherai, avec son agrément, de répondre pour lui.

Il y consentit & je commençai par représenter d'abord son honnête intention d'établir la

Foi sur un juste & raisonnable fondement, afin de la laver du reproche de n'avoir point de Miracles *immédiats*, qui pussent la démontrer. C'est ce qu'il auroit fait sans doute, ajoutai-je, en citant les bonnes preuves que fournissent nos Oracles sacrés sur le témoignage d'Auteurs morts, dont la vie & le caractere répondent de la vérité de ce qu'ils nous ont transmis de la part de Dieu. Ce n'étoit cependant pas là *témoigner pour Dieu*, comme notre zélateur l'a avancé trop précipitamment: car cela étoit au dessus de la portée des hommes & des miracles. D'un autre côté, Dieu ne pouvoit pas *témoigner pour lui-même*, ou attester son existence aux hommes autrement qu'en se révélant à leur Raison, en appellant à leur Jugement, & en soumettant ses *voies* à leur censure, ou à leur examen. Le spectacle de l'Univers, ses loix & son gouvernement, sont, comme je l'ai fait voir, le seul moyen d'établir la saine croyance d'un Dieu: car quand bien même des miracles sans nombre assiégeroient les sens de toute part, & ne permettroient point à l'Ame tremblante de respirer; quand même les cieux s'ouvriroient soudainement, & montreroient toutes sortes de prodiges; quand même on entendroit des voix, ou que l'on liroit des caracteres dans les nues; qu'est-ce que tout cela prouveroit autre chose, sinon qu'il y a certaines Puissances qui peuvent opérer ces merveilles? Mais quelles Puissances? N'y en a-t'il qu'une seule ou plusieurs? Sont-elles supérieures ou subalternes, mortelles ou immortelles, sages ou folles, justes ou injustes, bonnes ou mauvai-

II. PART. §. V.

II. PART. §. V.

ſes ? Cela ſeroit toujours un myſtere, de même que la véritable intention, l'infaillibilité ou la certitude de tout ce que ces Puiſſances atteſteroient. Il ne faudroit pas les en croire ſur leur parole dans leur propre cauſe. Elles pourroient réduire les hommes au ſilence, mais non les convaincre, puiſque le pouvoir ne ſauroit être une preuve de bonté, & que cependant la bonté eſt le ſeul gage de la vérité. C'eſt la bonté ſeule qui produit la confiance; c'eſt par la bonté que les Puiſſances ſupérieures peuvent inſpirer la Foi. Elles doivent ſouffrir qu'on examine leurs ouvrages, & qu'on critique leurs actions : ce n'eſt que de cette maniere qu'elles inſpireront la confiance; il faut qu'elles prouvent leur bienveillance & leur caractere de candeur & de vérité, par toutes ſortes de marques. Celui donc, à qui les loix de cet Univers & ſon économie paroîſſent juſtes & uniformes, ſent en conſéquence qu'il exiſte un Etre juſte : l'aſpect du monde lui annonce & lui *révele* un Dieu, & le diſpoſe, par ce premier dégré de Foi, à paſſer à un autre. Il peut alors ſe prêter à la *Révélation Hiſtorique*, & il eſt diſpoſé à recevoir tout meſſage divin, ou inſtruction miraculeuſe, parce qu'il eſt prévenu que tout eſt juſte & véritable. Mais ce ſont là des principes que ni le pouvoir des miracles, ni toute autre cauſe, excepté ſa Raiſon, ne peut lui faire connoître ou concevoir.

J'ai été juſqu'ici ſur la défenſive, continuai-je; il faut que je ſois aggreſſeur à mon tour, pourvu que Théoclés ne ſe fâche pas que je prenne des armes dans ſon hypotheſe.

Quoique vous empruntiez de lui, répliqua l'aigre vieillard, vous ne fauriez manquer de le gâter, s'il paſſe une fois entre vos mains. Vous ferez mieux de laiſſer ſon ſyſtême, de crainte que vous ne ſembliez plutôt l'attaquer que moi.

II. PART. §. V.

Eh bien, j'en veux courir les riſques, repris-je, & je ſoutiens que la plupart des maximes que vous bâtiſſez ſur cette hypotheſe, ne ſont propres qu'à trahir votre cauſe: car tandis que vous vous battez les flancs pour bouleverſer la Nature, que vous cherchez des prodiges dans le ciel & ſur la terre, & que vous travaillez à changer tout *en miracles*, vous introduiſez la confuſion dans l'Univers; vous en ruinez le ton uniforme, & cette admirable ſimplicité d'ordre qui annonce un Principe parfait & infini. Nous avons devant nous le Chaos & les Atomes des Athées, ou la Magie & les Demons des Polythéiſtes. C'eſt néanmoins ce tumultueux ſyſtême que certaines gens ſoutiendroient avec le plus grand zele; c'eſt ainſi qu'ils peignent la Divinité: tels ſont les objets ſur leſquels on s'applique à tourner l'attention de la jeuneſſe, de crainte qu'elle n'apperçoive les choſes dans une perſpective moins confuſe; comme ſi l'Athéiſme étoit la concluſion la plus naturelle d'un ſyſtême régulier de l'univers. Mais lorſqu'on a ainſi défiguré la Nature, ſi le Diſciple étonné revient à lui-même, comme il arrive ſouvent, & ſi diſcutant à loiſir les voies de la Nature, il y trouve plus d'ordre, d'uniformité & de conſtance qu'il n'en ſoupçonnoit, il tombe bientôt dans l'Athéiſme, en conſé-

II. PART. §. V. quence des impreſſions qu'il a reçues de l'abſurde Syſtême qui lui faiſoit chercher Dieu dans la confuſion, & la Providence dans un monde ſans regle & ſans harmonie.

Et vous, s'écria mon Antagoniſte, quand votre belle hypotheſe a rendu les choſes auſſi uniformes, ſimples & régulieres que vous pouvez le deſirer, vous envoyez votre Eleve chercher la Divinité dans un *Mécaniſme*, c'eſt-à-dire dans le jeu d'une matiere qui s'arrange d'elle-même: car pour vous autres, Meſſieurs, qu'eſt-ce le monde, ſinon une pure *Machine*? . . . . .

Ce n'eſt en effet rien autre choſe, ſi vous ſuppoſez qu'un Eſprit préſide à cette Machine: car dans ce cas, ce n'eſt pas une Machine qui ſe regle par elle-même, mais qui eſt réglée & conduite par la Divinité.....

Et à quelles marques ſera-t'on convaincu de tout cela? A quels ſignes reconnoîtra-t'on que cette inſenſible Machine eſt ainſi réglée?...

Ce qui ſe paſſe ſous vos yeux ſuffit pour cela; vous ne pouvez demander de plus fortes preuves. Comparez *nos propres machines* à cette *grande*, dont il s'agit, & voyez ſi leur ordre, leur arrangement & leurs impreſſions annoncent une Vie auſſi parfaite & une Intelligence auſſi conſommée. Celle-ci eſt réguliere, conſtante permanente; les autres ſont irrégulieres, variables, inconſtantes. Ici l'on voit des traces de ſageſſe & de détermination; là des traces de caprice & de préſomption; ici du jugement, de la vérité, de la certitude, de la connoiſſance; là de la fantaiſie, de l'erreur, de la folie & de la fureur. Mais pour nous convaincre qu'il y a un Etre ſupérieur qui penſe & agit, nous nous conſultons d'abord nous-mêmes, comme s'il ne devoit point exiſter d'*Intelligence* qui ne reſſemble à la nôtre. Le cours regulier & uniforme de la Nature nous devient faſtidieux. Des périodes réglés, des loix fixes, des révolutions juſtes & proportionnées, ne nous touchent point, & ſont incapables d'exciter notre admiration. Il nous faut des énigmes, des prodiges, des ſujets de ſurpriſe & d'horreur. L'harmonie, l'ordre & la concorde nous rendent Athées: c'eſt l'irrégularité & la diſcorde qui nous annoncent un Dieu. En un mot, le monde n'eſt qu'une production du hazard, s'il ſe ſoutient avec juſteſſe; mais il eſt l'ouvrage de la Sageſſe s'il eſt livré au déſordre. Telles ſont les conſéquences de l'opinion de certaines gens.

Voilà comment je m'eſcrimai en bon Théiſte pour réfuter mon Adverſaire, & lui faire voir que ſes Principes favoriſoient l'Athéiſme. Il s'offenſa, & nous continuâmes à diſputer jusques bien avant dans la nuit. Mais Théoclés nous réconcilia & nous allâmes enfin coucher bons amis. Je ne fus cependant pas fâché d'apprendre que nos deux étrangers devoient partir le lendemain de bon matin, & me laiſſer ſeul avec Théoclés. En effet ce jour que j'attendois avec tant d'empreſſement alloit paroître: mais j'ignore & je crains votre jugement ſur ce que j'ai à vous dire. Il ſemble que j'en ai dit aſſez pour laſſer votre curioſité. Peut-on croire qu'après l'hiſtoire de ces

II. PART. §. V. deux jours philoſophiques, vous puiſſiez ſouffrir celle d'un troiſieme, plus philoſophique encore? Mais vous avez exigé ma promeſſe, & vous devez en eſſuyer l'exécution.

TROISIEME PARTIE.

SECTION I.

PHILOCLÉS A PALEMON.

IL étoit encore nuit, à ce qu'il me ſembloit, quand le tracas des gens qui ſe levoient dans la maiſon, m'éveilla. J'appellai, & l'on me dit que Théoclés, après le départ de ſes Amis, étoit ſorti pour ſa promenade du matin; mais qu'il ne tarderoit pas à rentrer, comme il l'avoit dit, en défendant que perſonne troublât mon ſommeil juſqu'à ſon retour.

Cette nouvelle m'inquiéta. Je fus debout dans l'inſtant, & comme il faiſoit aſſez clair pour diſcerner le côteau, qui étoit à une petite diſtance de la maiſon, je m'y rendis bientôt, & j'y trouvai Théoclés. Je me plaignis de ſon procédé, en lui diſant que je n'étois pas aſſez foible & efféminé pour qu'il me traitât en femme, & que je n'avois pas montré aſſez d'éloignement de ſon genre de vie, pour qu'il me crut plus propre au repos & à une indolente moleſſe qu'à goûter les douceurs du travail & de l'étude avec un Ami matineux. Je lui déclarai qu'en conſéquence le ſeul moyen de me faire réparation, étoit de m'initier à ſes méditations pour l'avenir, puiſqu'il me voyoit déterminé à les partager.

Vous avez donc oublié, répondit-il, le rendez-vous que vous donnâtes hier aux Nymphes champêtres de ce lieu, & à pareille heure?... Non certainement, puiſque vous voyez que je ſuis venu ponctuellement: mais je ne m'attendois pas que vous partiriez ſans moi..... Oh, il y a lieu d'eſpérer que vous ſerez amoureux de moi avec le tems; car vous commencez déjà à montrer de la jalouſie: je ne penſois gueres que ces Nymphes vous inſpireroient cette paſſion.... Je ne connois point encore ces Nymphes dont vous parlez: ma jalouſie & mon amour ne regardent que vous ſeul. Je craignois que vous ne vouluſſiez m'échapper. Mais à-préſent que je vous poſſede, je n'ai pas beſoin de Nymphes pour me rendre heureux ici, à moins que ce ne ſoit pour me ſeconder contre vous, de la même maniere que dans vos bons Amis les Poëtes, la Nymphe Eglé ſe réunit à deux jeunes gens pour forcer le bon Silene à leur chanter des chanſons.

J'oſe me promettre de votre galanterie, répliqua Théoclés, que ſi vous aviez une auſſi belle compagnie que celle-là, vous ne conſacreriez pas votre tems à une avanture philoſophique. Mais vous flattez-vous que j'imite le vieux Silene de Virgile, & que je chante la formation du monde par le concours fortuit des Atomes, la naiſſance de l'ordre du ſein de la confuſion, & l'origine de l'union, de l'har-

III. PART. §. I. monie & de la concorde, par la seule puissance du Chaos & de l'aveugle Hazard? Cela convenoit à un Dieu tel que Silene; car quoi de plus conforme à son caractere que cette création bachique? qu'il aimoit à célébrer souvent, en la représentant au naturel? Mais cette *Chanson* même avoit trop d'harmonie pour une debauche nocturne, & le Poëte a bien fait de mettre la scene au matin, lorsque le Dieu étoit frais: en effet qui auroit pu croire que ces beaux vers pussent sortir d'une tête ivre? Mais c'est lorsque Virgile fait parler quelque *Demi-Dieu* plus sobre qu'il faut l'ententre: il nous offre dans ce cas un différent Principe des choses, & il donne plus sagement la prééminence à la *Pensée*; de sorte que c'est l'Esprit qui a originairement gouverné les Corps, & non pas les Corps l'Esprit car si les choses eussent été autrement, le Chaos auroit subsisté jusqu'à ce jour & éternellement: *L'Esprit actif, répandu dans tout l'Espace, s'unit & se mêle à l'enorme masse de la matiere: de-là les Hommes & les Bêtes &c.*

Nous trouverons ici, Philoclés, notre *Souverain Génie*, si nous pouvons engager le Génie du Lieu, qui est plus chaste & plus sobre que votre Silene, à nous inspirer le vrai Cantique de la Nature, à nous apprendre des Hymnes célestes & à nous faire sentir la présence de la Divinité dans cette auguste solitude.

Ne perdez point de tems, m'écriai-je, & ne vous arrêtez pas aux cérémonies préliminaires; car il me semble que sans cette préparation

tion, quelque Divinité s'eſt approchée de nous, II
& vous anime déja. Nous voilà dans les PAR:
ſacrés Bocages des Hamadryades qui rendoient §. I
autrefois des Oracles ſelon les Poëtes. Nous ſommes au plus bel endroit de la colline, & le ſoleil qui va paroitre, chaſſe la nuit, & nous ouvre la ſcene de la Nature dans les plaines qui ſont au deſſous. Commencez, je vois que vous êtes rempli de ces divines idées qui vous accompagnent toujours dans cette ſolitude: donnez-leur ſeulement de l'expreſſion: vous pouvez toujours être ſeul ſelon votre coutume, & ne vous appercevoir pas plus de moi que ſi j'étois abſent.

Dans ce moment Théoclés détourna les yeux pour ſonger un peu en lui-méme: il étendit enſuite la main en montrant les objets qui nous environnoient, puis il débuta en ces termes.

,, Bois ſacrés, campagnes délicieuſes, qui ,, êtes mon azile contre les vaines & pénibles occupations du monde, recevez moi ,, dans votre ſanctuaire; favoriſez ma retraite ,, & mes penſées ſolitaires! Plaines verdoyantes, avec quelle joie je vous ſalue! de même que vous heureuſes demeures, déli- ,, cieuſes perſpectives, beauté majeſtueuſe & ,, champétre de cette terre! Habitations fortu- ,, nées des plus heureux mortels, qui jouiſſent ,, ici dans une paiſible innocence des douceurs ,, d'une vie que perſonne n'envie, quoiqu'elle ,, ſoit divine! L'homme y trouve de précieux ,, loiſirs! & comme il eſt fait pour la contem- ,, plation & pour la recherche de ſa nature &

III. PART. §. I.

„ de celle des autres Etres, il peut ici médi„ ter tranquillement sur la Cause de l'Univers: „ placé au milieu de tant de scenes variées, il „ peut mieux pénétrer les ouvrages de la Na„ ture.

„ O sublime Nature, supérieurement belle „ & souverainement bonne? Toi, qui es tou„ te aimable & toute divine! Toi, dont les „ regards sont si gracieux & si charmans, dont „ l'étude inspire la sagesse, & la contempla„ tion, tant de délices, dont le moindre ou„ vrage offre une plus ample scene & un „ plus noble spectacle que tout ce que l'Art „ peut produire! O Puissante Nature! Sage „ Substitut de la Providence! Créatrice dé„ léguée! ou plutôt, Toi Suprême Créateur, „ Divinité toute-puissante! je t'invoque je „ n'adore que toi seul. C'est à toi que cette „ solitude, ce lieu, & ces méditations cham„ pêtres sont consacrées. Animé de ton Es„ prit, je chante sans art l'ordre de la Na„ ture dans les Etres créés; je célebre les „ beautés qui se terminent en toi, source & „ principe de beauté & de toute perfec„ tion!

„ Ton Etre est sans bornes, infini, impé„ nétrable. Toutes nos idées se perdent dans „ ton Immensité; l'imagination n'a point d'es„ sor & s'épuise en-vain, parce qu'elle ne „ trouve ni rive ni limites dans cet Océan, & „ après avoir longtems erré, elle ne décou„ vre pas un point qui soit plus près de la cir„ conférence que le premier dont elle est par„ tie. C'est ainsi qu'après plusieurs essais, après

„ m'être si souvent élancé dans le vaste Espa-
„ ce, la vue de moi-même, d'un être aussi
„ borné en comparaison de l'Etre immense,
„ me frappe d'étonnement: je n'ose plus con-
„ sidérer cet abîme, ni sonder les profondeurs
„ de la Divinité.

„ Cependant puisque c'est Toi, ô Souve-
„ raine Intelligence! qui m'a formé tel que je
„ suis, intelligent & raisonnable; puisque la
„ vraie grandeur de ma Nature consiste à te
„ connoître & à te contempler; souffre que
„ j'exerce avec une liberté légitime les facul-
„ tés que tu m'as données; supporte la témé-
„ rité de mon approche, puisque ce n'est ni
„ une vaine curiosité, ni une folle présomp-
„ tion, ni d'autre sentiment que l'amour de
„ toi-même, qui m'inspire ces pensées, favo-
„ rise mes efforts, & guide-moi dans cette
„ recherche; j'ose m'engager dans le vaste la-
„ byrinthe de la Nature, & tâcher de te dé-
„ couvrir dans tes ouvrages...."

Théoclés s'arrêta ici, & sortant comme d'un songe: Dites-moi, Philoclés, s'écria-t'il, comment vous ai-je paru dans cet accès? Vous imaginiez-vous que ce fût une sorte de fureur semblable à ces transports qui sont permis à nos Poëtes; ou pensiez-vous que c'étoit un rêve en forme?

Je souhaiterois seulement, répliquai-je, que votre transport eut été plus soutenu & que vous eussiez continué comme vous aviez commencé sans vous souvenir de moi: car je voyois déjà les merveilles de cette Nature, sur laquelle vous voulez m'instruire, & j'allois reconnoî-

III. PART. §. I. tre la main de votre divin Architecte. Mais si vous vous en tenez-là, je perdrai le plaisir de cette agréable vision; & je trouve déjà mille difficultés à concevoir votre *Génie universel.*

Pourquoi, répondit mon Ami? Auriez-vous quelque peine à vous figurer le monde comme *une chose entiere*? Ce qui est visible insinue-t'il autre chose sinon que tout est comme *d'une piece*?.... En l'accordant, que s'ensuit-il?.... Seulement ceci, c'est que si l'on peut dire du monde qu'il est simplement *un*, il doit exister quelque chose qui le rend *un*.... Et comment?.... De la même maniere que vous pouvez l'observer par tout, & pour prendre un exemple sous nos yeux, vous regardez les arbres de ce vaste bois, comme étant différens l'un de l'autre; vous voyez ce grand Chêne, qui, différent par lui-même de tous les autres, pousse encore des branches sans nombre, qui s'étendant au loin, semblent former autant d'arbres divers; c'est néanmoins toujours *un seul & même arbre*. Or si vous me disiez en vrai chicaneur, & non point en bon Sceptique, qu'en donnant à de la cire, ou à toute autre matiere, la forme exacte & la couleur de cet arbre, pour le rapporter, s'il étoit possible, à la même sorte de substance; alors cette cire pourroit être un arbre réel de la même espece, je ne raisonnerois pas davantage avec vous. Mais si vous me demandiez de bonne foi de vous dire ce que je pense au sujet de ce qui forme l'*unité* au l'*identilé* de l'arbre ou de toute autre Plante; si vous vouliez savoir par quoi il differe de la figure de cire, ou de toute autre qui ſe forme par hazard dans les nues ou ſur le ſable de la mer; je répondrois que ni la cire, ni le ſable, ni le nuage, ainſi combinés par notre imagination, n'ont aucun rapport réel en eux-mêmes, ou aucune nature par laquelle ils correſpondent davantage dans cette ſituation de parties contiguës, que s'ils étoient le plus éloignés qu'il fut poſſible. Mais ce que je ſoutiens, c'eſt que partout où il y a cet accord de parties que l'on obſerve dans notre arbre réel, partout où ſe trouve ce concours de pluſieurs à une fin commune, & pour le ſupport, la nourriture & la propagation d'une ſi belle forme, nous ne pouvons nous tromper en aſſurant qu'il y a une nature particuliere attachée à cette forme, & qui eſt commune aux autres de la même eſpece. Par la vertu de cette nature, notre arbre eſt un arbre réel, il vit, il fleurit, il eſt toujours *un & le même*, bien que par la végétation, & le changement de ſubſtance, il n'y reſte pas une particule dans le *même état*.

III. PART. §. I.

Sur ce pied-là, vous avez trouvé le moyen de rendre bien auguſtes tous ces lieux champêtres: car outre le Génie de chaque endroit, les Bois doivent être auſſi animés ſelon vous; ils ont ſans doute leurs Hamadriades; les ſources & les ruiſſeaux ont leurs Nymphes; & autant que je puis le prévoir, tous ces Etres ſont incorporels & immortels.....

Quant à leur immortalité, ce n'eſt pas ce dont il s'agit. Je ſais ſeulement qu'eux & toutes les autres Natures ne doivent dépendre, dans leur durée, que de cette Nature dont le

III. PART. §. I.

monde dépend; & que chaque Génie doit être ſubordonné à *un bon Génie* que je voudrois que vous cruſſiez *appartenir à ce monde*, ſelon notre maniere de parler actuelle. Laiſſant donc nos arbres, examinons ce qu'eſt la *perſonnalité* entre vous & moi; conſidérons comment vous, Philoclés, vous êtes *vous-même*, & comment je ſuis *moi*: car je crois que le ſentiment nous dit qu'il y a une *ſimpathie de parties* dans nos figures, différente de celle des ſtatues de marbre d'un Phidias ou d'un Praxitele; quoique cependant le plus petit Anatomiſte nous dira que cette matiere dont nous ſommes compoſés, quelle qu'elle ſoit, s'uſe & s'épuiſe dans l'eſpace de 7 ou de 14 ans tout au plus. Or je vous prie, que deviendra à la fin ce *nous-mêmes*, en ſuppoſant qu'il conſiſte dans la matiere, dont nous ſommes formés, ou dans toute partie quelconque de cette matiere, puiſque lorſqu'elle eſt entiérement épuiſée, ſans qu'il en reſte une ſeule partie, nous ſommes encore *nous-mêmes* comme auparavant?......

Je n'oſerois décider ce que ſont les Philoſophes vos ſemblables, mais quant aux autres hommes je puis bien aſſurer qu'il y en a peu qui reſtent les mêmes ſeulement pendant la moitié du terme que vous aſſignez. C'eſt un hazard heureux, ſi un homme eſt le même un ou deux jours de ſuite. Une année amene des révolutions ſans nombre dans chaque individu de notre eſpece....

Cela eſt vrai: mais quoiqu'il puiſſe arriver à un homme, & ſurtout à celui qui, en proie à des vices contraires, ſe voit ſi ſouvent en guerre avec lui-même, cependant lorſqu'il ſouffre, ou qu'il eſt puni pour ces vices, il ſent toujours, ſi je ne me trompe, qu'il eſt le *même*. Et vous, Philoclés, vous Ennemi déclaré de la Philoſophie, quoique vous ſoyez cependant un Proſélite du Pyrrhoniſme, ſi vous veniez à ſentir le pouvoir du Génie que je vous prêche, à reconnoître ce ſyſtême divin, & à changer en conſéquence de principes & d'opinions; ne feriez-vous point toujours le même Philoclés, quoique meilleur que le Philoclés actuel que j'aime & que j'eſtime? Vous voyez donc qu'il y a une étrange ſimplicité dans ce *vous* & ce *moi*, puiſque nous reſtons les mêmes dans la réalité, quoiqu'il n'y ait pas un atôme du corps, une paſſion, ni une penſée qui demeurent les *mêmes*. Quant à la chimere de trouver cette *identité* d'être dans la matiere, ou dans une particule quelconque de matiere, que l'on ſuppoſera ſubſiſter avec nous, tandis que tout le reſte change; cette prétention eſt d'autant plus frivole que cette matiere même n'eſt pas capable d'une telle ſimplicité: car j'oſe répondre que vous avouerez plutôt que ce *vous* & ce *moi* ſont chacun, ſimple & individuellement *un*, que vous ne direz la même choſe de ce qui n'eſt que matiere; à moins qu'abjurant votre goût pour le Scepticiſme, vous n'en preniez tant pour un Atôme, qu'il vous parût auſſi certain & intelligible, que ce *vous* l'eſt à *vous-même*.

Mais, continua Théoclés, quoique l'on diſe ou ſuppoſe d'une matiere ſimple, indiviſible & ſans compoſition (choſe au moins honnête-

III. PART. §. I.

ment difficile à concevoir); si on forme des systêmes matériels dont les diverses parties concourent à un seul but, comme sont nos corps & autres semblables; si la matiere ainsi travaillée offre des exemples sans nombre de formes particulieres douées d'un principe assez simple pour les rendre chacune réellement *individuelle* & *une*: des Etres qui vivent, qui agissent, qui aient une nature spéciale, un Génie ou instinct propre qui veille à leur conservation; peut-on refuser un tel principe au Tout, & nier le Génie universel du monde? Quel prétexte peut-on avoir de méconnoître la Nature Divine? Ne faut-il pas être bien dénaturé pour nier l'existence de notre mere commune, & pour rejetter, contre toute raison, le *Génie souverain de l'Univers*?

Les *Souverains*, dis-je à mon ami, n'exigent pas qu'on fasse attention à eux quand ils passent *incognito*; ils ne demandent point d'hommage quand ils ne paroissent pas en cérémonie Nous avons même sujet de croire qu'ils se choqueroient de trop d'empressement de notre part, & qu'ils trouveroient mauvais qu'on entreprit de les découvrir, lorsqu'ils se tiennent entierement invisibles, ou fort déguisés. Quant aux Puissances invisibles, dont parle notre Religion, c'est à nos Souverains visibles à en répondre. Nos légitimes Supérieurs nous enseignent ce que nous devons croire & faire relativement au Culte public. Nous nous acquittons d'un devoir en leur obéissant, & en suivant leur exemple. Mais philosophiquement parlant, je ne vois rien qui puisse garantir notre ſoumiſſion, & nous faire raiſonnablement reconnoître un titre litigieux. Quoiqu'il en ſoit, vous devez permettre, au moins à un ſeul homme, d'entendre ce procès, & de ſaiſir la Nature de ces Puiſſances? Ne pourra-t'il pas rechercher quelles ſubſtances elles ſont, matérielles ou immatérielles? . . . .

III. PART. §. I.

Ne peut-on pas, d'un autre côté, rechercher auſſi bien dans quel rang de Subſtances doit être compté ce qui vous conſtitue *vous même*? Ou ne ſeriez-vous point une Subſtance, & aimeriez-vous mieux vous qualifier de *Mode* ou d'*Accident*. . . .

Je conviens que quelque accidentelle que puiſſe être ma vie, ou cette humeur variable, qui la gouverne, je ne connois rien de plus *réel* ou *ſubſtantiel* que *moi-même*. C'eſt pourquoi s'il y a des ſubſtances, j'avoue que j'en ſuis une. Mais en cas que vous vouliez aller plus avant, vous connoiſſez mes principes Sceptiques, je ne décide rien.

Accordez-moi donc le même privilege dans cette queſtion, puiſqu'il ne s'agit pas du parti que l'on doit prendre à ce ſujet: que la difficulté ſoit auſſi conſidérable qu'il ſe puiſſe, elle a la même force, comme vous le ſentez bien, contre *votre propre Etre* que contre *Celui*, dont je prétens vous convaincre. Vous pouvez oppoſer telles objections qu'il vous plaira de part & d'autre, & votre Dilemme peut-être d'un grand poids contre la maniere d'exiſter de cet Etre Suprême. Mais après tous vos efforts, vous vous appliquerez ce Dilemme, & ne ſaurez toujours que dire de vous-même. Après

III. PART. §. I. tous les argumens possibles sur les idées métaphysiques du *Mode* & de la *Substance*, & lorsque vous aurez philosophiquement conclu, sur les difficultés de chaque Hypothese, que cet Etre Universel ne sauroit exister dans la Nature; il faut inférer, par la même raison, qu'un Etre particulier tel que vous, est impossible. Or que vous existiez actuellement, c'est, à ce que j'espere, ce dont votre Esprit vous convaincra, & quant à cet Esprit, il suffit de dire que c'est quelque chose qui agit sur un Corps, & qui a quelque chose de *passif* qui lui est assujetti; qui a non seulement le Corps ou une pure matiere pour son sujet, mais qui est encore son propre sujet à certains égards; qui regle & conduit l'imagination, les apparences & les fantaisies, en corrigeant & arrangeant tout comme il le trouve bon; qui, en un mot, acheve & embellit l'ordre composé du Corps & de l'Intelligence. Je sais qu'il y a dans le monde un tel Esprit. Que Pirron, me contredise s'il le veut par votre bouche. Nous avons nos différentes pensées & intelligences, de quelque maniere que nous y soyons parvenus. Chacun pense le mieux possible selon ses vues; vous pensez pour *vous*, & je pense pour *moi*. Or qui pensera, je vous en prie, pour le *Tout*? Personne? Rien absolument? Vous supposez peut-être que le monde n'est qu'un *corps*, une masse de matiere modifiée? Les corps des hommes sont donc une partie de ce *corps*. Les imaginations, sensations, & idées des hommes y sont renfermées inhérentes; elles en sortent, & y rentrent ensuite, quoique le corps ne paroîsse jamais y songer. Le monde en *lui-même* n'est jamais plus sage, malgré tout l'esprit & la sagesse qu'il produit. Il n'a aucun sentiment de ce qui se fait, aucune pensée qu'il retienne pour lui-même ou son propre usage, aucune réflexion qui lui fasse sentir les innombrables idées ou inventions qu'il met sur pied, & qu'il prodigue au dehors avec tant de fécondité. Cette Masse divine, si fertile, si bienfaisante pour tout le reste, n'a rien en reserve pour son partage, parce qu'elle prodigue malheureusement tout. Mais je serois charmé de savoir par quel hazard cela arrive, comment, ou par quelle nécessité? Qui l'ordonne? Qui dispense les choses de cette maniere? La Nature, dites-vous. Mais qu'est-ce que cette Nature? Est-ce un *sentiment*? Est-ce une *personne*? A-t'elle de la raison ou de l'intelligence.... Non .... Qui pense donc pour elle, ou qui s'intéresse en sa faveur?.... Personne, aucune Ame; mais *chacun pour soi.*

III. PART. §. I.

Avançons donc plus loin. Cette Nature n'est-elle pas un Etre qui a une existence propre? Ou dites moi, Comment *êtes-vous un*? Par la vertu de quoi êtes-vous tel?..... Par un Principe qui unit certaines parties, & qui pense & agit conformément à l'usage & à l'objet de ces parties..... Apprenez-moi donc de quel systême le vôtre fait partie: ou sans être une Partie, est-il un *Tout par lui-même*, absolu, indépendant & sans rapport à tout autre Etre? S'il est une partie, & s'il a réellement quelque rapport; à quoi seroit-ce, sinon au *Tout* de la Nature? Y a-t'il donc un pareil

III. PART. §. I.

Principe d'union dans la Nature? Si cela eſt, comment êtes-vous un *être propre*, tandis que la Nature n'en feroit pas un? Comment pouvez-vous penſer & agir pour vous, tandis que la Nature, qui vous a donné cette intelligence, n'auroit rien du tout, qui penſât pour elle-même, & qui la ſecourut dans toutes les circonſtances où il peut-être néceſſaire. Le monde *en général* eſt-il ſi malheureux? Y a-t'il partout tant de Principes particuliers, qui ſoient actifs & intelligens? En un mot, n'y a-t'il rien qui penſe ou agiſſe pour le *Tout*? Rien pour prendre ſoin du *Tout*?

Non, dira certain Philoſophe moderne: le monde étoit de toute éternité, comme vous le voyez actuellement, & il n'eſt rien de plus; c'eſt toujours une *Matiere modifiée*, *une maſſe en mouvement*, *qui penſe quelque part au moyen d'une intelligence épaiſſe & diſſoluble.* Non, dira le partiſan d'une plus ancienne Hypotheſe: le monde étoit ſans aucune intelligence ou penſée, *pure matiere*, *Chaos & jeu d'atômes*, *jusqu'à ce que l'intelligence s'anima & forma une harmonie*, *que perſonne n'avoit deſſinée*, *ni conçue.* Admirable Syſtême! Le croira qui pourra. Pour moi, grace à la Providence, j'ai une Ame, qui telle qu'elle eſt, ſert à contenir dans un certain ordre mon corps & ſes affections, mes paſſions, appétits, imaginations, fantaiſies &c. Mais je ſuis perſuadé que l'ordre de l'univers vaut infiniment mieux. Qu'Epicure donne, s'il veut, la préférence au ſien, & que ſans croire de Génie ou de Sageſſe au deſſus de ſon Génie, il nous apprenne par quelle avanture des atômes ont acquis tant de lumiere! III. PART. §. I.

Enfin, continua Théoclés, en élevant la voix & le geſte, étant ainſi convaincu, par le Scepticiſme même, que mon individu exiſte & qu'il tire ſon origine d'un autre Etre principal, le grand Génie du monde, je tâche d'être réellement *un* avec lui, & de m'identifier avec lui autant qu'il eſt poſſible. Je conſidere que comme il y a une maſſe générale de toute la matiere, cet univers ſuppoſe un ordre, & cet ordre une Intelligence; que chaque Intelligence particuliere ſe rapporte à cette Intelligence univerſelle, qu'elle eſt d'une ſemblable Subſtance (ſelon les idées que l'on peut avoir de la Subſtance); qu'elle agit également ſur le corps, qu'elle eſt l'origine du mouvement & de l'ordre, pareillement ſimple, individuelle & ſans parties; qu'elle a la même énergie, le même effet & la même opération; qu'enfin elle reſſemble encore davantage à cet Etre Souverain, ſi elle coopere avec lui au bien général, & ſi elle s'efforce de ſe conformer à la meilleure des *Volontés*. Rien de plus naturel, en conſéquence, que l'Eſprit particulier cherche ſon bonheur dans ſa conformité avec l'Eſprit général, & entreprenne de l'imiter dans ſa ſublime & excellente ſimplicité.

Revenez donc, m'écriai-je, bon Théoclés, à votre *Enthouſiaſme*: que j'entende encore ce chant céleſte qui m'a ravi il n'y a qu'un moment. Mes ſcrupules diſparoîſſent, & je commence à mieux concevoir cette *Nature* dont vous parlez. Je m'intéreſſe même vivement à

III. PART. §. I.

elle, & je souhaite que tout entre dans ses vues & se conforme à son systême, quoique que je ne puisse m'empêcher d'avoir quelques inquiétudes à son sujet, lorsque j'examine le train ordinaire des choses.

Ne craignez rien mon Ami, répliqua Théoclés; car sachez que toute Nature particuliere produit certainement & constamment ce qui lui est bon, à moins que quelque chose qui lui est étranger, ne s'y oppose, soit en corrompant son intérieur, soit par une violence extérieure. C'est ainsi que la Nature se débat dans le malade jusqu'à l'extrémité, & s'efforce de se délivrer du mal qui l'attaque; ainsi dans les plantes qui nous environnent, chaque individu s'éleve & atteint sa perfection, si rien d'extérieur n'arrête ses progrès, & ne l'affoiblit: mais dans ce cas même, la Nature fait tous ses efforts pour réparer le mal. Toutes les foiblesses, les maladies, les dérangemens, les productions imparfaites, les contradictions apparentes & les défauts de la Nature; toutes ces irrégularités ne se réduisent-elles pas à cela? Qu'il faut être ignorant sur les causes & les effets physiques pour s'imaginer que ces désordres sont une méprise de la *Nature particuliere*, plutôt que l'effet d'une force étrangere qui en triomphe! Si donc toute Nature particuliere est constamment & infailliblement fidele à elle-même, de sorte qu'elle ne produit que ce qui lui est bon, & conforme à son économie, la Nature générale n'en fera-t'elle pas autant? Sera-t'elle la seule qui tombera dans l'erreur? Ou bien est-il quelque chose qui puisse lui faire violence, & l'écarter de son but? Tout ce qu'elle fait est donc pour son propre avantage & pour son bien, savoir le bien du *Tout en général*: or ce qui est pour le bien du tout en général, est *juste* & *bon*.....

Cela est vrai, je l'avoue.....

Vous devez donc être content, & même vous réjouir de ce qui arrive, sachant *de quelle part* il vient, & à *quelle perfection* il contribue.....

Grand Dieu, Théoclés, dans quelle superstition m'allez-vous jetter! J'ai toujours regardé jusqu'ici comme une erreur superstitieuse la Philosophie de ceux qui cherchent la Providence dans les accidens ordinaires de la Vie, & qui attribuent à une main divine ces désastres & ces calamités que la Nature a entassés sur le genre humain. Mais je conçois aujourd'hui, qu'il faut réduire tout à un même principe, & qu'en voyant les choses à travers une espece d'Optique enchantée, je trouverai les plus grands *maux* transformés en *biens*, & que j'admirerai également tout ce qui émane d'une Cause unique & parfaite. Qu'importe! Je puis digérer tout. Continuez, Théoclés, & souffrez que je vous avertisse qu'après m'avoir échauffé, vous ne donniez pas à mes sentimens le tems de se refroidir par vos delais....

Je veux que vous sachiez que je dédaigne de tirer avantage d'un accès d'ardeur, & d'intéresser votre imagination pour obtenir votre consentement. C'est pourquoi avant que de faire un pas plus loin, je suis résolu de raisonner encore de sang froid avec vous, & de vous

III. PART. §. I. demander ſi ma theſe d'hier, ſavoir *l'Union Univerſelle*, *la cohérence ou la ſymphatie des choſes* vous paroît démontrée?.....

Vous avez eu pour vous la force de la probabilité: convaincu que tout s'accorde & ſe lie dans les Etres qui tombent ſous nos ſens, j'ai penſé qu'il étoit *déraiſonnable* de ne pas ſuppoſer la même choſe du reſte qui nous eſt caché.....

Rien en effet ne ſeroit plus déraiſonnable: ſi le *Réſultat infini* n'avoit pas de principe d'union, il ſembleroit impoſſible que les choſes qui ſont à notre portée, fuſſent conſéquentes, & conſervaſſent leur ordre; car ce qui eſt infini doit l'emporter......

C'eſt ce qu'il me ſemble.....

Puiſque vous avouez cette union, comment pouvez-vous refuſer d'appeller le titre & la force de démonſtration aux autres argumens qui établiſſent le gouvernement d'une Intelligence parfaite?.....

Vos ſolutions, au ſujet des *fâcheuſes apparences* qui nous frappent, ne ſont pas aſſez complettes pour des démonſtrations. Tout ce qui paroît vicieux ou imparfait dans la Création, ſuſpend les conſéquences que vous en pouvez tirer, juſqu'à ce que la difficulté ſoit entierement éclaircie....

N'êtes-vous donc pas convenu avec moi, quand je vous ai fait voir que les *apparences* doivent être néceſſairement telles qu'elles ſont, que les choſes paroîtroient également imparfaites dans l'hypotheſe même d'un Etre ſouverain & parfait?.....

J'en

J'en tombe d'accord..... III. PART. §. I.

N'est-ce donc pas toujours bien raisonner que de dire „ qu'à l'égard d'une infinité de cho„ ses qui ont un rapport mutuel, un Esprit „ qui ne voit rien infiniment, ne peut rien „ voir complettement, & qu'en conséquen„ ce il doit souvent voir comme imparfait ce „ qui est en soi-même réellement parfait"....

Cette raison est toujours bonne.....

Les *apparences* font-elles donc une difficulté contre notre Hipothese?.....

Non, tant qu'elles restent *apparences*.....

Pouvez-vous donc démontrer qu'elles sont quelque chose de plus? car sans cela vous ne prouvez rien; comme il vous est facile de le sentir, puisque les *apparences* ne s'accordent pas seulement avec l'Hypothese, mais qu'elles en sont une conséquence nécessaire. Vouloir donc que *je prouve* en pareil cas, c'est la même chose que si l'on vouloit que je fusse *infini*, parce qu'il faut être *infini* pour voir une *infinité* d'enchaînemens.....

Il faut avouer que sur ce pied-là la présomption est toute de votre côté: mais cependant, ce n'est toujours qu'une présomption.....

Eh bien, voici une démonstration, si vous pouvez supporter la sécheresse du raisonnement. Les *apparences* du *Mal* ne sont pas nécessairement, dites-vous, ce *Mal* qu'elles nous représentent.....

D'accord.....

Donc ce qu'elles représentent peut être bon.....

Oui.....

III. PART. §. I.

Il peut donc ſe faire qu'il n'y ait pas de *Mal* réel dans les choſes : mais tout peut parfaitement concourir à un ſeul intérêt, l'intérêt de l'Univers.....

Cela eſt poſſible.....

Eh bien, ſi cela eſt poſſible (ne ſoyez pas ſurpris de ma concluſion :) il s'enſuit que cela doit être, à cauſe de ce grand Principe unique & ſimple que vous avez reconnu dans le *Tout* : car tout ce qui eſt poſſible dans le *Tout*, la Nature ou l'Ame du Tout le mettra en exécution pour le bien du *Tout* ; & s'il eſt poſſible d'exclurre le *Mal*, il l'exclurra. Conſéquemment, puiſque malgré les *apparences*, il eſt poſſible que le Mal ſoit actuellement exclus, ſoyez ſûr qu'il l'eſt, à cauſe que rien de purement *paſſif* ne peut réſiſter au Principe *actif* univerſel....

Si quelque choſe d'*actif* lui réſiſte, c'eſt un autre Principe, il faut en convenir.....

Cela implique contradiction : car s'il y avoit dans la Nature deux ou pluſieurs Principes, ils s'accorderoient, ou ne s'accorderoient pas. ce ſeroit une anarchie, une confuſion générale, juſqu'à ce que l'un eut l'aſcendant. S'ils s'accordoient, il devroit y avoir quelque raiſon naturelle de cela ; & cette raiſon naturelle ne pourroit être priſe dans le hazard ; mais elle ſuppoſeroit quelque deſſein, quelque intelligence, qui nous rameneroit à un Principe, & qui lui ſubordonneroit les deux autres. Ainſi en comparant ces trois opinions, ſavoir, *qu'il n'y a pas de Principe actif intelligent* ; *qu'il y en a plus qu'un* ; ou *qu'il n'y en a finalement qu'un* ; on ſentira que la ſeule raiſonnable eſt la derniere. Or comme il faut que l'un de ces trois sentimens soit nécessairement vrai, que décider sinon que le dernier est démonstrativement vrai, & qu'il doit l'être? cette démonstration est que si de trois opinions, dont l'une doit être nécessairement vraie, deux sont clairement absurdes, il s'ensuit que la troisieme doit être vraie..... III. PART. §. I.

En voilà assez, Théoclés; mes doutes ne subsistent plus. La Malice & le Hazard, vains fantômes! ont cédé à cette Sagesse toute-puissante que vous avez prouvée. Vous m'avez vaincu par le froid raisonnement, & vous pouvez revenir à ce divin sentiment qui vous échauffoit. Ramenez-moi donc, je vous en conjure, à la sublime *Perfection de l'Etre*, & invoquez-le comme lorsque nous sommes entrés sur cette scene champêtre qui a paru vous inspirer. Il n'y a plus de danger que j'imagine de la superstition ou de la magie dans votre Culte, puisque vous n'interpellez d'autre Puissance que cette seule & unique, qui semble si naturelle.....

Je continuerai donc à m'adresser, selon votre desir, à cette Divinité propice, que nous nous figurerons présente *ici*, mais non pas *ici* seulement. ,, O puissant Génie, qui seul m'a-
,, nime & m'inspire! Auteur & sujet de mes
,, pensées! Ton influence est universelle, &
,, tu pénetres dans l'intérieur de tous les êtres.
,, Le ressort secret de leurs actions dépend de
,, toi. Tu les meus avec une force irrésistible
,, par des loix sacrées, inviolables & faites
,, pour le bien de chaque individu, en ce qu'el-
,, les sont le mieux adaptées à la perfection, à

III. PART. §. I.

„ la vie & à la vigueur du Tout. Le principe „ de vie eſt abondamment diſtribué, & infi- „ niment varié; il pénetre partout, & ne s'é- „ teint nulle part. Tout vit, & ſe renouvelle „ par une ſucceſſion continue. Les êtres paſ- „ ſagers quittent leur forme empruntée & ren- „ dent les élemens de leurs ſubſtances à ceux „ qui ſuivent. Appellés tour à tour à la vie, „ ils voient la lumiere, & s'évanouiſſent de- „ vant elle, afin que d'autres puiſſent contem- „ pler cette auguſte ſcene, & qu'un plus grand „ nombre jouiſſe du privilege de la Nature. „ Noble & bienfaiſante, elle ſe communique „ à tout, & les ſujets de ſa bonté ſont infinis. „ Rien n'arrête ſa main diligente. Il n'eſt „ point de tems, ni de ſubſtance, qui ſe per- „ de, ou dont elle ne tire pas uſage. On voit „ éclore de nouvelles formes, & quand les an- „ ciennes ſe diſſolvent, la matiere, qui les „ compoſoit, ne reſte pas inutile; elle eſt mi- „ ſe en œuvre avec le même art juſques dans „ le ſein de la corruption. Les ruines de la „ Nature ne ſont qu'apparentes, & ſon état „ d'abjection n'eſt qu'un paſſage à quelque „ choſe de mieux. Mais ſi on l'obſervoit de „ près avec indifférence & ſans cette antiphatie „ des ſens, elle exciteroit peut-être la plus „ vive admiration, & l'on ſeroit convaincu „ que le *moyen* même étoit égal à la fin. Nous „ ne pouvons pas juger moins favorablement „ de cet Art conſommé qui brille dans tous les „ ouvrages de la Nature, puiſque nos foibles „ yeux découvrent dans ces productions, à l'ai- „ de des inſtrumens phyſiques, un monde de „ merveilles ſecrettes, des mondes dans des

„ mondes, d'une extrême petiteſſe, quoiqu'é- III.
„ gaux aux plus grands par l'art qui y regne, Part.
„ & quoiqu'ils renferment plus de merveilles §. I.
„ que le ſens le plus exquis, & la plus ſubtile
„ raiſon, n'en peuvent ſaiſir ou developper.

„ Mais en vain nous fouillerions dans la
„ maſſe énorme de la matiere pour chercher à
„ connoître ſa nature, pour ſavoir combien
„ *grand* eſt le Tout, ou même combien ſes
„ parties ſont *petites*.

„ Si, ne connoiſſant que quelques regles du
„ Mouvement, nous cherchons à mieux péné-
„ trer ſon eſſence, nous avons beau le ſuivre
„ dans les corps où il réſide; notre lente con-
„ ception ſe trouve en défaut; nous n'apper-
„ cevons rien au-delà du corps qui ſe meut.
„ Etre étonnant, (ſi l'on peut donner ce nom
„ à une choſe ſi commune) qui paſſe d'un
„ corps à un autre, que celui-ci ne peut rece-
„ voir qu'aux dépens du premier, & que le
„ premier ne peut perdre ſans le communiquer
„ à un autre! Il conſerve même ſon énergie
„ ſans qu'il y ait de déplacement. Les corps
„ agités d'un mouvement intérieur, s'effor-
„ cent de ſe mouvoir, & immobiles, en don-
„ nant des marques d'une énergie qui paſſe no-
„ tre intelligence.

„ En vain nous pourſuivons le Temps, ce
„ fantôme trop petit & trop puiſſant pour que
„ nous puiſſions le ſaiſir; il nous échappe en
„ ſe réduiſant à un point, ou il brave notre
„ chétive penſée en s'étendant juſques dans
„ l'Eternité, objet qui eſt ſupérieur à notre in-
„ telligence de même que ton Etre, ô Toi

III. PART. §. I.

„ ancienne Cause, qui es avant le Temps, „ quoique ton Eternité ne fasse que commen- „ cer.

„ C'est en vain que nous essayons de „ sonder l'abîme de l'espace, sejour de ton „ Etre immense, qui en remplit toutes les par- „ ties.

„ En vain nous tâchons de comprendre ce „ Principe du Sentiment & de la Pensée, qui „ differe tant du Mouvement dont il semble si „ dépendant, & qui differe tant de la Matiere „ même, que nous ne pouvons plus concevoir „ que la Pensée résulte de la Matiere, que la „ Matiere de la Pensée. Mais nous accor- „ dons la prééminence à cette Pensée, & nous „ confessons que c'est le plus réel des Etres; „ nous ne sommes sûrs que de son existence „ que nous connoissons par sentiment. Tout „ le reste peut n'être qu'une ombre ou un son- „ ge; tout le reste, & le *sens* même, peut nous „ induire en erreur. Le Sentiment est con- „ stant, la Raison subsiste, & la Pensée tient „ le premier rang dans notre être. C'est ainsi „ que nous sentons en quelque maniere cette In- „ telligence originale & éternellement existan- „ te, d'où la nôtre émane. C'est ainsi que l'assu- „ rance que nous avons des Etres élevés au- „ dessus de nos sens, & de *Toi*, grand proto- „ tipe de tes ouvrages, est un de tes bienfaits; „ Tu es souverainement fidele & parfait: tu „ t'es communiqué plus immédiatement à nous, „ jusqu'à habiter en quelque sorte dans nos A- „ mes, ô Toi, qui es l'Ame originale, répan- „ due & vivante dans tout ce qui respire!

„ Toutes les merveilles de la Nature exci- III
„ tent & perfectionnent cette idée de leur Au- PAR:
„ teur: c'est là qu'il veut bien se laisser voir, §. I.
„ & qu'il s'entretient pour ainsi dire avec nous
„ d'une maniere conforme à notre foiblesse.
„ Qu'il est grand de le contempler dans le plus
„ noble de ses ouvrages que nous pouvons
„ appercevoir, c'est-à-dire dans le Systême
„ de ce vaste Univers!"

Je vis avec plaisir dans cet endroit (il faut en convenir) que selon le tour que prenoit notre conversation, nous allions probablement sortir des profondeurs d'une Philosophie abstraite. Je me flattois que Théoclés suivroit de plus près la Nature, puisqu'il étoit parvenu sur les frontieres de notre monde. Je l'en aurois volontiers félicité, si j'avois cru pouvoir l'interrompre impunément.

„ Outre les planetes voisines, reprit Théo-
„ clés sur son ton d'enthousiasme, quelle mul-
„ titude d'étoiles fixes ne voyoit-on pas étin-
„ celer, il n'y a pas une heure, dans le sein
„ d'une belle nuit? Elles n'ont pas encore
„ entiérement fait place au jour. Combien
„ l'Art n'en a-t'il pas découvert d'autres, &
„ combien n'en reste-t'il pas encore qui sont
„ hors de sa portée? Quoiqu'elles semblent
„ entassées, leur distance l'une de l'autre est
„ aussi incommensurable que leur éloignement
„ de nous. C'est ce qui nous instruit naturel-
„ lement de l'immensité de cet Etre, qui a di-
„ stribué dans l'abîme de l'Espace, cette quanti-
„ té innombrables de corps célestes, qui appar-
„ tiennent chacun selon toute apparence à dif-

„ férens Syſtêmes auſſi complets que notre „ propre Monde. Un des plus petits feux de „ cette brillante *Voie lactée* peut diſputer d'é„ clat avec notre ſoleil, cet aſtre majeſtueux „ qui developpent à préſent ſes rayons, nous „ donne une nouvelle vie, exalte nos eſprits, „ & nous fait ſentir la Divinité d'une maniere „ plus immédiate.

„ Sphere étonnante! Source d'une chaleur „ vivifiante! Pere du Jour! Douce flamme, „ cependant ſi active & ſi forte! Subſtance „ ſi étendue & ſi vaſte, quoique ramaſſée en „ elle-même, & confinée dans une éclatante „ maſſe au centre de notre Monde! Etre „ puiſſant! Image qui repréſente l'Eternel! „ Créature ſupérieure au monde matériel! Toi „ qui a des graces & une jeuneſſe inaltérables! „ Beauté céleſte, qui es preſque impériſſable! „ Par quels moyens ſecrets reçois-tu ces ſe„ cours qui conſervent ta vigueur, & qui te „ donnent une gloire inépuiſable, malgré ces „ émanations éternelles qui éclairent & ani„ ment les Mondes environnans?

„ Autour de cet Aſtre radieux, toutes les „ Planetes, au nombre deſquelles eſt notre „ Terre, ſe meuvent ſeules ou avec leurs Sa„ tellites; elles recherchent le bienfait de ſa „ lumiere, & de ſa vive chaleur. Elles parois„ ſent tendre vers lui comme à leur centre; „ mais heureuſement retenues par une force „ antagoniſte, elles gardent leur place dans „ l'ordre des ſpheres, & elles parcourent leurs „ orbites avec la plus exacte préciſion.

„ Mais ô Toi qui es l'Auteur, & le diſpen-

„ fateur de ces divers mouvemens! Seul & „ Souverain Moteur, qui gouvernes le cours „ des Spheres, & qui conduis ces corps éton- „ nans dans leur admirable progreſſion! Sage „ Econome, puiſſant Chef, que les Elemens „ & toute la Nature s'empreſſent de ſervir! „ Comment as-tu animé ces Mondes? Quelle „ ame, quel eſprit y as-tu répandu? Com- „ ment ſont-ils fixés dans le mobile Ether? „ Comment marchent-ils dans cet Eſpace im- „ menſe, où tu les a lancés?

III. PART. §. I.

„ Les Syſtêmes ſe conſervent ainſi par une „ main puiſſante dans toute leur intégrité, el- „ le empêche qu'ils ne ſe mêlent & ne s'emba- „ raſſent. Ainſi que notre peſant globe eſt „ dirigé dans ſa courſe annuelle, & fait ſa ré- „ volution diurne ſur ſon propre centre, tan- „ dis que la Lune, avec un double effort, cir- „ cule autour de notre Terre, & l'accompa- „ gne dans ſon mouvement autour du So- „ leil.

„ Cependant ce Globe que l'homme habite a „ des limites plus étroites que les autres Pla- „ netes de notre Syſtême. Qu'il eſt donc ché- „ tif en comparaiſon du vaſte Syſtême du So- „ leil! Qu'il eſt peu de choſe à l'égard de ces „ innombrables Syſtêmes, dont les Soleils frap- „ pent nos yeux ſurpris! Qu'il eſt néanmoins „ immenſe relativement au Corps humain, qui „ n'eſt qu'une parcelle empruntée de ſa ſurfa- „ ce que tant de révolutions changent conti- „ nuellement: il eſt cependant animé d'un eſ- „ prit céleſte, qui nous rapporte & nous fait „ tendre à Toi, Pere divin, Centre des A-

III. PART. §. I.

„ mes, vers lequel les nôtres ſont attirées par „ la Nature, comme les corps terreſtres vers „ leur propre centre. Ah! que n'y tendent-„ elles d'une maniere auſſi conſtante & infail-„ lible! Mais tu as ſeul balancé les déſordres „ du Monde matériel; tu as établi dans le ſein „ inquiet & agité des Elemens une paiſible „ concorde, & tu en as fait ſortir la beauté de „ toutes les parties de la Création. Diſſipe les „ mouvemens contraires des Etres intelligens; „ qu'ils trouvent le repos dans le tems & ſelon „ la maniere que tu as preſcrits; qu'ils contri-„ buent au bien & à la perfection de l'Uni-„ vers, cet Ouvrage que tu as créé *tout-bon* „ *& accompli!*"

Théoclés s'interrompit encore en cet endroit, & me regarda comme s'il eut attendu que je parlaſſe; mais voyant que ce n'étoit pas mon intention, il reſta toujours dans l'attitude d'un homme penſif; puis il me dit avec un air d'étonnement: Comment Philoclés, pourquoi me laiſſez-vous continuer ainſi ma tirade, ſans m'interrompre le moins du monde? Avez-vous abandonné votre ſcrupuleuſe Philoſophie pour me laiſſer parcourir de la ſorte à plaiſir les Eſpaces imaginaires, où le caprice de mon imagination, & ma crédulité m'ont tranſporté? Sachez, cher Philoclés, que je ne me ſerois jamais hazardé avec vous dans cet accès d'enthouſiaſme, ſi je n'euſſe compté que vous le dirigeriez un peu mieux.

Je vois, répliquai-je en revenant de ma rêverie, que vous auriez voulu que je fiſſe l'office de ce Muſicien qu'un ancien Orateur tenoit à côté de lui, pour tirer des ſons qui lui élevaſſent l'ame, quand il s'appercevoit que ſon feu tomboit; & qui le calmaſſent quand la fougue de ſon imagination étoit trop impétueuſe.

Vous devinez, dit Théoclés, & conſéquemment je ſuis réſolu de ne pas continuer que vous ne m'ayez promis de me tirer par la manche, en cas que j'extravague..... A la bonne heure, je vous le promets..... Mais ſi au lieu de m'élever dans mes tranſports, je devenois plat & faſtidieux, de quelle lire ou de quel inſtrument vous ſerviriez-vous pour me rappeller au ſublime?....

Je lui dis qu'il n'y avoit guere de danger de ce côté-là; que ſa *veine* étoit abondante, & que ſon enthouſiaſme ne ſe trouveroit pas en défaut. J'ajoutai que ſon ſujet & ſon ton ſe ſoutiendroient; qu'avec l'avantage de la ſcene champêtre qui nous environnoit, ſa proſe cadencée ſuppléeroit à la meilleure Paſtorale; & que de la maniere dont j'étois monté, il m'étoit auſſi agréable de l'entendre, dans cette eſpece de *Paſſion*, invoquer ſes Etoiles & ſes Elemens, qu'un Berger amoureux qui ſe plaint à ſon troupeau, & qui fait retentir les bois & les rochers du nom de celle qu'il adore. Continuez donc, m'écriai je en le preſſant, & conduiſez-moi ſans crainte à travers vos Elemens. S'il y a quelque péril de part ou d'autre, je vous donne ma parole de vous en avertir quand je l'appercevrai.

Commençons donc, dit mon Ami, par la *Terre*, cet Element que vous voyez cultiver avec tant de ſoin par les laboureurs qui travail-

III. PART. §. I.

lent déjà dans la plaine. „ Hommes malheu„ reux & inquiets, qui dédaignâtes les pre„ miers, ces paiſibles travaux, ces doux ſoins „ de la campagne, dont on s'acquitte avec „ tant de délices, quelle fierté ou quelle am„ bition vous en inſpira le mépris? De-là „ émanent ces maux funeſtes qui affligent vo„ tre poſtérité; le luxe inſenſé, dédaignant ce „ qu'il trouve ſans peine, court la terre & les „ mers, fouille tout le globe pour ſe contenter. „ Ingénieux à faire notre propre malheur, „ nous inventons les moyens d'aggraver le „ joug de l'humanité, & d'être la proie de „ mille ſoucis dévorans & ſtériles. Peu con„ tens de travailler pour notre uſage cette ter„ re ſalubre & bienfaiſante, nous creuſons plus „ avant pour chercher des tréſors imaginaires „ juſques dans ſes entrailles.

„ Ici la curioſité nous fait découvrir des Mi„ neraux de différentes natures, qui, dans leur „ ſimplicité, ne découvrent pas moins l'art „ d'une main divine, que ſes ouvrages les plus „ compoſés. Il en eſt qui ſont ſuſceptibles de „ ſurprénans changemens, d'autres qui ſont du„ rables & ſur leſquels le feu, & toute la fi„ neſſe de l'art n'ont preſque point de priſe. „ Les ſujets qui s'offrent à nos obſervations „ ſont ſi variés, que l'étude même de la Na„ ture dans le monde ſouterrain, eſt capable „ toute ſeule de fournir un ample exercice aux „ génies les plus actifs qui veulent bien conſu„ mer leur vie dans le travail de ces expérien„ ces. Mais les vapeurs empoiſonnées que la „ terre exhale de ces noires cavernes, où elle

„ cache ſes tréſors, abregent les jours des avi- III. PART. §. I.
„ des mortels qui les cherchent.

„ Qu'il eſt doux pour ceux qui ſortent pleins „ de vie de ces abîmes, de reſpirer un air plus „ pur! de voir la lumiere réjouiſſante du jour! „ de fouler aux pieds la terre féconde! Avec „ quelle allégreſſe ne contemplent-ils pas la „ ſurface de cette terre, qui eſt leur habita- „ tion, échauffée & animée par le ſoleil, & „ tempérée par le ſoufle des zéphirs. Les „ vents exercent & agitent les plantes; ils par- „ courent le globe & lui communiquent leur „ activité. Lorſque le Soleil attire des va- „ peurs & des exhalaiſons, ce n'eſt que pour „ digérer & exalter les parties mal-ſaines, & „ les expoſer à la vivacité de l'air, qui les ani- „ mant d'un ſoufle prompt & vivifiant, les re- „ jette enſuite ſur la terre ſous une meilleure „ forme, en roſées, en pluies fertiles &c. Ce „ même air agitant tout le globe, s'inſinue „ dans ſes pores, & le féconde; il conſpire „ avec le ſoleil à animer tellement cette terre, „ notre mere commune, que quoiqu'elle en- „ gendre continuellement, ſa vigueur eſt auſſi „ grande, & ſa beauté auſſi fraiche que la pre- „ miere fois qu'elle ſortit des mains du Créa- „ teur.

„ Entre les productions qui ſont ſous nos „ yeux, que l'*Eau* eſt admirable! Peſante, „ liquide & tranſparente, elle n'a pas la vi- „ gueur, ni la force impétueuſe de l'air; mais „ elle n'eſt point ſans activité. Elle réſiſte „ opiniatrément à la compreſſion, mais elle „ l'évite paiſiblement pour couler ſans gêne

III. PART. §. I.

„ partout où elle peut se faire une voie. Pé„ nétrante, elle dissout la masse de la terre, „ dégage les corps embarassés, les fait commu„ niquer, & porte dans les campagnes des par„ ties subtiles qui s'accordent & s'unissent étroi„ tement pour la production de toutes les for„ mes que nous observons. Que les abîmes de „ la mer, où cet élement est entassé, sont vas„ tes! Le soleil le porte dans les nues, qui se „ convertissent bientôt en pluie pour arroser „ la terre desséchée, & fournir les sources & les „ rivieres: les plaines voisines se fertilisent, & „ tous les animaux trouvent un doux rafrai„ chissement.

„ Mais où trouverons-nous la source de la „ *Lumiere*? Quel Océan renferme cette ma„ tiere étincellante répandue dans l'immensité „ de l'Espace? Quel est le siege du *Feu*, cet „ Element impétueux, trop actif pour être re„ tenu dans la sphere du soleil, & qui pénetre „ jusques dans les entrailles de la Terre? L'Air „ lui est soumis, & sert comme d'instrument „ inférieur à ses fins. Notre soleil même & „ tous ceux des spheres environnantes, qui „ étincellent dans la voute céleste, semblent „ tirer du Feu, l'aliment nécessaire pour les sou„ tenir dans leur splendeur. L'*Ether* invisible „ s'insinue dans les solides & les liquides, & „ remplit tout l'univers. Il se glisse dans ce „ globe froid & insensible, qu'il échauffe jus„ qu'à son centre. Il forme les Minéraux; il „ anime & perfectionne le regne végétal; il „ excite une flamme douce, invisible & vivi„ fiante dans le sein des Etres animés; il pro-

„ duit & entretient toutes les formes, épar- „ gnant & appliquant à leur uſage ces matie- „ res ſulphureuſes & combuſtibles dont elles „ ſont compoſées. Bienfaiſant & tranquille au „ milieu de l'univers, il y ſoutient toujours la „ paix conformément à ſes loix fixes & parti- „ culieres. Mais lorſqu'elles ſont une fois vio- „ lées, le fier Element ſe livre à toute ſon im- „ pétuoſité; il franchit la breche, & ſes flam- „ mes dévorantes triomphent de tout ce qu'elles „ rencontrent. Il convertit tout en lui-mê- „ me, & diſſout les formes qu'il avoit produi- „ tes. C'eſt ainſi...."

Théoclés s'arrêta en cet endroit, s'imaginant que comme j'élevois la main, j'allois le tirer par la manche.

O Philoclés! dit-il, vous tenez parole. Je m'échauffois trop, comme cela eſt fort poſſible dans cet Element ardent. Peut-être vous aurois-je encore parlé plus myſtérieuſement, ſi vous pouviez goûter d'autre ſtyle que le langage ordinaire des douces flammes de l'Amour. Vous auriez peut-être entendu des merveilles dans ce genre. Je vous aurois dit comment tous les Etres tirent du feu leur origine, & comment leur plus noble ſort eſt de s'y perdre & de s'y conſumer. Mais j'aurois pu fondre mes aîles dans ce ſublime eſſor.

Il eſt vrai, répliquai-je, qu'un vol ſi élevé auroit bien pu vous expoſer au ſort d'Icare. Mais ce n'étoit pas ce que je craignois; car vous étiez au deſſus du danger, & appuyé de votre redoutable Element, vous auriez pu braver le Soleil même, & tout ce que vous euſſiez

III. PART. §. I.

rencontré ſur votre chemin. Je craignois plutôt que le tout n'aboutit à la fin à une *Conflagration Univerſelle*; dans quel cas, je ne ſavois pas trop ce qui arriveroit de notre *Génie*....

Je ſuis bien-aiſe de votre inquiétude à ce ſujet. Mais tranquilliſez-vous ici, ſi vous parlez de cette Conflagration périodique, mentionnée par quelques Philoſophes: car dans ce cas le Génie ſeroit néceſſairement *tout en tout*. Dans ces intervalles infinis qui ont précédé la Création, il n'y avoit ni Eſpeces, ni Formes, hors de la Suprême Intelligence: tout étoit alors la *Divinité*. Tout étoit cette Subſtance unique, renfermée ainſi en elle-même, & ſubſiſtant, à ce que s'imaginoient ces Philoſophes, d'une maniere plus ſimple & plus parfaite, que quand elle ſe multiplia ſous mille formes différentes, & qu'elle ſe développa dans le ſein de la Nature par toutes les productions de ce bel Univers.....

Mais, pardon ſi je vous interromps, pour moi qui peux mieux ſaiſir la Divinité dans ſon développement que dans cet état ſolitaire & caché où elle ſe trouvoit avant la Création, je voudrois que nous examinaſſions un peu plus la Carte de la Nature, & que quittant ce noble eſſor que vous avez pris, vous daignaſſiez vous arrêter ſur ce chétif globe, où je vous accompagnerois plus aiſément par tout où vous pourriez me mener....

Je conſens à me borner à cette peſante maſſe, me permettrez-vous au-moins de ſuivre l'eſſor de mon imagination? Sans cela, pourrois-je voler avec vous de climat en climat,

mat, d'un Pôle à l'autre, & de la zone glaciale à la torride?..... III. PART. §. I.

Oh pour cet effet, je vous accorde le Pegase des Poëtes, ou le Griffon aîlé qu'un Italien donne à l'un de ses Héros. C'est cependant à condition que vous ne volerez pas comme lui jusqu'à la Lune, & que vous ne quitterez pas d'un seul point notre terre.

Puisque vous le voulez, commençons d'abord par les parties les plus sombres & les plus imparfaites de notre *Carte*, & voyons comment vous en souffrirez l'aspect. „ Que le Soleil „ éclaire obliquement & foiblement ces cli- „ mats éloignés, qui en sont à une si grande di- „ stance! Que les Hivers y sont ennuyeux! „ Que les horreurs de la Nuit sont profondes, „ & que la lumiere même du jour est peu de „ chose! Des vents glacés soufflent impétueu- „ sement, & ne s'épuisent pourtant point. „ La Mer qui ailleurs peut à peine se contenir „ dans ses limites, est ici confinée dans des „ murs de cristal. La neige couvre les mon- „ tagnes, & remplit presque les plus profon- „ des vallées. Comme elle est entassée sur la „ surface des plaines, cachant les sources, les „ arbrisseaux, les arbres, les antres des bêtes, „ & les tristes habitations des hommes! Voyez „ où ils se renferment pour se mettre à l'abri „ des rigueurs du froid & des attaques des bê- „ tes sauvages, qui désolent en liberté les „ campagnes, & que la faim arrache du fond „ des forêts! Telle est néanmoins la force de „ l'Ame humaine qu'elle ne se décourage pas: „ l'art & la prudence, importans bienfaits du

III. PART. §. I.

„ ciel, la dédommagent & lui font prendre „ des furetés contre les inconvéniens de la Na„ ture. Les hommes & leurs troupeaux peu„ vent attendre du foulagement: car à la fin, „ le Soleil fe rapproche, fond la neige, rend „ la liberté aux cultivateurs & leur fournit les „ moyens de fe fournir de provifions pour un „ nouvel hiver; il brife les glaces qui enchaî„ nent la mer, où des monftres énormes fe „ font jour à travers des Iles flottantes avec „ une force qui peut ébranler les rochers, tan„ dis que d'autres, qui paroiffent eux-mêmes „ auffi grands que des Iles, font, par leur vo„ lume feul, armés contre tout, excepté con„ tre l'homme, dont la fupériorité fur des créa„ tures auffi prodigieufes, doit le faire fouve„ nir de fon privilege de la raifon, & le for„ cer d'adorer humblement le grand Auteur „ de ces animaux étonnans, & de fa fageffe „ fupérieure.

„ Mais fi quittant ces fombres climats, fi „ peu favorifés du foleil, nous paffons dans „ ces heureufes régions qu'il anime de plus „ près par un Eté perpétuel, quel changement „ ne trouverons-nous pas? Sa plus pure lu„ miere confond la foible vue des mortels qui „ font pénétrés de fes rayons brûlans. A pei„ ne peuvent-ils mettre le pied fur la terre „ enflammée. L'air qu'ils refpirent ne peut „ affez abattre le feu qui brûle dans leurs „ entrailles. Leurs corps fe fondent. Epui„ fés, tombant en défaillance, ils cherchent „ l'ombre, & foupirent après une nuit ra„ fraichiffante. Cependant le bon Créateur

„ leur donne ſouvent d'autres ſecours. Il jet-
„ te un voile de nuages devant eux, & exci-
„ te de doux zéphirs, qui favoriſent les tra-
„ vaux des hommes & des animaux; les plan-
„ tes, rafraichies par la roſée & des pluies
„ propices, peuvent ſoutenir impunément l'ar-
„ deur la plus vive du ſoleil.

„ Ici s'ouvre une ſcene nouvelle qui nous
„ offre d'autres merveilles. Nous voyons un
„ pays abondant en pierres-précieuſes, mais
„ plus riche encore par les épices & les aro-
„ mates qu'il produit! Que les plus grands
„ des animaux terreſtres marchent gravement
„ ſur les bords de ce beau fleuve! Que leurs
„ armes ſont peſantes! que leur force eſt
„ grande! que leur courage eſt admirable!
„ Que leur ſens eſt Supérieur à celui des autres
„ eſpeces! Cependant les hommes les appri-
„ voiſent, & leurs font partager leurs combats,
„ plutôt comme alliés & confédéres que com-
„ me eſclaves. Mais tournons les yeux ſur de
„ plus petits & de plus curieux objets, ces
„ inſectes devorans & innombrables qui cou-
„ vrent les arbres de ces vaſtes plaines. Que
„ les fils ſubtils qu'ils préparent ſont brillans,
„ forts & durables! Qui leur a appris, ſinon
„ le plus ſage des Etres, à ſe former ces co-
„ cons, où ils ſe retirent & s'enterrent vivans,
„ juſqu'à ce qu'ils ſe métamorphoſent d'une
„ maniere ſuprenante, quand ils ne ſont pas
„ détruits par les hommes qui s'habillent & ſe
„ parent des travaux & de la vie de ces foi-
„ bles créatures, ſans qu'ils rougiſſent de por-
„ ter des dépouilles auſſi peu glorieuſes? Que

III. PART. §. I. ,, les différens Insectes qui vivent sur les plantes de cette chaude Région sont pompeusement décorés & brillans! Que les plantes mêmes sont belles dans leurs diverses especes! à compter depuis le triomphant Palmier jusqu'à l'humble mousse!

,, Contemplons à présent cette heureuse terre, où les gommes & des baumes précieux coulent des arbres, & où la Nature donne les fruits les plus délicieux. Que ces grands animaux qui portent, avec une fiere contenance, de pesans fardeaux dans ces stériles déserts, sont patiens & traitables! Leur figure & leur constitution annoncent que la Nature les a faits pour se soumettre à l'homme & le servir: il doit donc avoir un sentiment plus vif de ses besoins & de la divine bonté qui y a pourvu.

,, Mais considérez non loin de nous le plus fertile des Pays, arrosé & nourri par une Source généreuse, qui avant de se rendre à la mer se divise en plusieurs branches pour dispenser plus également le riche engrais qu'elle distribue avec tant d'abondance dans le tems requis aux plaines adjacentes: belle image de cette féconde & prodigue Nature, dont les bienfaits coulent sur toute la terre, & qui comme une tendre mere, tire de ses mamelles, la subsistance qui doit réjouir ses enfans. Les Formes douteuses & les Especes inconnues qui y participent sont sans nombre. Il en est qui quittant leurs brulans déserts, étanchent ici leur soif ardente, se mêlent au hazard & engendrent des mon-

„ ſtres. D'autres, dit-on, ſont produites & III. PART. §. I.
„ naiſſent dans le ſein du fleuve par l'influen-
„ ce du ſoleil qui agit ſur le limon & le fait
„ fermenter. Voyez ici le fameux tiran des
„ flots & la terreur des environs, quand dé-
„ veloppant tout à coup ſon horrible forme,
„ il ſort du fond des eaux pour infeſter la ter-
„ re, & ravager la plaine dans ſa courſe rapi-
„ de. Les peuples apperçoivent de loin avec
„ étonnement cette maſſe énorme qui eſt ſortie
„ d'un ſi petit œuf. Ils parlent avec effroi de
„ la nature de ce monſtre cruel & dangereux;
„ ils racontent avec quelle perfide hypocriſie
„ & quelles fauſſes larmes, il trompe les ſim-
„ ples; comment il inſpire la tendreſſe & la
„ compaſſion pour tuer enſuite avec une pieu-
„ ſe fraude. Triſte emblême de ce fléau ſpi-
„ rituel, la féroce Superſtition, qui nâquit
„ dans ce climat, où la Religion commença
„ d'abord à devenir inſociable, & ſema la hai-
„ ne entre différentes Sectes qui abhorrerent
„ réciproquement leurs Temples. Le poiſon
„ ſe répandit, & les Nations, devenant pro-
„ fanes les unes pour les autres, ſe maſſacre-
„ rent, & oublierent l'humanité dans la cauſe
„ de la Religion: le zele ſauvage, avec une
„ contenance douce & pieuſe, devora les hom-
„ mes, & ravagea la terre pour la gloire de
„ Dieu.

„ Quittons ces monſtres (puiſſions-nous les
„ enchaîner ici!) & déteſtant ce ſol cruelle-
„ ment fertile, paſſons dans les vaſtes déſerts
„ du même climat. Quoique ſombres & hi-
„ deux, ils ont leurs beautés particulieres.

III. PART. §. I.

„ L'air ſauvage d'une ſolitude nous plaît; nous „ croyons vivre ſeuls avec la Nature. Nous „ la contemplons dans ſes aziles les plus ſecrets, „ avec bien plus de délices que dans ces Laby„ rinthes artificiels, & autres ſolitudes préten„ dues des Palais. Les objets qui rempliſſent „ les déſerts, les ſerpens, les bêtes féroces, „ les inſectes venimeux, quelque terribles qu'ils „ ſoient pour les hommes, ſont cependant „ beaux en eux-mêmes, & propres à nous „ rappeller à cette admirable Sageſſe qui eſt „ tellement au deſſus de nos petites vues. „ Quoiqu'incapables d'aſſigner l'uſage de tou„ tes les choſes qui ſont dans cet univers, „ nous ſommes cependant aſſurés de la perfec„ tion de tout, & de la juſtice de cette *Eco„ nomie*, à qui la Nature entiere eſt ſoumiſe. „ Ce qui eſt difforme en apparence, eſt agréa„ ble par rapport à l'enſemble; ſous cet aſ„ pect les deſordres deviennent réguliers, la „ corruption eſt ſaine, & les poiſons (comme „ nous l'avons vu) ſont ſalubres & bienfai„ ſans.

„ Mais voilà le ſublime Atlas qui cache ſa „ tête dans le ciel: toujours couvert de neige, „ il regne au ſein des nues dans un vaſte eſ„ pace. Au bas de la montagne, s'éleve le „ pays ſur un immenſe rocher; baſe convena„ ble pour ſoutenir cet énorme poids; de gran„ des roches découvertes ſont entaſſées les u„ nes ſur les autres, & ſemblent étayer la „ haute arcade du ciel. Voyez avec quels „ pas tremblans les pauvres mortels marchent „ ſur les bords de ces précipices épouvanta-

„ bles! De-là ils contemplent avec une hor- III.
„ reur qui les étourdit, le bas de l'abîme, & PART
„ ils se fient à peine au terrein qui les porte; §. I.
„ tandis qu'ils entendent le bruit sourd des
„ torrens qui roulent au fond, qu'ils voient un
„ roc suspendu, des arbres qui tombent la ra-
„ cine en haut, & qui semblent entraîner de
„ nouvelles ruines. Les hommes frappés de ces
„ nouveaux objets, s'accoutument à penser,
„ & contemplent volontiers les changemens
„ subits de la surface de notre terre. Ils voient
„ comme soudainement les révolutions des
„ siecles passés, les formes mobiles des Etres,
„ & la décadence de notre globe. Ils consi-
„ derent les traces de sa formation & de sa
„ premiere jeunesse! mais d'un autre côté les
„ débris irréparables de la Montagne font
„ voir que le Monde même n'est qu'une noble
„ ruine, & font souvenir que son terme ap-
„ proche. Vers le milieu de l'Atlas, un ter-
„ rain spacieux, planté d'un bois épais, four-
„ nit un azile à nos Voyageurs fatigués, qui se
„ trouvent alors au milieu de pins toujours
„ verds, & d'antiques cedres, dont la tête sem-
„ blé se perdre dans les nues, les autres arbres
„ ne paroissant que de petits arbustes en com-
„ paraison. Une horreur d'une différente es-
„ pece les saisit alors, quand ils voient le jour
„ diminuer dans l'ombre de cette noire solitu-
„ de qui répand partout l'obscurité & une nuit
„ éternelle. La sombre & pâle lumiere du
„ soleil paroît aussi horrible que l'ombre même,
„ le calme profond qui regne dans ce lieu,
„ tient les hommes dans un silence solemnel,

III. PART. §. I.

„ & de vaſtes cavernes répandues çà & là ren„ voient des ſons, qui répétés par de bruyans „ échos, les rempliſſent d'effroi. Une force „ inconnue agit ſur l'eſprit, & des objets in„ certains excitent le ſentiment: on entend, „ ou l'on s'imagine entendre des voix myſté„ rieuſes; on croit voir la Divinité ſous diver„ ſes formes, & il ſemble qu'elle ſe manifeſte „ davantage dans cet auguſte ſanctuaire: c'eſt „ ce qui fit autrefois ériger des Temples, & „ favoriſa la Religion de l'ancien monde. „ Nous-mêmes, qui pouvons voir la Divini„ té gravée ſi viſiblement dans pluſieurs ouvra„ ges de la Nature, nous préférons ces lieux „ obſcurs pour découvrir cet Etre myſtérieux, „ qui ne paroît tout au plus à nos foibles yeux „ qu'à travers un nuage."

Théoclés s'arrêta un moment, & regarda autour de lui: ſa contenance étoit plus calme avec un air plus libre & plus ouvert, ce qui joint à d'autres ſymptômes, me fit juger aiſément que nos *Deſcriptions* tiroient à leur fin, & que ſoit que je le déſiraſſe ou non, il étoit réſolu d'abandonner le *Sublime*! les heures couloient rapidement & le ſoleil avançoit vers le plus haut point de ſa carriere.

SECTION II.

III. PART. §. II.

Il me semble, dit Théoclés, en revenant au ton familier, que nous avons mieux fait de quitter ces lieux, où l'imagination nous avoit transportés, pour revenir chez nous dans des climats plus tempérés. Nous n'y sommes pas accablés d'un froid ni d'une chaleur insupportable: nous n'avons, ni précipices, ni cataractes, qui nous épouvantent; & nous ne sommes pas effrayés de l'écho de nos voix, puisque le doux gazouillement des oiseaux ne renvoie qu'un son agréable, & qui anime la conversation.....

Vous avez raison, répliquai-je; ces Nymphes étrangeres, s'il y en avoit dans ce Bois merveilleux, étoient trop sombres pour me plaire. Je trouve que nos Nymphes domestiques me conviennent infiniment mieux. Cependant avec tout cela, je suis fâché que vous ayez interrompu votre Description, précisément lorsqu'après avoir déjà expédié la moitié du monde, il ne nous restoit presque plus que l'Amérique à parcourir. A l'égard de l'Europe, je vous aurois excusé de n'y pas faire un grand tour, à cause du peu de variété qu'elle vous offriroit; outre qu'il seroit difficile de l'examiner, sans donner quelque attention à la face politique des affaires, ce qui nous auroit trop embarassés dans notre vol philosophique. Mais pour l'Inde occidentale, je ne conçois pas que vous passiez sous silence les beaux sujets qu'elle présente, à moins que l'or & l'ar-

III. PART. §. II.

gent dont vous êtes l'ennemi mortel, ne vous aient inſpiré de l'horreur pour le climat qui les produit. S'il avoit été auſſi dénué de ces métaux que la vieille Sparte, peut-être nous auriez-vous dit plus de choſe du Perou & du Mexique que de toute l'Aſie & l'Afrique. Nous aurions pu voir des animaux, des plantes, des bois, des montagnes, des rivieres, qui ſurpaſſeroient tout ce que vous avez décrit. Que je ſuis fâché que vous ne diſiez rien du noble Fleuve des Amazones! Que j'ai de peine.... Comme j'allois continuer, il échappa à Théoclés un ſourire ſi décidé, que j'eus la curioſité de lui en demander le ſujet.

Ce n'eſt rien, dit-il; il ne s'agit que de vos exclamations mêmes. Continuez. Je ſens que vous allez finir ce que je n'ai qu'ébauché. Le même *Eſprit* vous a ſaiſi; & Philoclés, l'indifférent Philoclés, pourſuit actuellement la *myſtérieuſe Beauté*, dont je ſuis épris.

J'en conviens, répondis-je. Votre *Génie*, le Génie du Lieu, & le *grand Génie* l'ont enfin emporté. Je ne combattrai pas longtems la paſſion qui naît en moi pour la belle Nature, pour les choſes, dont ni l'art ni la préſomption ou le caprice de l'homme, n'ont point gâté l'ordre, en violant leur état primitif. Les rochers mêmes, les cavernes couvertes de mouſſe, les grottes irrégulieres, les caſcades rompues, avec toutes les graces terribles de la ſolitude, qui repréſentent mieux la Nature, m'intéreſſeront davantage, & m'offriront plus de magnificence que tout le petit appareil des jardins des Princes. Mais dites-moi, je vous en conjure, par quel hazard arrive-t'il qu'excepté un petit nombre de Philosophes de votre trempe, les seuls hommes qui ont cette passion, & qui cherchent les bois ou les bords des rivieres, sont de pauvres Amans?....

N'attribuez pas ce goût seulement aux Amans. Les Poëtes & tous ceux qui étudient la Nature pour la copier dans les Beaux-Arts, ne l'ont-ils pas aussi? En un mot tous les Amans des Muses ou des Graces ne sont-ils point dans le même cas?....

Cependant on regarde tous ceux qui ont ce goût romanesque, comme des gens qui ne sont pas trop sages, ou qui sont en proie à la Mélancolie ou à l'Enthousiasme. On tâche toujours de les tirer de ces lieux solitaires; & j'avoue que souvent quand mon imagination m'y portoit, je me suis retenu, ne sachant pas quel motif m'entraînoit vers de pareils objets ...

Il n'est pas surprenant que l'on échoue quand on poursuit l'ombre pour la réalité: or si nous voulons nous en rapporter à la raison, tout ce que la Nature a de beau & d'agréable, n'est qu'une ombre légere de la *premiere Beauté*; de sorte que tout Amour réel dépendant de l'Ame, & n'étant que la contemplation de la Beauté, ou réelle en elle-même, ou apparente selon les impressions des sens, comment un Esprit raisonnable peut-il se reposer ici, ou se contenter des plaisirs absurdes qui ne touchent que les sens?....

Désormais donc je n'aurai plus sujet de craindre ces Beautés qui excitent une sorte de mélancolie, comme les lieux que nous avons nommés, ou les bosquets enchantés dont vous parliez. Je ne rejetterai plus les tendres accens d'une délicieuse Musique, & je ne fuirai plus les traits enchanteurs des plus jolies figures....

Si vous êtes déja si avancé dans ce *nouvel Amour*, que vous soyez sûr de ne plus admirer l'image de la Beauté que par amour pour l'original, ni de goûter dans la suite d'autres plaisirs que ceux de la Raison; vous pouvez prendre confiance...... Aussi j'espere répondre pour moi-même: cependant je serois charmé que vous vous expliquassiez un peu davantage sur l'erreur où vous craignez que je ne tombe..... Faut-il vous dire qu'elle consisteroit à chercher le plaisir ailleurs que dans l'*objet aimé*?..... Je vous avoue que cela est encore mystérieux pour moi...... Imaginez donc, cher Philoclés, qu'épris de la beauté de l'Océan que vous découvrez d'ici, il vous vient dans la tête de chercher les moyens de lui commander, & de vous rendre maître des mers; un pareil caprice ne seroit-il pas un peu absurde?...... Assez passablement en honneur: la premiere chose que je ferois probablement, si j'avois cette frénésie, seroit de louer une barque, & d'aller en cérémonie comme le Doge de Venise, épouser la Mer, que je dirois m'appartenir avec autant de droit qu'il peut en avoir.

Quoiqu'il en soit, répliqua Théoclés, vous m'avouerez que les jouissances de cette espece sont bien différentes de celle qui resulteroit naturellement de la contemplation de la beauté de l'Océan. Le Doge, qui vogue dans son magnifique *Bucentaure*, sur le sein de sa Thétis, en jouit moins que le pauvre Berger, qui de la pointe d'un rocher ou d'un cap élevé, la contemple à son aise, & oublie son troupeau en l'admirant. Mais pour nous rapprocher du sujet, & le rendre encore plus familier, supposez, cher Philoclés, que considérant une certaine étendue de terrain, telle que cette délicieuse vallée qui est au dessous de nous, vous en demandiez la propriété ou la possession, afin de jouir de ce paysage?....

Cette avidité seroit aussi absurde, que cette ridicule ambition dont il s'agissoit tout à l'heure.....

O Philoclés! puis-je rapprocher la question, & voulez-vous encore me suivre? Supposé qu'étant aussi charmé que vous semblez l'être de la beauté de ces arbres, à l'ombre desquels nous sommes assis, vous ne desiriez rien tant que de goûter de leur fruit: vous obtenez de la Nature un certain privilege qui vous fait trouver ces glands aussi délicieux que les figues & les pêches de votre jardin; & à chaque fois que vous retournez dans ces bocages, vous cherchez le même plaisir en vous rassasiant de gland.....

Ce seroit là une platte gourmandise, & aussi absurde, selon moi, que les deux précédentes suppositions....

Ne pouvez-vous donc pas vous rappeller quelques autres belles *Formes* parmi nous, à l'égard desquelles l'admiration nous meneroit à des conséquences aussi irrégulieres?....

Je craignois que cela n'about it là, & que vous ne me forçassiez à la fin de citer quelques

III. PART. §. II. *formes humaines* séduisantes, qui inspirent une longue suite de desirs, de vœux & d'espérances, qui ne sont nullement conformes, j'en conviens, à vos spéculations délicates & raisonnables sur la Beauté. Les proportions de cette *vivante Architecture* n'inspirent aucune idée de ce genre: plus on les considere, moins la simple vue peut satisfaire. Que ce qui satisfait soit un effet aussi irrégulier, ou étranger à sa cause, qu'il vous plaira: condamnez-le; il faut toujours convenir qu'il est naturel. Ainsi Théoclés, je croirois presque que vous êtes devenu l'*accusateur de la Nature*, en condamnant un plaisir *naturel*.....

A Dieu ne plaise que nous condamnions un plaisir qui vient de la Nature. Mais quand nous parlons de la *jouissance* d'un bocage ou d'une perspective, nous voulons dire qu'elle differe infiniment des plaisirs des animaux, qui trouvent ici même leur subsistance. Nous vivons néanmoins d'une nourriture agréable au goût, & nous partageons avec eux les autres plaisirs des sens. Mais ce n'est pas là, Philoclés, que nous sommes convenus de placer notre bonheur, ni conséquemment nos jouissances. Comme nous sommes raisonnables, & que nous avons des Ames, il me semble qu'il faut les rapporter à ces Ames, que l'on prive de leur bien réel, quand on les force à chercher absurdement la volupté dans les *objets des sens*, & non dans ceux qu'elles pourroient proprement appeller *les leurs*, objets qui renferment, comme on l'a dit ailleurs, tout ce qui est *beau*, *généreux*, ou *Bon*.....

Ainſi la *Beauté* & le *Bien* ſont chez vous *une ſeule & même choſe*, autant que je puis le concevoir..... III. Part. §. II.

C'eſt juſtement ma concluſion. Ainſi nous voilà revenus au ſujet de notre converſation d'hier. J'ignore ſi j'ai bien rempli ma promeſſe en vous montrant le vrai *Bien*. Mais je ne doute point que je ne m'en fuſſe heureuſement acquitté, ſi j'avois été en état, par mes extaſes ou tout autre effort, de vous faire voir quelques deſſeins profonds de la Nature & du Souverain *Génie*. Nous aurions alors prouvé la force de la divine *Beauté*, & formé dans nos cœurs un Objet capable & digne de nous inſpirer une vraie ſatisfaction.....

Ah! Théoclés, je me rappelle bien à préſent la promeſſe que vous avez exigée de moi le matin que vous me ſollicitiez d'aimer cette *Beauté myſtérieuſe*. Vous avez rempli la vôtre, & vous avez droit de me regarder comme votre *Proſelite*. S'il y a quelque extravagance apparente dans notre ſyſtême, c'eſt à moi à me raſſurer le mieux qu'il eſt poſſible, en conſidérant que tout Amour ou Admiration eſt *Enthouſiaſmè*. Les tranſports des Poëtes, le ſublime des Orateurs, les extaſes des Muſiciens, l'enchantement des Virtuoſes; tout eſt pur Enthouſiaſme. La Littérature même, l'amour des Arts & des Découvertes, l'eſprit des Voyageurs & des Avanturiers, la galanterie, la guerre, l'héroïſme; pur Enthouſiaſme! Cela ſuffit, je ſuis content d'être Enthouſiaſte dans un genre que je ne connoiſſois pas encore.

III. PART. §. II.

Et moi, ajouta Théoclés, je suis ravi que vous traitiez d'*Enthousiasme* cet *Amour de la Beauté*, en lui accordant le privilege des autres passions; car si différens sujets, comme l'Architecture, la Peinture, la Musique, admettent un raisonnable Enthousiasme, des transports légitimes; pourquoi la même prérogative n'aura-t'elle pas lieu ici? Y a-t'il un sens qui saisisse les graces & la perfection des Arts, tandis que nous n'en aurons pas pour embrasser la *Grace* & la *Perfection Souveraine*? Est-il si absurde de transporter l'Enthousiasme d'un objet chétif & subalterne, à l'*Objet Original* qui renferme tout? Observez la nature des Arts & des Sciences: quelle difficulté d'y réussir à certain point! Qu'il faut de tems pour avoir le vrai goût! Combien de choses qui révoltent, & qui dégoutent d'abord, & que l'on reconnoît ensuite pour de sublimes beautés! Car ce n'est pas l'affaire d'un instant d'acquerir le sentiment exquis qui fait découvrir ces beautés. Il faut du travail, des peines & beaucoup de tems pour cultiver un génie naturel, quelques dispositions qu'il ait d'ailleurs. Mais qui a jamais pensé à former la faculté ou le sens que la Nature donne dans le genre dont il s'agit? Y a-t'il donc lieu d'être surpris que nous soyons si lents, si embarassés, si peu propres à parcourir cette auguste Scene? Comment s'y prendre mieux pour comprendre & connoître ces Beautés? La Science & l'Etude seront-elles nécessaires pour comprendre l'excellence des Arts & des autres objets, tandis qu'il n'en faudra point pour discerner la Suprême Beauté?

Il

Il y a en Peinture des ombres & des coups de maître que le vulgaire n'entend pas, & que même il condamne. L'Architecture a son *genre Rustique*; la Musique a sa *Chromatique* & un habile mélange de dissonances. N'y a-t'il donc rien qui réponde à cela dans le *Tout?*.....

III. PART. §. II.

Je conviens humblement que jusqu'ici j'ai été peuple à cet égard, & que je n'ai goûté ni les ombres, ni l'*ordre rustique*, ni les dissonances dont vous parlez. Je n'ai jamais songé à de pareils chef-d'œuvres dans la Nature. Ma coutume étoit de censurer librement au premier coup-d'œil. Mais je sens aujourd'hui qu'il faut pénétrer bien avant pour saisir la Beauté; elle est fort mystérieuse & cachée. Conséquemment mes plaisirs ont été jusqu'ici fort peu de chose. Il semble que je me suis arrêté à la surface, & que je n'ai joui que d'une sorte de beautés frivoles & superficielles, parce que je n'ai jamais poursuivi la beauté réelle, mais ce qui me paroissoit tel. Semblable au reste des autres hommes, qui ne savent pas penser, j'ai pris pour beau ce qui me plaisoit, & pour mon bien ce qui me réjouissoit. Jamais je ne me fis scrupule d'aimer ce que le caprice m'offroit, & comme je ne prétendois jouir que de ce que j'aimois, je ne me suis jamais inquiété de la nature de mes objets, & jamais je n'ai balancé à choisir.....

Commencez donc, & choisissez. Examinez & faites une judicieuse préférence; voyez ce qui mérite l'admiration, l'amour & l'estime d'un homme: votre valeur s'appréciera sur celle de votre choix. Votre jouissance sera

III. PART. §. II.

frivole ou solide selon le caractere de l'objet. Voyez où réside la principale *Excellence*, où regne la *Béauté*; où elle est *entiere*, *parfaite absolue*, & où elle est *mutilée*, *imparfaite*, & *peu durable*. Considérez les *Beautés* de la terre, tout ce qui paroit *excellent* & capable d'engager votre cœur. Voyez la perfection réelle, ou ce qui tient comme lieu du beau, de l'agréable & du bon; une masse de métal, une étendue de pays, un nombre d'Esclaves, un monceau de pierres, un corps humain avec certains traits & certaines proportions. Est-ce là ce qu'il y a de plus grand? La Beauté n'est-elle donc fondée que sur le corps seul, & ne dépend-elle pas de l'*Action*, de la *Vie* ou de l'Opération?.....

Arrêtez de grace, Théoclés; votre effor est au dessus de ma portée. Si vous voulez que je vous suive descendez un peu, parlez-moi dans un stile plus familier.

Eh bien donc, répliqua mon Ami, en souriant, quelque passion que vous puissiez avoir pour d'autres Beautés, je sais que vous n'êtes pas un assez grand admirateur de l'opulence pour lui trouver beaucoup de beauté, surtout à une masse grossiere de métal: mais vous pouvez découvrir & admirer ce genre dans des Médailles, des Monnoies, des Reliefs, des Statues & autres morceaux bien faits.... Sans doute, mais ce n'est pas pour l'amour du métal.... Ce n'est donc point le métal, ou la matiere, qui a de la beauté pour vous?.... Non..... Mais c'est l'Art?..... Certainement..... L'Art est donc la *Beauté*?..... Fort bien..... Et l'Art est ce qui embellit?..... Cela même..... De sorte que c'est ce qui embellit, & non pas ce qui est embelli, qui fait la vraie Beauté?..... Cela paroît ainsi.... Parce qu'en effet, ce qui est embelli, n'est beau que par le moyen de *quelque chose* qui l'embellit; & si l'on écarte ce *quelque chose*, il n'y a plus de Beauté?..... Cela est clair..... Ainsi à l'égard des corps, la beauté va & vient?..... L'expérience le dit..... Et le corps en lui-même n'est pas la cause qu'elle reste, ou qu'elle s'evanouit?..... Nullement..... Il n'y a donc aucun principe de beauté dans le corps?..... Absolument aucun..... Et cela parce que le corps ne peut pas être la cause de sa Beauté?..... Il est vrai..... Ni la gouverner ni la régler?..... ni l'un ni l'autre..... Ni se proposer de la produire?..... Non, sans doute..... Celui donc qui se propose de la produire, qui la regle & l'ordonne, est donc pour ce corps le principe de la Beauté?..... Nécessairement...... Et quel doit être ce Principe?.... L'Intelligence, à ce que je suppose: car qui seroit-ce?..... Voilà, Philoclés tout ce que je voulois vous dire tout à l'heure. Le Beau, l'Agréable, l'Elégant, ne furent jamais dans la matiere, mais dans l'Art & le dessein. jamais dans le corps même, mais dans la faculté qui le forme. Une belle figure ne prouve-t'elle pas cela, & la beauté du dessein? Qu'est-ce autre chose que le dessein qui vous frappe? Qu'admirez-vous que l'Esprit ou l'effet de l'Esprit? C'est l'Esprit seul qui *forme*: tout ce qui est vuide d'Esprit est horrible; & la matiere *informe* est la laideur même......

III. PART. §. II. De toutes les formes donc, celles-là font, selon vous, les plus agréables, & dans le premier ordre de beauté, qui ont le pouvoir de produire elles-mêmes d'autres formes: c'est pourquoi il me femble qu'on peut les appeller des *Formes formatrices*. C'est ainsi que je concours volontiers avec vous pour donner à la *Forme Humaine* la fupériorité fur toutes les autres *Formes* que l'Homme produit. Les palais, les équipages, les biens de la fortune ne foutiendront jamais la comparaifon avec les *Formes vivantes* & originales compofées de chair & de fang. D'ailleurs, les *Formes mortes & infenfibles* de la Nature, les métaux & les pierres, quelque précieux & brillans qu'ils foient, ne m'en impoferont pas; je braverai leur éclat, & je les regarderai comme des chofes abjectes, malgré toute leur fplendeur, quand elles prétendront orner la Beauté humaine, & prêter des fecours à une jolie femme.....

Ne vous appercevez-vous pas que vous avez établi trois dégrés ou ordres de Beauté?... Et comment?..... D'abord les *Formes mortes*, ainfi que vous les avez proprement nommées, & qui font produites par l'homme ou la Nature, mais qui n'ont ni action, ni intelligence, ni pouvoir d'en faire d'autres..... Fort bien.... Enfuite pour le fecond ordre, les *Formes formatrices*, c'eft-à-dire, qui ont l'intelligence, l'action & l'opération..... Cela eft encore jufte..... Voilà donc une double Beauté, favoir la Forme qui eft l'effet de l'Efprit, & l'Efprit même. Le premier genre eft bas & méprifable en comparaifon de celui-ci, qui communique aux Formes mortes leur éclat & leur énergie : car qu'eſt-ce qu'un ſimple corps, même un corps humain, le plus exactement deſſiné, ſi la Forme intérieure lui manque, & ſi l'Eſprit eſt monſtrueux & imparfait comme dans un Inſenſé ou un Sauvage?..... Je conçois encore cela : mais quel eſt le troiſieme ordre?..... Patience ; voyez d'abord ſi vous avez ſaiſi toute la force de cette ſeconde Beauté ; ſans quoi comment comprendriez-vous la force de l'Amour, comment pourriez-vous jouir? Dites-moi, je vous prie, quand vous avez diſtingué des *Formes formatrices*, ne leur avez-vous attribué d'autres productions que des *Formes mortes*, comme les palais, les médailles, les ſtatues de bronze ou de marbre? Ou bien ne conceviez-vous pas quelque choſe de plus *animé*?

III. PART §. II.

J'aurois pu aiſément ajouter, répondis-je, que nos *Formes* avoient la vertu de produire d'autres *Formes vivantes* comme elles. Mais j'ai cru que cette vertu leur venoit d'une autre *Forme* ſupérieure ; & qu'on ne pouvoit proprement l'appeller la *leur*, ou *leur Art*, s'il exiſtoit un Art ſupérieur, ou quelque *Artiſte* qui guidât notre main, & dont nous fuſſions les inſtrumens dans ces beaux ouvrages.

A merveille, reprit Théoclés : vous avez prévenu une critique à laquelle je ne n'imaginois guere que vous échapperiez. Vous avez donc découvert ſans y penſer ce troiſieme ordre de Beauté, qui produit non ſeulement ce que nous appellons de ſimples *Formes*, mais même les *Formes formatrices*. Nous travaillons bien la matiere, & nous pouvons en quelque

III. PART. §. II. ſorte donner la vie à des corps inſenſibles au moyen de l'Art: mais ce qui façonne les Eſprits mêmes, contient en ſoi toutes les beautés que forment ces Eſprits, & eſt conſéquemment le principe, la ſource & l'origine de toute Beauté?.... C'eſt ce qu'il me ſemble.... Donc toute Beauté qui paroît dans notre ſecond ordre de *Formes*, c'eſt-à-dire tout ce qui en émane, ſe trouve originairement & éminemment dans ce dernier ordre de la Suprême & Souveraine Beauté.... D'accord. . . . Ainſi l'Architecture, la Muſique & tout ce qui eſt d'invention humaine, ſe réſout dans cet ordre..... Préciſément: c'eſt pourquoi tout Enthouſiaſme ſe réſout dans le nôtre. Les genres de beautés à la mode, puiſent ici leurs principes, & ne ſont rien ſans nous. Nous avons certainement l'honneur d'être *originaux*. . . . Dites-moi donc encore ſi les morceaux d'Architecture, de Sculpture & autres de cette eſpece ſont les plus grandes Beautés que forme l'homme; ou s'il en eſt de plus ſublimes & de meilleures?.... Aucunes, que je ſache...., Penſez encore, & écartant ces productions que vous récuſiez tout à l'heure comme des chef-d'œuvres *d'une autre main*, penſez à ce qui émane plus immédiatement de nous, & que l'on peut appeller avec plus de fondement, *notre ouvrage*. .... Je n'imagine rien: expliquez-vous davantage pour m'aider à concevoir..... Comment puis-je vous aider? Voudriez-vous que je ſentiſſe pour vous ce qui vous touche immédiatement, & qui eſt uniquement *en vous-même & de vous-même?*.... Parlez-vous de mes *ſentimens?....* Sans doute, & d'ailleurs de vos réſolutions, principes, déterminations, actions, de tout ce qui eſt beau & généreux, de tout ce qui émane de l'entendement, du ſens, de la connoiſſance & de la volonté, de tout ce qui ſe forme dans votre cœur, bon Philoclés, ou dans votre ame qui ne s'épuiſe jamais, mais qui gagne de la force & de la vigueur en produiſant. C'eſt ce que vous avez prouvé, mon Ami, par pluſieurs traits, en ne ſouffrant point que cette féconde *partie* demeurât inutile ou dans l'inaction. De-là ces bonnes qualités qu'un génie naturel a duement perfectionnées. Comme je ne puis qu'admirer votre Génie fertile, & la *Beauté productive* de votre Ame, je ne ſuis pas moins content des fruits qui en réſultent, & qui feront toujours *beaux*.

A ce compliment, je dis à Théoclés que je ſouhaiterois que ce fut une vérité, afin que je puſſe réellement mériter ſon eſtime & ſon attachement. J'ajoutai que je m'appliquerois à me perfectionner dans ce genre de *Beauté*, & que dorénavant je ferois tout mon poſſible pour produire *une aimable race d'enfans ſpirituels, iſſus d'une volupté ſi ſublime & d'une union avec ce qu'il y a de meilleur & de plus beau.* Mais c'eſt vous, Théoclés, qui devez ſoutenir & aider mon eſprit, me ſervir en quelque ſorte de *ſage-femme* dans cette eſpece d'accouchement, qui ſans cela, n'aboutiroit peut-être qu'à un triſte avortement.

Vous faites bien, répondit mon Ami, de ne me donner que le rôle de la *Sage-femme*: car

III. PART. §. II.

l'Esprit *concevant* de lui-même, ne peut-être assisté que dans l'accouchement. Sa *grossesse* est de la Nature, & rien ne pouvoit le féconder que l'*Intelligence* qui le forme au commencement, & qui, comme nous l'avons déjà prouvé, est l'origine de toutes Beautés, intellectuelles & autres.

Prétendez-vous donc que ces enfans de l'Esprit, les notions & les principes du Beau, du Juste & de l'Honnête, qu'en un mot toutes les idées sont *innées*?....

Les Anatomistes nous disent que les œufs, qui sont les principes pour le corps, sont *innés*, étant déjà formés dans le fœtus avant sa naissance. Mais à l'égard de la question présente, est-ce avant ou après la naissance, ou dans le moment même, que les principes ou les sensations se forment en nous pour la premiere fois? c'est une matiere douteuse, subtile & peu importante. Il s'agit de savoir si ces principes viennent de l'Art ou de la Nature. Si ce n'est que de la Nature purement, il n'importe d'assigner leur date, & je ne disputerois pas avec vous quand même vous me contesteriez que la vie est *innée*, en prétendant qu'elle suit plutôt qu'elle ne précede la naissance. Mais ce que je certifie avec assurance, c'est que la vie & les sensations qui accompagnent la vie, dans quelque tems qu'elles se développent, n'émanent que de la Nature, & de rien autre chose. Si vous n'aimez donc pas ce terme d'*inné*, changez-le si vous voulez pour celui d'*instinct*, & appellez instinct ce que la Nature enseigne à l'exclusion de l'Art, de la culture ou de la discipline.....

Je le veux bien..... III. PART. §. II.

Ainſi laiſſant ces admirables ſpéculations aux Virtuoſes, aux Anatomiſtes & aux Théologiens, nous pouvons affirmer certainement, avec leur permiſſion, que les différens Organes, particulierement ceux de la génération, ſont formés par la Nature. Mais penſez-vous que la Nature ait donné quelque *inſtinct* pour leur uſage; ou qu'il faille de l'étude ou de l'expérience à ce ſujet?....

On ſent aſſez cet uſage: l'impreſſion ou l'inſtinct, qui agit en nous, a tant de force qu'il ſeroit abſurde de ne pas le juger *naturel*, auſſi bien dans notre Eſpece que dans celles des animaux: vous m'avez appris qu'ils connoiſſent antérieurement non ſeulement la maniere de faire des petits, mais encore une infinité de moyens de pourvoir à leur ſubſiſtance & à leur conſervation. Ainſi l'art & le travail préliminaire de ces créatures, en prouvant qu'elles ont des *præ-conceptions* & des *præſenſations*, pour me ſervir d'un de vos termes, éclairciſſent aſſez la queſtion.

Je vous accorde ce *terme*, & je tâcherai de vous faire voir que les mêmes *præ-conceptions*, mais plus élevées, ont lieu dans la race humaine..... Faites cela, je vous en conjure; car je ſuis ſi loin de trouver en moi-même des *præconceptions* du *Beau* ſelon votre ſens, qu'il n'y a pas longtems que je commence à concevoir quelque choſe de pareil dans la Nature. . . . Comment donc auriez-vous diſcerné la Beauté extérieure de la *forme humaine*, ſi une jolie figure vous eût apparu pour la premiere fois ce

III. PART. §. II.

matin dans ce bocage? Ou penſez-vous que vous n'auriez pas été ému, & que vous n'euſſiez pas reconnu la différence de cette forme a toute autre, à moins d'une inſtruction préalable?..... Je n'aurois gueres bonne grace à ſoutenir cette derniere opinion, après ce que je viens d'avouer tout à l'heure.

Eh bien, répondit Théoclés, pour n'avoir aucun avantage ſur vous, j'abandonne la *Forme* éblouiſſante qui renferme tant de *Beautés* compliquées, & j'examinerai ſéparément chacune de ces parties, qui raſſemblées, produiſent ce merveilleux effet: car vous m'accorderez ſans doute qu'à l'égard des corps, tout ce qu'on donne ordinairement pour inconcevable, inintelligible, & pour le *je ne ſais quoi* de la Beauté, n'implique d'autres myſteres que les agrémens de la *figure*, des *couleurs*, des *mouvemens* & des *ſons*. Mais ſans parler de ces trois dernieres choſes, conſidérons le charme dans ce qu'il y a de plus ſimple, la ſeule *figure*. Nous n'avons pas même beſoin de remonter à l'Architecture, à la Sculpture, ou aux Deſſeins de ceux qui ſur l'étude de la Beauté, ont donné lieu à ces Arts délicieux. Il ſuffit de conſidérer les plus ſimples des Figures, comme une *balle*, un *cube* ou un *dé*. Pourquoi un enfant même eſt-il charmé à la premiere vue de ces proportions? Pourquoi préfere-t'il la ſphere ou le globe, le cilindre & l'obeliſque, tandis qu'il rejette & mépriſe en comparaiſon les Figures irrégulieres?....

J'accorde volontiers que certaines Figures ont une Beauté naturelle; que l'œil trouve auſſitôt que l'objet lui eſt préſenté.... III. PART. §. II.

Quoi? il y auroit une Beauté naturelle pour les Figures? Et il n'y en auroit pas une autre auſſi naturelle pour les Actions? A peine l'œil apperçoit-il les Figures, à peine l'oreille s'ouvre-t'elle aux ſons, que le Beau ſe fait ſentir: on reconnoît la Grace & l'Harmonie. Auſſitôt que l'on contemple les actions, & que l'on diſcerne les affections & les paſſions humaines (ce qui ſe fait pour la plupart à l'inſtant même qu'on les reſſent) l'œil intérieur voit ſubitement & diſtingue le Beau & le Proportionné, le gracieux le ſublime, du difforme, du laid, du rampant ou du mépriſable. Comment donc pourroit-on s'empêcher d'avouer que comme ces diſtinctions ont leur fondement dans la Nature, le diſcernement en eſt également naturel, & émane de la Nature ſeule?....

J'objectai à Théoclés que ſi les choſes étoient telles qu'il les repréſentoit, il ne pourroit jamais y avoir de diviſion entre les hommes au ſujet des actions & des mœurs, de ce qui eſt *bas* ou *eſtimable*, *beau* ou *difforme*. Cependant ils ſont toujours aux priſes là-deſſus, & leurs différends portent en grande partie ſur cette oppoſition de ſentimens, parce que l'un *affirme* & l'autre *nie*, que ceci ou cela ſoit convenable ou décent.

C'eſt dit-il, ce qui prouve même qu'il y a une décence dans les actions, puiſque l'on ſuppoſe toujours la réalité du *convenable* & du *décent* dans de pareilles diſputes: on differe ſur le *ſujet*, mais la *choſe* eſt univerſellement avouée; c'eſt un concert qui ne ſe trouve pas

III. PART. §. II. dans les jugemens que l'on porte des autres Beautés. On dispute sur le plus bel édifice, la plus belle forme, ou le plus beau visage: mais on convient sans se quereller que chaque Genre a sa Beauté particuliere. Personne n'enseigne cela, personne ne l'apprend, mais tout le monde l'accorde. Tous les hommes disent qu'il y a un modele, une regle, une mesure. Mais quand on en fait l'application, on se chicane, l'ignorance l'emporte, l'intérêt & la passion divisent les hommes. Il n'en peut pas être autrement dans les affaires de la vie, tant que ce qui nous intéresse & nous touche en qualité de *bien*, passe pour différer de ce que nous admirons comme *honnête*. Mais pour nous, Théoclés, nous sommes plus conséquens, puisque nous avons déjà décidé que la *Beauté* & le *Bien* sont synonimes.....

Je me rappelle ce que vous m'avez déjà forcé de reconnoître plus d'une fois. Et à présent, cher Théoclés, que je suis un Disciple si docile, je crois n'avoir pas tant besoin d'être convaincu que d'être affermi, & je compte que ce sera le plus aisé pour vous.....

Non pas, à moins que vous ne vous y prêtiez de vous-même: cela est nécessaire & convenable. Il est vrai qu'il eut été honteux pour vous de céder sans faire une bonne défense. Travailler soi-même à sa propre conviction, c'est prévenir la raison & se livrer à l'erreur. Mais quand on est une fois persuadé, chérir l'évidence, & confirmer l'impression déjà faite, c'est favoriser sainement la raison; c'est *se persuader honnêtement soi-même*.....

Montrez-moi donc comment je pourrai mieux me persuader. III. PART. §. II.

Prenez courage, répondit Théoclés en élevant la voix. Ne trouvez pas mauvais que je vous dise de *prendre courage*. C'est la lâcheté seule qui nous perd. D'où vient la fausse honte, si non de la poltronnerie. Avoir honte d'une chose, quand on est sûr quelle ne sauroit être honteuse, c'est un sentiment qui ne peut venir que d'un défaut de résolution. Nous cherchons le *juste* & l'*injuste* dans les choses; nous examinons ce qui est *honorable* & ce qui est *honteux*, & lorsque nous sommes enfin décidés, nous n'osons nous en tenir à notre jugement, & nous rougissons d'avouer qu'il y a réellement quelque chose de *honteux* & d'*honorable*. „ Ecoutez-moi, dira quelqu'un, qui „ prétend estimer Philoclés & en être esti„ mé, il ne peut y avoir de *mérite* réel; il „ n'y a rien d'estimable ou d'aimable en soi„ même, rien d'odieux ou de flétrissant. Tout „ est *opinion*. C'est l'opinion qui fait la Beau„ té & qui la détruit. Le gracieux ou le dé„ sagréable, le décent & son contraire, l'ai„ mable & l'odieux, le vice, la vertu, l'hon„ neur, la honte, tout est fondé sur l'opinion „ seule. L'opinion est la loi & la mesure de „ tout: mais l'opinion n'a d'autre regle que „ le hazard, qui la varie suivant les révolu„ tions de la coutume, & qui rend tantôt „ ceci, tantôt cela, estimable, selon le regne „ de la mode & l'ascendant de l'éducation."

Que répondre à cet homme? Comment lui représenter son extravagance & son absurdi-

III. PART. §. II. té? S'en départiroit-il plutôt? Parlerons-nous de honte à quelqu'un qui ne connoit rien de honteux? Cependant il se moque & crie au ridicule. Mais par quel droit, à quel titre? car si j'étois Philoclès, je lui demanderois si je suis ridicule? Comment je suis ridicule?..... Ce qu'il entend par ridicule?..... S'il y a quelque chose de ridicule?..... Si tout est ridicule, ou si rien ne l'est?..... Sans-doute il y a du ridicule..... Cela suffit: il y a donc quelque chose de-ridicule: la notion du *ridicule*, ou du *honteux* dans les choses, les actions, ou les caracteres, n'est donc pas chimérique: elle a donc un fondement solide.

Mais comment appliquer cette notion? Si on l'applique mal, elle sera elle-même ridicule? Ou bien celui qui crie *à la honte*, refusera-t'il d'en reconnoître aucune? Ne rougira-t'il point, ne perdra-t'il pas contenance dans certaines occasions? Si cela arrive, c'est un sentiment qui differe beaucoup du regret ou de la crainte. Le trouble qu'il ressent vient de ce qui est honteux & odieux en soi-même; & non de ce qui est nuisible ou dangereux dans ses conséquences: car le plus grand péril du monde ne peut jamais produire la honte, & l'opinion de tout l'univers ne peut nous y forcer, lorsque notre propre opinion ne l'avoue pas. Nous pouvons craindre de paroître impudens, & feindre en conséquence de la modestie. Mais nous ne pouvons jamais réellement rougir que de ce que nous trouvons réellement honteux, & qui nous inspireroit toujours de la honte quand même il ne pourroit entraîner aucun inconvénient ni croiser en aucune maniere notre intérêt. III. PART. §. II.

Si je voulois donc, continua mon Ami, répondre par anticipation à cette mauvaise difficulté, voilà comment je la leverois, & examinant de près la vie des hommes, & ce qui les détermine en toute occasion, je serois assez fondé à dire en moi-même. Que l'on combatte tant qu'on voudra mon sentiment, je trouverai mon adversaire prévenu de maniere ou d'autre de l'opinion dont il voudroit me dépouiller. A-t-il de la gratitude ou du ressentiment, de l'orgueil ou de la honte? il reconnoit alors la notion du juste & de l'injuste, de la décence & de la honte. S'il est reconnoissant, ou qu'il attende de la reconnoissance, je demande pourquoi, & à quel sujet? S'il est en colere, & qu'il suive son ressentiment, je demande de quoi il se venge, d'une pierre ou d'un fou?... Quel est l'homme assez extravagant pour cela?..... De quoi se venge-t'il donc encore une fois?..... D'un pur accident arrivé au hazard & sans intention..... Qui est aussi injuste?..... Il y a donc un *juste* & un *injuste* & un sentiment anticipé qui leur appartient, & sur lequel le ressentiment & la colere sont fondés. Sans cela, qu'est-ce qui engageroit des furieux à préférer souvent l'intérêt de leur vengeance à tout autre intérêt? Oui, il est un sentiment de l'*injuste*, naturel à tous les hommes, & un desir de le punir à quelque prix que ce soit: ce n'est pas pour l'amour d'eux-mêmes, puisqu'ils sacrifient souvent leur vie. mais par haine pour le tort qu'ils supposent, &

III. PART. §. II. par un certain amour de la justice qui même dans les hommes injustes, l'emporte quelquefois jusques sur l'amour de la vie.

Quant à l'orgueil, je demande pourquoi l'on est orgueilleux, & fier? & de quoi? Est-il quelqu'un qui pense désavantageusement ou indifféremment de lui-même?..... Non, tout le monde pense honorablement de soi.... Et comment cela, si l'on ne suppose préalablement un honneur réel? L'estime de soi-même suppose un mérite personnel, & dans un homme d'un vrai mérite, ce n'est pas orgueil, ou si c'en est un, il est juste & noble. D'un autre côté le mépris de soi-même suppose une bassesse personnelle, & ce sentiment peut-être une juste modestie, ou une injuste humilité. Mais il est certain que quiconque est fier, doit être fier de quelque chose; & nous savons que les hommes, pétris d'orgueil, en montreront dans les plus viles circonstances, & lorsqu'il n'y a pas même sujet d'être vain. Mais ils observent en eux-mêmes un mérite que d'autres ne peuvent appercevoir; & voilà ce qu'ils admirent. N'importe qu'il soit tel qu'ils se l'imaginent: c'est toujours un avantage, un titre d'honneur, un mérite qu'ils admirent, & qu'ils admireroient toujours dans quelque autre sujet qu'il se trouvât: car c'est seulement alors qu'ils sont humiliés, quand ils trouvent chez les autres dans un dégré plus éminent ce qu'ils respectent & admirent tellement en eux-mêmes. Ainsi tant que je verrai les hommes coleres, orgueilleux, honteux, ma these est prouvée: ils conçoivent comme moi l'Honorable & le Deshohonorable, le Beau & le Difforme. Je ne m'embaraſſe pas où ils le placent, ou quelles mépriſes ils font à ce ſujet: il eſt toujours conſtant que la choſe eſt, & qu'elle eſt univerſellement reconnue; qu'elle eſt au nombre des impreſſions de la Nature, *naturellement conçue*, que ni art, ni préjugé contre Nature, ne peuvent déraciner ni détruire. III. PART §. II.

Mais que dites-vous, Philoclés de cette Réponſe que je fais pour vous? Elle ſuppoſe, comme vous voyez, que la queſtion vous intéreſſe vivement. Mais peut-être avez-vous pluſieurs difficultés à combattre, avant que vous vous engagiez aſſez ſérieuſement dans le parti de la *Beauté* pour en faire votre *Bien*.

Mes difficultés, répliquai-je, ne ſont pas ſi fortes qu'elles ne puiſſent facilement ſe lever. Mon inclination me porte à ce parti, & je ſuis prêt à convenir qu'il n'y a d'autre *Bien* réel que la *jouiſſance de la Beauté*..... Et je ſuis auſſi prêt de mon côté à convenir, dit Théoclés, qu'il n'y a d'autre jouiſſance de la Beauté que ce qui eſt Bien..... A merveille, mais je ſoupçonnerois que je vous ai un peu obligation de ce que vous me cédez-là.... Et comment?... Parce que ſi je voulois chercher la jouiſſance de la Beauté hors des plaiſirs de l'Ame, je ſuis ſûr que vous la traiteriez d'abſurde comme vous avez déjà fait ci-devant.... N'en doutez point: car qui jouiroit, ou qui eſt capable de jouir, excepté l'Ame? ou dirons-nous que le *Corps jouit?*..... Pourquoi non? il jouiroit par le ſecours des ſens, ſi c'eſt le ſeul moyen de jouiſſance qu'il puiſſe avoir.... Dans ce

III. PART. §. II.

cas, la Beauté feroit l'objet des fens: expliquez-moi ce myftere, fi vous le pouvez; car autrement, le fecours des fens feroit ici fuperflu. Suppofé donc que le corps foit incapable de percevoir la Beauté, il n'en peut jouir; & fi les fens deviennent inutiles à cet égard, la jouiffance de la Beauté n'appartient qu'à l'ame..... Fort bien: mais montrez-moi donc pourquoi la Beauté ne feroit pas l'objet des Sens..... Dites-moi d'abord, je vous prie? *pourquoi* & *de quelle maniere* vous vous imaginez que cela puiffe être?..... N'eft-ce pas la Beauté qui excite d'abord le fentiment, & qui le nourrit enfuite dans la paffion de l'*Amour*?.... Dites pareillement que c'eft la Beauté qui excite premierement le fentiment, & qui le nourrit dans la paffion de la *Faim*. Mais vous ne penfez point de la forte: je vois que cette idée vous révolte. Quelque grand que foit le plaifir de la bonne chere, vous rougiriez d'appliquer la notion de la *Beauté* aux mets exquis qui le font naître: vous n'auriez gueres approuvé le caprice abfurde de quelques gourmands Romains, qui auroient préféré un ragoût d'oifeaux rares, s'ils euffent eu un beau plumage ou un chant délicieux. Bien loin qu'un tel rafinement vous excitât, vous auriez, je crois, moins d'appétit, à mefure que vous approfondiriez la fcience de la cuifine pour apprendre les diverfes formes & changemens que ces oifeaux auroient éprouvés avant d'être fervis à cette table élégante. Mais quelque défagréable que foient les formes des alimens, vous accorderez que les matériaux du cuifinier, comme les légumes &c. ſont réellement beaux dans leur eſpece. Vous ne nierez pas que cette campagne, & ces fleurs qui nous environnent ſur ce tapis verd, n'ayent de la beauté. Cependant quelque agréables que ſoient ces formes de la Nature, telles que l'herbe brillante, la mouſſe argentée, le thim fleuri, la roſe ſauvage, ou le chevre-feuille; ce n'eſt pas leur beauté ſeule qui attire les troupeaux des environs, qui charme le chevreuil, & qui répand la joie parmi les moutons qui paîſſent; ce n'eſt pas la forme qui les délecte, mais ce qu'elle couvre: la ſaveur attire, la faim excite, & la ſoif mieux ſatisfaite par un clair ruiſſeau que par une bourbier, fait préférer une eau limpide dont les animaux négligent d'ailleurs la *forme*: car la forme ne peut jamais avoir de force réelle, lorſqu'on n'y fait pas attention, qu'on ne l'examine point, & qu'elle n'eſt que l'indice de ce qui appaiſe le Sens irrité, & qui ſatisfait la partie brutale. Etes-vous perſuadé de cela, Philoclés? ou pour ne pas refuſer aux bêtes l'avantage de la jouiſſance, leur accorderez-vous auſſi une Ame, & une Faculté penſante? Je répondis que non. Si donc les brutes, continua mon Ami, ſont incapables de connoître la Béauté & d'en jouir, parce qu'elles n'ont en partage que le *Sens* brutal, il s'enſuit que L'Homme ne peut de même jouir par un pareil Sens de la Beauté; mais qu'au contraire toute la Beauté & le Bien, dont il jouit, ſortent d'une meilleure & plus noble ſource, c'eſt-à-dire de l'Ame & de la Raiſon. Voilà ſa dignité & ſon plus grand intérêt: c'eſt par

III. PART. §. II.

III. PART. §. II.

l'Ame qu'il est susceptible du Bien & du Bonheur; le pouvoir ou l'impuissance de jouir sont fondés sur ce principe seul. Quand l'Ame est saine, noble & estimable, son objet & ses actions y correspondent: car comme l'Ame déréglée & esclave des Sens, ne peut jamais disputer de Beauté avec l'Ame vertueuse cultivée par la Raison; de même les objets qui séduisent la premiere, ne peuvent soutenir la comparaison avec ceux qui touchent & qui charment celle-ci. Et quand l'une ou l'autre se satisfait par la possession de son objet, les plaisirs de l'Ame vertueuse sont évidemment supérieurs, & lui font goûter tout ce qui est bon & généreux. Vous accorderez au moins, Philoclés, que dans toute autre joie que celle de l'Ame, le plaisir même n'est pas d'un beau genre; il n'a ni grace ni agrément. Mais si vous faites attention aux délices de l'amitié; si vous considérez l'honneur, la gratitude, la candeur, la bienveillance & tout ce que l'on nomme *Beauté intérieure*, les plaisirs de la société, la Société même & tout ce qui fait le mérite & le bonheur du genre humain, vous conviendrez sûrement que tout cela est bien digne d'occuper le cœur noble & généreux, qui veut avancer dans la vertu.

Voilà, mon Ami, continua Théoclés, après une petite pause, voilà comment j'ai osé traiter de la Beauté devant un aussi grand juge & un aussi judicieux admirateur de la Beauté que vous. Après l'avoir considérée dans le spectacle de la Nature qui m'enchantoit, j'ai pénétré plus avant, & je vous ai accompagné dans la recherche de la Beauté, en tant qu'elle a rapport à nous, & qu'elle fait notre plus grand *Bien*. Si nous n'avons pas perdu notre tems, & parcouru en vain ces regions désertes, il faut conclure qu'il n'y a rien de si divin que la Beauté, qui n'appartenant pas au corps & n'existant que dans l'Ame & la Raison, ne peut-être sentie & goûtée que par cette sublime partie de nous-mêmes. La Beauté de l'ame est la seule digne de l'occuper. Tout ce qui ne s'y rapporte pas n'est rien pour elle. L'ame languit & s'éteint lorsqu'on lui offre des objets peu analogues à sa nature excellente; mais elle reprend toute sa vigueur dès qu'on l'applique à des objets qui lui conviennent. C'est ainsi que l'Ame, parcourant légérement les autres objets, les corps & les *formes vulgaires*, qui ne sont qu'une ombre de beauté, s'éleve fierement vers sa source, & voit l'original de la Beauté & de l'ordre. C'est de cette maniere, ô Philocles! que nous pouvons nous perfectionner dans ce grand Art, & apprendre à nous connoître nous-mêmes, & ce qui peut contribuer à nos vrais intérêts. Cette connoissance ne s'obtient pas par la contemplation des corps, par les formes extérieures, par la pompe du monde, par le zele de la fortune & des honneurs: mais celui-là est seul sage & habile, qui sans égard pour tout cela, cultive un autre sol; qui bâtit, non pas avec des pierres ou du marbre, mais avec de plus solides matériaux, & qui ayant sous les yeux un plus noble plan, devient réellement l'Architecte de sa vie & de sa fortune, en posant en lui-même

III. PART. §. II.

les fondémens sûrs & durables de l'ordre de la paix & de l'harmonie. Mais il est tems de retourner à la maison; la matinée est entiérement passée; allons donc, & quittant ces sujets peu ordinaires, remettons-les à un autre tems, où nous reviendrons dans ces lieux solitaires.

A ces mots Théoclés se mit à descendre la colline, & me laissa assez loin de lui, jusqu'à ce qu'il m'entendit l'appeller. L'ayant rejoint, je le priai de rester encore un peu, ajoutant que si néanmoins il étoit résolu de quitter sitôt ces Bois & la Philosophie qu'il bornoit à leur enceinte, il me laissât retirer graduellement avec une forte impression qui put m'armer contre le péril du changement, parce que malgré toute ma conviction & mon respect pour sa doctrine j'étois toujours en très-grand danger. Je prévoyois que quand le charme de ces lieux & de sa compagnie, auroit cessé, je courrois risque de retomber & de succomber au charme trop puissant du monde. Dites-moi, ajoutai-je, ce que je dois faire pour résister à la séduction, & tenir contre l'opinion générale des hommes, qui pensent si différemment sur ce que nous appellons le *Bonheur*. Convenez-en, Théoclés, y a-t'il quelque chose de plus disparate avec le sentiment vulgaire, que ce que nous avons décidé à ce sujet?.....

A qui donc s'en rapporter? Quelle opinion suivrons-nous au sujet du *Bien* & du *mal*? Si tous les hommes, ou quelques-uns d'accord avec eux-mêmes peuvent convenir de ce point, je veux bien abandonner la Philosophie & les suivre: sinon, pourquoi n'adhérerions-nous pas au parti que nous avons pris? Considérons donc ce grand objet sans un autre point de vue.

SECTION III.

NOUS prîmes lentement le chemin de la maison; car il étoit près de midi, & Théoclés continua son discours: III. PART. §. III.

Un homme, dit-il, est épris de la belle gloire & de l'héroïsme: il croit que le plus rare avantage de la vie est d'avoir vu la guerre, & de s'être trouvé à une action. Un autre se moque de cette manie, la traite d'extravagance, vante son esprit & sa prudence, & regarderoit comme un malheur de passer pour hardi. Celui-ci est assidu & infatigable, parce qu'il veut avoir la réputation d'un homme qui travaille. Celui-là au contraire trouve que c'est une sottise, ne fait aucun cas d'une bonne réputation, & voudroit être toujours en partie de débauche sans jamais quitter les tavernes ou les mauvais lieux, où il goûte, à ce qu'il croit, le Bien Suprême. L'un estime la richesse seulement comme un moyen de *manger* délicatement. L'autre dégoûté de la vie Epicurienne veut se faire un nom. Celui-ci admire la musique, les tableaux, les raretés &c. Celui-là aime des parterres, l'architecture, & la pompe des bâtimens. Un troisieme qui n'a aucun goût, s'imagine que tous les Virtuoses

III. PART. §. III.

ſont preſque fous. L'avare traite toute dépenſe de folie enragée, & prétend que l'argent eſt le ſeul *Bien*. L'un aime le jeu ; un autre de brillans équipages. Celui-ci ne parle que de ſes armoiries, du point d'honneur, de ſa famille & de ſon ſang. Celui-là ne reſpire que la galanterie & l'intrigue. La ſociété de ce qu'on appelle des *gens de belle humeur*, la bouffonnerie, la ſatire, le bel-eſprit, les amuſemens, la campagne, la cour, les voyages, la vue des pays étrangers, la poëſie, & la litterature à la mode: tout cela a ſes partiſans, qui ſe critiquent & ſe mépriſent réciproquement. Il arrive auſſi qu'ils ſe mépriſent eux-mêmes par accés, & qu'ils ſe condamnent ſelon que leur humeur change, & que leur paſſion varie. De quoi donc m'embaraſſerois-je? De qui redouterois-je la critique, ou par qui enfin me laiſſerois-je conduire? Que je demande ſi l'argent eſt *bon*, quand on l'accumule, & qu'on ne s'en ſert pas? L'un me dit qu'il eſt bon, & l'autre le nie. Comment donc l'employer pour en faire un bon uſage? Tout le monde ſe partage ſur cette queſtion: chacun a ſon ſentiment là-deſſus. Si donc les richeſſes ne ſont pas *bonnes* d'elles-mêmes, comme la plupart des hommes en conviennent, & ſi l'on ne s'accorde pas ſur les moyens de les rendre bonnes, pourquoi ne penſerois-je pas qu'elles ne ſont ni bonnes *en elles-mêmes*, ni une cauſe ou moyen direct de *Bien*.

S'il y a des gens qui mépriſent entiérement la renommée; & ſi parmi ceux qui l'ambitionnent, celui qui la deſire à un égard, la dédaigne à un autre; s'il la recherche avec quelques hommes, & la dédaigne avec d'autres, pourquoi ne dirois-je pas que je ne ſais comment toute renommée quelconque peut être appellée *un Bien*?

Si dans le nombre de ceux qui aiment le plaiſir, ceux qui l'admirent dans un genre, ſe mettent au deſſus dans un autre, pourquoi ne dirois-je pas que j'ignore comment le plaiſir peut paſſer pour *un Bien*?

Si parmi ceux qui chériſſent la vie avec tant d'ardeur, la vie que l'un trouve ſi attrayante eſt ſi vile & mépriſable pour un autre; pourquoi ne dirai-je pas que je ne ſais comment la Vie en elle-même peut être cenſée *un Bien*?

En attendant, je ſais à n'en pas douter que la conſéquence néceſſaire d'eſtimer trop ces choſes, eſt d'en être eſclave & partant miſérable. Mais, Philoclés, peut-être n'êtes-vous pas encore aſſez accoutumé à ces étranges raiſonnemens?

Plus, répondis-je, que vous ne vous l'imaginez. Je me ſuis apperçu que votre divine Beauté alloit paroître ſous une nouvelle décoration, & j'ai facilement diſcerné cette touchante *Liberté* que je n'avois vue qu'une fois dans le portrait que vous avez fait de la Beauté. Je puis vous aſſurer que j'en fais tout le cas poſſible, & je trouve que ſi elle ne nous aide à nous mettre au-deſſus de ces biens apparens, & à ſentir plus d'indifférence pour la vie & la fortune, il ſera très-difficile de jouir de l'une ou de l'autre. Les ſollicitudes, les ſoins, les anxiétés ſe multiplieront, & dans cette malheureuſe dépendance il faut faire ſa cour, & n'être pas peu eſclave. Flatter les Grands, ſouffrir des inſultes, ramper abjectement, & renoncer aux ſentimens généreux de l'humanité; voilà ce qu'il faut ſupporter avec courage & une bonne contenance, quand on cherche à parvenir, quand on connoit le ſyſtême des Cours & la maniere de fixer l'inconſtante fortune. Je n'ai pas beſoin de parler de l'envie, des défiances, des jalouſies &c.

Non certes, cela n'eſt pas néceſſaire, répliqua Théoclés. Mais puiſque vous ſentez tellement le malheur de cette triſte ſituation, & ſes peines intérieures, quelque ſoit ſa contenance au dehors, comment ne concevriez-vous pas la félicité de l'état contraire? Ne ſauriez-vous vous rappeller ce dont nous ſommes convenus au ſujet de la Nature? Y a-t'il rien de plus déſirable que de la ſuivre? ou n'eſt-ce pas par l'affranchiſſement des paſſions, & du vil intérêt, que nous nous reconcilions avec le bel ordre de l'univers, que nous ſommes d'accord avec la Nature, & que nous vivons paiſiblement avec Dieu & l'Homme?

Comparons les avantages de chaque Etat, & rapprochons leurs *biens*. D'un côté, nous trouvons des biens *incertains*, & qui dépendent de la fortune, de l'âge, des circonſtances & du caractere. D'autre part, ce ſont des biens *certains* qui ſont fondés ſur le mépris des *incertains*. La liberté mâle, la générosité, la magnanimité, ne ſont-elles pas des *Biens*? Ne pouvons-nous pas regarder comme un bonheur cette jouiſſance de ſoi-même, qui réſulte d'une ſaine uniformité dans la vie & les mœurs, de l'harmonie des affections, de l'exemption du reproche ou de la honte du crime, de la conſcience de bien mériter de tout le genre humain, de notre ſociété, de notre patrie & de nos amis: *biens* qui ſont fondés ſur la vertu ſeule? Une ame ſoumiſe à la raiſon, un caractere humain & ſuſceptible de toutes les affections naturelles, un exercice continuel d'amitié, la candeur, la bienveillance, le bon naturel, avec une conſtante ſécurité, & une paiſible égalité; tout cela n'eſt-il pas un bien en toutes circonſtances? Y a-t'il là quelque choſe qui puiſſe jamais inſpirer du dégoût? Ce bien n'eſt-il pas indépendant de l'âge, du temps, du lieu, & de toute autre circonſtance? Eſt-il ſujet à l'inconſtance ou à la variété. Son amour & ſa recherche entrainent-ils aucun inconvénient? Peut-on le mettre à trop haut prix? Je dis plus, peut-on jamais nous l'arracher, ou nous empêcher d'en jouir, ſi nous ne le voulons bien? Comment louer mieux la bonté de la Providence, qu'en reconnoiſſant qu'elle a placé notre bonheur dans des choſes que nous pouvons nous procurer?

Dans ce cas, dis-je à Théoclés, je ne vois pas qu'on puiſſe accuſer la Providence ſur quoi que ce ſoit. Mais j'ai bien peur que les hommes n'entrent pas de bonne grace dans ces juſtes jugemens, tant qu'ils ſeront auſſi entêtés pour ces biens paſſagers. En un mot, ſi l'on doit s'en rapporter à ce qu'on dit ordinairement: *Il n'y a de bien que ce que nous nous figurons tel; c'eſt le préjugé qui en décide; tout eſt opinion & pure imagination.....*

III. PART. §. III.

Si cela eſt, pourquoi préférer dans toutes nos actions une choſe à une autre? Vous répondrez que c'eſt un effet de l'imagination, ou parce que l'on y ſuppoſe de l'avantage. Devons-nous donc ſuivre toute imagination *actuelle*, l'opinion, ou l'apparence du bien? En pareil cas nous devons donc adopter dans un tems ce que nous rejettons dans un autre, approuver aujourd'hui ce que nous avons condamné hier, & n'être jamais d'accord avec nous-mêmes. Mais ſi l'on n'eſt pas tenu de ſuivre toute imagination ou opinion; ſi l'on accorde qu'entre nos goûts, il en eſt de vrais & de faux, il faut donc les examiner tous, & il doit y avoir quelque regle pour nous décider. Un homme a eu la fantaiſe de mettre le feu à un beau Temple pour immortaliſer ſon nom; un autre eut celle de conquérir le monde pour la même raiſon ou à peu près. Si ces fantaiſies faiſoient leur bonheur, pourquoi donc s'en étonner? Si elles étoient fauſſes, dites-moi clairement en quoi, ou pourquoi cela ne leur étoit pas auſſi bon qu'ils ſe l'imaginoient. Conſéquemment, ou ce que l'homme *imagine* être ſon *bien*, l'eſt réellement, parce qu'il ſe l'*imagine*, & qu'il n'eſt pas *content ſans cela*; ou il y a quelque choſe qui ſatisfait la Nature de l'homme, & qui peut ſeul être ſon *bien*. Si ce qui ſatisfait la Nature de l'Homme eſt ſeul ſon *bien*, il n'y a donc qu'un fou qui puiſſe chercher avec ardeur comme ſon *bien* ce dont il peut ſe paſſer ſans ceſſer d'être content. De même celui-là eſt fou qui fuit comme ſon *mal* ce qu'un homme peut ſouffrir ſans ceſſer d'être tranquille & ſatisfait. Ainſi un homme peut-être heureux, ſans avoir brûlé un Temple comme Eroſtrate: il peut l'être également, quoiqu'il n'ait pas conquis le monde comme Alexandre; il peut encore l'être ſans ces frivoles avantages du crédit, des richeſſes, de la renommée &c.; ſi ſon imagination ne ſe jette pas à la traverſe. En un mot, on trouvera que ſans tous ces avantages que l'on appelle communément *Biens*, un homme peut-être content; & qu'au contraire, il peut les poſſéder tous, & cependant être toujours chagrin & malheureux. Concluons donc que le Bonheur vient du *dedans* & non du *dehors*: le principal eſt une *bonne* imagination. Ainſi je reviens à penſer avec vous que l'*Opinion eſt tout en tout.* Mais qu'avez-vous, Philoclés? vous paroiſſez rêver profondément.....

A vous dire vrai, je conſidérois ce que j'allois devenir, en cas que vous me fiſſiez Philoſophe?.... En effet, le changement ſeroit un peu extraordinaire. Mais ſoyez tranquille: le danger n'eſt pas ſi grand, & l'expérience prouve tous les jours qu'on n'en eſt pas plus Philoſophe pour parler Philoſophie..... Mais ce nom même eſt une eſpece de reproche. Le mot *Idiot* étoit autrefois l'oppoſé du *Philoſophe*; aujourd'hui il ne ſignifie rien autre choſe que le Philoſophe même..... Cependant que faiſons-nous tous en général que de *philoſopher*? Si la Philoſophie eſt, ſelon nos idées, l'*étude du Bonheur*, chacun ne philoſophe-t'il pas de maniere ou d'autre, avec adreſſe ou gauchement? Toute délibération concernant nos

III. PART. §. III. principaux intérêts, toute correction de notre goût, toute ſorte de choix ou de préférence dans la vie, n'eſt-ce pas une eſpece de Philoſophie? Si le bonheur d'un homme ne vient pas de ſon intérieur, il faut qu'il vienne des choſes extérieures ſeules, ou de l'intérieur combiné avec l'extérieur. S'il réſulte des choſes extérieures, montrez-nous par le fait que tous les hommes ſont heureux ſuivant la proportion de ces choſes extérieures, & que quiconque les poſſede n'eſt jamais miſérable que par ſa faute? Mais c'eſt ce qu'on n'oſera gueres ſoutenir: tout le monde convient du contraire. C'eſt pourquoi ſi le bonheur vient en partie du *dedans*, & en partie du *dehors*, il faut conſidérer ce double rapport, & mettre un certain prix à l'intérieur, qui ne dépend que de nous-mêmes. Or ſi j'examine comment, & en quoi il faut donner la préférence aux inſpirations intérieures, dans quelles circonſtances, elles ſont de ſaiſon, quand elles doivent céder; qu'eſt-ce que tout cela, ſinon philoſopher? Oui, mais il n'en faut pas davantage pour gâter la tête d'un homme, & lui donner un mauvais tour pour le monde & les affaires. J'en conviens; & c'eſt pourquoi il faut ici beaucoup de réflexion. Ainſi il y a toujours de la Philoſophie à rechercher quand & comment on peut *perdre*, quels ſont les plus grands *gains*, les échanges les plus profitables, puiſque tout va par échange dans ce monde. On n'a rien pour rien. La faveur exige préalablement des hommages aſſidus; l'intérêt veut qu'on ſollicite; les honneurs s'acquierent au hazard, les richeſſes avec peine, la ſcience & les talens par l'étude & l'application. La ſécurité, le repos, l'indolence s'achetent à un autre prix. On s'imaginera peut-être que tout cela s'obtient ſans peine; car où eſt le travail, le danger? Il ne s'agit que d'avoir un peu moins d'ardeur pour la gloire & la fortune, pour le point d'honneur ou ſon propre intérêt. Si cela eſt facile, à la bonne heure. Il faut un peu de patience, comme vous voyez: il faut ſouffrir la ſolitude, l'obſcurité, le mépris même. Voilà les conditions. Ainſi tout a ſes conditions. Le pouvoir & les places ſont à un taux, les plaiſirs à un autre, la liberté & l'honnêteté à un autre. Il faut payer pour avoir une bonne ame comme pour les autres choſes. Mais, dira-t'on, il conviendroit de prendre garde de ne pas payer trop cher, & de s'aſſurer de faire un bon marché. Eh bien, comptons, que vaut une Ame? Que donneroit-on bien pour ce meuble là? Si je la cede en tout ou en partie, ce n'eſt pas pour rien. Je dois mettre quelque prix à ma liberté, à mon caractere &c. Ce que l'on appelle *mérite*, *ſincérité*, *bon cœur*, *affections réglées*, *penſées généreuſes*, & *raiſon*; tout cela forme de belles poſſeſſions qu'on ne doit pas abandonner pour rien. Je conſidérerai d'abord quel peut-être leur équivalent; ſi je trouverai mon compte à laiſſer aller mon intérieur au gré du hazard, ou ſi je ne me mettrai pas plus en ſureté contre la fortune en arrangeant mes affaires du *dedans*, que ſi je m'accréditois *au dehors* en acquérant d'abord un grand Ami, puis un autre, afin d'augmenter mes biens & mes honneurs. Mais

III. ART. III. commençons, & marquez les limites. Sachons positivement à quel terme je dois atteindre, & pourquoi pas plus haut? Qu'est-ce qu'une fortune modérée, le nécessaire honnête & les autres dégrés dont on parle? Où ma colere doit-elle s'arrêter, ou jusqu'à quel point la laisserai-je monter? L'amour, l'ambition, les autres desirs du cœur humain, auront-ils des bornes, ou fermenteront-ils en liberté? Les passions se donneront-elles carriere, & ne dois-je estimer que les objets extérieurs qu'elles ont pour but? Ou si vous exigez que je les modere: que faut-il refuser à l'une, ou accorder à l'autre? A quel point corriger les appétits, & les choses extérieures? Donnez-nous la mesure & la regle. N'est-ce pas là *philosopher*, & chacun n'en fait-il pas autant de gré ou de force, avec ou sans connoissance de cause, directement ou indirectement? Où est donc la différence? Quelle est la meilleure méthode? Voilà la question. C'est ce que je voudrois que vous examinassiez. Mais cet examen, direz-vous, est ennuyeux; & l'on a plutôt fait de le supprimer. Qui vous inspire cette réplique? Votre Raison, à la force de laquelle vous devez nécessairement céder? Mais je vous prie, l'avez-vous bien cultivée cette Raison? Vous êtes-vous, donné les peines nécessaires pour la former, & l'exercer sur ce sujet? Se décidera-t'elle aussi bien, lorsqu'elle n'a pas été cultivée, que si elle eût acquis toute la droiture & la pénétration possibles par le juste exercice des facultés intellectuelles? Prenez pour exemple les Mathématiques: quelle est la meilleure raison, & qui

qui doit inſpirer plus de confiance, de celle du Praticien, ou de celle d'un homme qui n'a point d'exercice? Quelle eſt la raiſon préférable dans l'art de la guerre, dans la politique, les Affaires civiles, le Commerce, la Juris-prudence, la Médecine? Et quant à la Morale & aux regles de la vie, je demande toujours quelle eſt la meilleure raiſon? Celui-là n'eſt-il pas le bon juge dans cette matiere, qui étudie les regles des mœurs, & qui tâche d'en inférer les conſéquences convenables? Donnera-t'on la palme de l'habileté à celui qui examine ces principes légérement, & qui philoſophe au hazard & ſans connoiſſance?

Ainſi, Philoclès, ajouta mon Ami en concluant, ainſi la Philoſophie s'établit: car chacun doit néceſſairement *raiſonner* ſur ſon Bonheur, & chercher quel eſt ſon *bien* & quel eſt ſon *mal*. Dans ce cas, il ne s'agit que de ſavoir qui *raiſonne* le mieux; car celui même qui ne veut pas *raiſonner*, a un certain motif qui lui perſuade qu'il vaut mieux ne point raiſonner.

Cependant nous étions inſenſiblement arrivés à la maiſon. Notre Philoſophie ceſſa, & nous revînmes au train ordinaire des affaires de la vie.

Fin du Tome Premier.

www.ingramcontent.com/pod-product-compliance
Ingram Content Group UK Ltd.
Pitfield, Milton Keynes, MK11 3LW, UK
UKHW012151240726
13966UKWH00001B/252

9 782011 935250